UM NOVO CRISTIANISMO
PARA UM NOVO MUNDO

JOHN SHELBY SPONG

UM NOVO CRISTIANISMO PARA UM NOVO MUNDO

A FÉ ALÉM DOS DOGMAS

Tradução
Anthea Paterson

Título original
A New Christianity for a New World
Why Traditional Faith Is Dying and How a New Faith Is Being Born

Copidesque
João José Don Alonso
Carlos Eduardo Sigrist

Revisão
Ana Paula Gomes

Capa & Projeto Gráfico
André S. Tavares da Silva

Copyright © 2001 by John Shelby Spong.

Todos os direitos reservados, no Brasil, por Verus Editora.
Nenhuma parte desta obra pode ser reproduzida ou transmitida por
qualquer forma e/ou quaisquer meios (eletrônico ou mecânico,
incluindo fotocópia e gravação) ou arquivada em qualquer sistema ou
banco de dados sem permissão escrita da editora.

Publicada em acordo com Harper San Francisco,
uma divisão da HarperCollins Publishers, Inc.

VERUS EDITORA
Rua Frei Manuel da Ressurreição, 1325
13073-221 - Campinas/SP - Brasil
Fone/fax: (19) 4009-6868
verus@veruseditora.com.br
www.veruseditora.com.br

Dados Internacionais de Catalogação na Publicação (CIP)
(Câmara Brasileira do Livro, SP, Brasil)

Spong, John Shelby
    Um novo cristianismo para um novo mundo : a fé
além dos dogmas / John Shelby Spong ; tradução
Anthea Paterson. -- Campinas, SP : Verus Editora, 2006.

    Título original: A new christianity for a new world.
Bibliografia.
ISBN 85-87795-97-X

    1. Cristianismo 2. Spong, John Shelby I. Título.

06-4169   CDD-230

Índices para catálogo sistemático:
1. Cristianismo : Religião 230
2. Doutrina cristã : Religião 230

A

Peter J. Gomes,
professor de moral cristã e
ministro da Igreja Memorial da
Universidade de Harvard

Diana L. Eck,
professora de religião comparada
e estudos indígenas da
Universidade de Harvard

Dorothy A. Austin,
ministra associada da Igreja Memorial da
Universidade de Harvard e
professora associada de psicologia e religião da
Universidade de Drew

Meus agradecimentos a cada um de vocês por sua participação no convite
que recebi para ser palestrante na Universidade de Harvard em 2000, pela
residência em Lowell House, Harvard, durante aquele semestre, e pelo apoio
de sua amizade desde os anos anteriores até hoje.

SUMÁRIO

PREFÁCIO Origens deste livro: de *Honestos com Deus* a
Por que o cristianismo tem de mudar ou morrer 9

I Um ponto de partida:
o antigo já passou; o novo ainda não começou 25

II Os sinais da morte do teísmo 43

III Autoconsciência e teísmo:
gêmeos siameses no nascimento 57

IV Além do teísmo mas não além de Deus 75

V O Cristo original: antes da distorção teísta 95

VI Assistindo à captura do cristianismo pelo teísmo 111

VII Mudando o mito cristão básico 127

VIII Jesus além da encarnação:
uma divindade não-teísta 141

IX O pecado original está fora,
a realidade do mal está dentro 159

X Além do evangelismo e missão mundial
para um universalismo pós-teísta 183

XI Como fica a oração? 197

XII A eclésia do amanhã 213

XIII O que importa? A face pública da eclésia 229

XIV A coragem de entrar no futuro 241

NOTAS 255

BIBLIOGRAFIA 265

PREFÁCIO

Origens deste livro: de *Honestos com Deus* a *Por que o cristianismo tem de mudar ou morrer*

> *Nossa maioridade nos conduz a um verdadeiro reconhecimento de nossa situação diante de Deus. Deus quer que saibamos que devemos viver como quem administra sua vida sem ele. O Deus que está conosco é aquele que deserta de nós. O Deus que nos permite viver no mundo sem a hipótese funcional de Deus é aquele diante do qual permanecemos continuamente. Diante de Deus e com Deus, vivemos sem ele.*
> *[...] Deus é fraco e sem poder neste mundo, e essa é precisamente a maneira, a única maneira pela qual ele está conosco para nos ajudar.*[1]
>
> Dietrich Bonhoeffer

Há duas tarefas que pretendo realizar neste livro. A primeira é dar continuidade ao trabalho iniciado no século passado por meu mestre e amigo John Arthur Thomas Robinson. A segunda é complementar a lacuna em minha própria carreira que veio à tona com as respostas ao meu livro *Why Christianity Must Change or Die* [Por que o cristianismo tem de mudar ou morrer].

Talvez não haja ninguém no mundo acadêmico cristão com quem eu mais tenha me identificado do que John A.T. Robinson. Tínhamos

UM NOVO CRISTIANISMO PARA UM NOVO MUNDO

muito em comum. Ele foi bispo, como eu – só quem teve o privilégio de vivenciar as expectativas desse papel poderá compreender plenamente o laço que essa experiência compartilhada nos proporcionou. Ele buscou, livro após livro, fazer a ponte entre o academicismo cristão e as pessoas nos bancos de igrejas, da mesma maneira que eu. E por último, ele foi, como eu, profundamente devoto à Igreja a que serviu por toda a vida, mas, também como eu, não se sentia confortável na "camisa-de-força" que o cristianismo parece nos impor de geração a geração.

Robinson abriu a consciência de sua nação, assim como eu, numa controvérsia pública que surgiu da interface entre religião e sexualidade humana. No caso dele, foi a oposição ao esforço dos puritanos moralistas do Reino Unido que queriam impedir a publicação do livro de D. H. Lawrence *O amante de Lady Chatterley*. No meu caso, foi a batalha para incluir *gays* e lésbicas na vida e no amor do Corpo de Cristo. John Robinson e eu, apesar de separados por uma geração, trilhamos caminhos notavelmente semelhantes.

Entretanto, foi seu pequeno livro intitulado *Honest to God* [Honestos com Deus], publicado em 1963, que deu forma decisiva a minha caminhada teológica. Esse livro foi lançado na Grã-Bretanha, e o jornal *Sunday Observer* publicou sobre ele, na primeira página, a manchete: "Nossa imagem de Deus tem de sumir!" A vida de Robinson jamais seria a mesma. Esse livro foi um corajoso ataque à maneira como o cristianismo era tradicionalmente entendido. Foi lançado na época em que o autor ocupava apenas uma posição secundária na hierarquia eclesiástica, como bispo de Woolwich. Woolwich era uma subdivisão da diocese de Southwark, que cobre todos os subúrbios de Londres ao sul do Tâmisa. Nesse livro, Robinson expôs em linguagem direta, acessível tanto às pessoas comuns nos bancos de igrejas como aos membros da Associação Alumni, os debates que aconteciam em esfera acadêmica. Ele apresentou a seus leitores o trabalho de Rudolf Bultmann, que proclamava a desmistificação das Escrituras; o de Dietrich Bonhoeffer, que evocava um cristianismo à parte da religião; e o de Paul Tillich, que insistia que Deus não poderia mais ser definido de maneira pessoal, como um ser, mas de forma impessoal, como a Base de Toda Existência. A reação ao livro foi tremenda: era discutido nos *pubs*, nos chás ou jantares, com motoristas de táxi e até em lares onde a Igreja havia muito tempo deixara de existir.

Imediatamente a liderança ameaçada da Igreja tradicional contra-atacou, em defesa de suas conhecidas e recorrentes afirmações teológicas. Liderada pelo arcebispo da Cantuária, Michael Ramsey,[2] a hierarquia decidiu, na maneira honrosa das pessoas defensivas, que, já que não podia nem abraçar nem negar a mensagem de Robinson, deveria atacar o mensageiro. E assim o fez.

Em uma avalanche de negativismo sem precedentes nos círculos religiosos – até que os muçulmanos colocassem a cabeça de Salman Rushdie a prêmio –, Robinson foi difamado na imprensa, em cartas aos editores, nos programas de rádio e nos púlpitos. Carreiras foram impulsionadas pelos ataques de clérigos ambiciosos ao jovem bispo em nome de algo denominado "a fé que de uma vez para sempre foi entregue aos santos" (Jd 1,3), como se existisse um tal corpo de doutrinas fixas.

Robinson teve o destino de muitos brilhantes líderes espirituais que o antecederam. Foi logo marginalizado pela Igreja, abandonado por aqueles que antes foram seus colegas e forçado a lutar para manter sua reputação e integridade. Sua carreira na Igreja foi destruída. Normalmente alguém com sua idade, educação e capacidade permaneceria no cargo de bispo assistente ou regional por poucos anos, até ser promovido a bispo sênior de alguma diocese maior. Robinson, entretanto, estava destinado a ser bispo auxiliar pelo resto da vida. Finalmente ele deixou a Igreja e voltou para Cambridge como professor. Mas, mesmo naquela grande universidade, o braço forte da Igreja estendeu sua poderosa influência sobre a vida dele e não lhe permitiu ser eleito – por quem tinha poder de decisão – para a posição de conferencista universitário, apesar de tê-la ocupado na década de 1950, antes de ser designado bispo. E assim ele terminou sua carreira em Cambridge na posição relativamente insignificante de deão da Capela do Trinity College, geralmente ocupada por um recém-formado em teologia. Morreu em 1983, sem o reconhecimento de sua Igreja.

Forçado a defender-se contra a legião de ataques após a publicação de *Honest to God*, ele nunca conseguiu concluir a tarefa que iniciara com esse livro. *Honest to God* revelava claramente que aquilo que a Igreja falava de Deus já não tinha credibilidade no mundo de sua época; entretanto, apesar de diagnosticar o problema, ele pouco oferecia para delinear uma nova direção. Para esse homem cheio de Deus, a questão central não se tratava da realidade de Deus – que para ele era indiscutível –, mas da forma antiquada com que tradicionalmente se proclamava esse Deus. Robinson conseguiu, de fato, progredir bastante na tarefa de desconstruir os "moldes" religiosos do cristianismo do passado e demonstrou com facilidade e clareza tudo aquilo que não funcionava mais. Todavia, reconstruir e reformular a plenitude da fé do amanhã é incrivelmente mais difícil, e ele tinha esse propósito em mente, constatado em seu entusiasmo pelo chamado de Bonhoeffer para que a Igreja desenvolvesse um "cristianismo sem religião" ou, como o próprio Robinson veio a denominar, uma "santidade mundana". Entretanto, essa tarefa jamais foi concluída. Talvez não fosse possível naquele momento, pois necessitaria de uma nova linguagem e um novo ambiente teológico, mas seu livro continha as sementes do trabalho que aqui apresento. John Robinson foi sem dúvida meu ancestral na fé. Foi também meu pai espiritual, cujas pegadas tenho seguido deliberadamente e a quem atribuo cinqüenta por cento das origens deste livro.

Os outros cinqüenta por cento têm raízes na publicação do livro *Why Christianity Must Change or Die*, em 1998. Esse livro foi minha tentativa de reeditar para a nova geração o chamado de Robinson por uma reforma radical e para que se enfrentasse o fato de os conceitos e crenças pré-modernos nos dizerem ainda menos no final do século XX do que na época dele. Após a publicação de *Why Christianity Must Change or Die*, fiz um resumo do conteúdo do livro em doze itens, no estilo de Lutero, e o coloquei na Internet para gerar debate, como parte dessa reforma inevitável.[3] Com o objetivo de induzir a máxima reação, tanto de afirmação como de ameaça, fiz as citações da maneira mais provocativa que pude imaginar. A tática funcionou, e as respostas foram muito reveladoras. Nos primeiros quinze meses recebi

PREFÁCIO

mais de seis mil cartas dos leitores, e subseqüentemente o volume diminuiu, mas não parou. O total até o momento já excede dez mil, número significativo para um único volume – o que significa que a mensagem "emplacou".

Essas respostas, no entanto, eram diferentes das que eu recebera por publicações anteriores, e não apenas do ponto de vista quantitativo. Primeiramente, eram mais positivas que negativas, numa proporção de três para uma. Isso foi uma surpresa. Normalmente, quando forçamos os limites de instituições como a Igreja, como tenho feito constantemente em minha carreira, aqueles que se sentem atingidos são os que escrevem – e o fazem negativamente. O número de respostas negativas a meus livros anteriores foi sempre maior que o de positivas, pelo menos inicialmente. Dessa vez, dois terços delas foram positivos, e isso sinalizava algo novo.

O segundo aspecto que vale salientar é o fato de a grande maioria dessas respostas positivas – cerca de noventa por cento – ter vindo de leigos: alguns que haviam deixado a Igreja; outros que mantinham a relação por um fio; e outros, principalmente das regiões reconhecidamente mais religiosas de nossa nação e do mundo, que se haviam conformado em ser participantes silenciosos da vida de suas igrejas, sem estar convencidos, mas também sem querer perturbar os valores que prevaleciam em suas comunidades. Essas pessoas moravam no Cinturão da Bíblia, no Sul dos Estados Unidos; nas pequenas cidades da região central; e ainda, surpreendentemente, nas regiões cristãs da África. Muitas relatavam casos em que, ao pedir esclarecimento aos líderes da Igreja, foram informadas de que qualquer dúvida em relação à "verdade revelada", conforme o ensinamento da Igreja ou a afirmação das Escrituras, constituía comportamento pecaminoso.

Essas pessoas se identificaram com minhas explorações e encontraram em minhas palavras uma forma de articular suas próprias questões de fé e buscar novas respostas. Encontraram um sentido de comunhão em mim e na minha maneira de escrever que vai de encontro às suas suspeitas de que seriam de alguma forma estranhas – isto é, seriam as únicas pessoas a se sentirem dessa maneira. Muitas se expressaram nestes termos: "Se o senhor, como bispo, fala dessa forma,

13

talvez ainda haja lugar para alguém como eu na Igreja". Em muitos casos as cartas eram longas e se revelavam autobiográficas. É como se as pessoas se sentissem compelidas a contar suas histórias de vida a alguém que as compreenderia.

As respostas negativas, ao serem analisadas, também são reveladoras. A hostilidade vem sem disfarce: fui chamado de herético, ateu, anticristo, hipócrita, enganador, diabo encarnado e prostituidor eclesiástico – esses são os nomes que posso repetir aqui! Além disso, alguns exigem que eu renuncie ao cargo de bispo ou que seja excomungado caso não me afaste. Outros fazem ameaças de punição e até de morte, que eles recomendam ou se dispõem a executar pessoalmente, afirmando ainda que são instruídos por Deus! O mais interessante não é a hostilidade em si, mas o fato de cerca de noventa por cento dessas cartas negativas terem partido de clérigos, ou seja, dos ordenados.

O contraste de opiniões foi revelador para mim. Nele estava caracterizado o cisma profundo que existe na compreensão da Igreja cristã atual. Pessoas ordenadas são vistas nessas respostas defendendo com veemência seu "torrão", enquanto acusam de maléfica qualquer proposta de mudança em suas formulações tradicionais. Os leigos são vistos como se vivessem às margens da vida da Igreja, até caindo fora dela regularmente, e mesmo assim ainda se mostram abertos a novas possibilidades. Aqueles entre meus colegas ordenados que me responderam estão totalmente alheios a esses leigos que, apesar de desiludidos pela mesquinhez defensiva de seus líderes eclesiásticos, são muito receptivos às minhas tentativas de falar de Deus nos tons de um novo tempo com o qual eles podem interagir.

Se meus colegas ordenados não conseguem nem reconhecer o problema que enfrentam, como conseguirão abordá-lo?

Em muitas de minhas palestras públicas, as respostas que recebi das pessoas que vivem às margens ou até fora da Igreja geralmente foram positivas, ao passo que as respostas daquelas cuja identidade é de alguma forma definida pela Igreja foram na maioria das vezes negativas. Uma platéia constituída somente de clérigos é talvez a mais difícil.[4] Recordo-me de uma série de palestras de quatro dias que proferi em uma universidade bem conceituada do Leste. A mesa para discussões no final da apresentação era composta oficialmente por três pessoas. Uma delas era um professor de astronomia, membro do corpo docente daquela universidade. Outra era do quadro administrativo oficial da escola de teologia de uma outra universidade da mesma cidade. A terceira era um sacerdote episcopal que fora membro do corpo docente de um seminário e também missionário na África. Suas respostas me surpreenderam.

O sacerdote foi negativo, o administrador foi ao mesmo tempo irrelevante e ambivalente, e o astrônomo foi exaltadamente grato. Tanto o sacerdote como o administrador trouxeram seus textos impressos, o que foi interessante, pois significava que haviam preparado suas respostas antes mesmo de ouvirem minhas palestras. O sacerdote fez declarações tão assustadoras para falar sobre sua percepção de que havia uma ameaça, que tive a certeza de que ele vivia em um mundo no qual eu não habito. Ele de fato elogiou quem cultivava uma ignorância antiintelectual. Seu comentário mais gratuito foi dizer que não conhecia ninguém que "usava Deus como cobertor de segurança". O administrador aproveitou a ocasião para fazer comentários sobre sua visão da homossexualidade – assunto que nem fora mencionado nas palestras –, assumindo uma posição totalmente contrária à minha, que é bastante conhecida. Possivelmente ele havia esperado tal oportunidade por muito tempo. Aparentemente só o astrônomo reconheceu o contexto a partir do qual eu trabalhava, deu atenção aos *insights* que eu procurara desenvolver e mostrou-se genuinamente admirado. Minhas palavras, afirmou, ajudaram-no a se aprofundar em suas buscas pessoais pelo cultivo da vida espiritual.

Fico constantemente surpreso pela forma como os representantes eclesiásticos se sentem ameaçados quando se confrontam com o fato de que as palavras que usam para contar sua história de fé simplesmente não comunicam significativamente nada no mundo da experiência atual. Ficar com raiva, ser hostil, agir defensivamente e desviar os ataques para questões externas são reações mais sintomáticas desse problema do que eles podem perceber. Tive a certeza mais uma vez, naquela experiência específica, de que o público para quem escrevo é representado não pelo sacerdote ameaçado, mas pelo astrônomo questionador. Foi fascinante confirmar de maneira tão contundente, nesse contexto acadêmico, o *insight* obtido com as correspondências enviadas por causa de *Why Christianity Must Change or Die*.

Após a publicação desse livro, ministrei diversas palestras sobre seu conteúdo nos Estados Unidos, Canadá, Inglaterra, Escócia e País de Gales. No processo de atender aos questionamentos dos ouvintes, inevitavelmente as próprias idéias contidas no livro evoluíram, e pude desenvolvê-las mais plenamente. Percebi meus processos de pensamento estenderem-se para novas áreas através desse diálogo. Aos poucos tive consciência de que estava pisando além das tradicionais barreiras de segurança de minha própria tradição de fé, as quais até então eu havia respeitado. De repente eu estava levantando questões que anteriormente não me dispunha a abordar e adentrando arenas teológicas em que jamais havia entrado. Foi para mim uma experiência tanto estimulante como temerosa.

Comecei a pensar sobre a maneira como poderia continuar mantendo contato com meus dois mundos, cuja disparidade aumentava cada vez mais: o mundo da Igreja e o mundo de meu público. Recordei-me de colegas como Don Cupitt, na Inglaterra, Lloyd Geering, na Nova Zelândia, e Robert Funk, na Califórnia, que certamente chegaram a esse ponto antes de mim e, conforme eu soube, adotaram conclusões a respeito da fé cristã que eu não estaria disposto a adotar. Estaria eu agora indo em direção a seus caminhos de vida e suas conclusões? Em minha concepção, eles não só estariam em exílio, mas habitariam voluntariamente um mundo pós-cristão isento de maiores necessidades de busca por reconciliação com a fé na qual foram nutridos. Eu não tinha certeza se queria me afastar ou ir além de meu sistema de fé de forma tão radical quanto eles. Entretanto, estava claramente na hora de dar um passo além, tanto do livro de Robinson, *Honest to God*, quanto de meu próprio livro, *Why Christianity Must Change or Die*. Mas onde terminaria essa viagem, eu não podia garantir. Voltei aos escritos de meus mentores – Paul Tillich em particular, embora houvesse outros como Karl Barth, Don Cupitt, Norman Pittinger e Richard Holloway – e li seus trabalhos novamente, concentrando-me dessa vez não em seus livros mais populares, mas nos escritos que marcaram sua vida quando eles se aproximaram do fim da carreira. Claramente sentiram muitas coisas semelhantes ao que eu sentia. Em seus escritos finais, eles não pareciam dispostos a ser constrangidos pelas fronteiras tradicionais que marcam tantos representantes da Igreja. Pareciam ter trilhado os caminhos que agora se apresentavam tão claros para mim. Tillich até deu a um de seus últimos livros o título de *On the Boundary* [Na fronteira]. Cupitt falou sobre *Depois de Deus*. E Holloway escreveu sobre "moralidade sem Deus". Ruth, a viúva de John Robinson, compartilhou comigo algumas das questões teológicas não resolvidas na vida dele e na dela.

Aqueles que tão significativamente moldaram minha formação teológica ou compartilharam dela não me pareceram dispostos a desistir de sua peregrinação à maravilha do conhecimento de Deus só por ela ter-se tornado atemorizante. Eles não recuaram dos níveis de honestidade que caracterizaram sua carreira. Percebi então que eu também não poderia fazê-lo. Também teria que seguir o caminho pelo qual a verdade me conduzisse. Mais uma vez, o lema de meu seminário teológico me compelia: "Buscar a verdade, venha de onde vier, custe o que custar". Uma coisa é não conseguir enxergar o caminho à frente; outra, completamente diferente, é enxergá-lo e, por temor, desistir de minha investigação. Eu sabia que teria que continuar minha peregrinação, não importando para onde ela me levasse.

O diálogo com meus leitores e ouvintes me abria muitos caminhos novos e inexplorados. Se eu deixasse de trilhá-los, fecharia minha mente para novas verdades e assumiria que aquilo que eu podia enxergar era tudo o que existia. Isso denotaria intolerância e idolatria. Sugerir que Deus é igual a qualquer percepção que se tenha dele é parar de crescer, é morrer para a busca da verdade. Se minha Igreja exigisse isso, ela não seria mais um lugar onde eu desejaria habitar. Para alguém que ama a Igreja tão profundamente quanto eu, essa conclusão foi assustadora e, ao mesmo tempo, maravilhosamente libertadora.

Esse foi o processo interior pelo qual viajei até reconhecer que as conclusões a que chegara em *Why Christianity Must Change or Die* jamais poderiam ser as conclusões finais de minha vida ou carreira. Aquelas conclusões anteriores, em retrospecto, parecem muito mais preliminares do que eu havia imaginado. O diálogo que aquele livro havia gerado certamente abriu portas de experiências para meus leitores, e, à medida que o tempo passava, fui forçado a reconhecer que também se abriram portas de experiências para mim. Minha tarefa agora incluía um convite – na verdade, uma responsabilidade – para atravessar as portas abertas e entrar no que houvesse do outro lado, quer se revelasse confortável, quer não.

Naquele livro anterior eu havia analisado, de forma que ainda considero efetiva e competente, os profundos problemas culturais e teológicos que o cristianismo enfrenta neste momento de sua história. Entretanto, está ficando cada vez mais claro para mim que naquelas páginas apenas comecei a dar dicas, em vez de desenvolver idéias sobre as direções evolutivas nas quais desejaria que o cristianismo do futuro se encaminhasse. É impressionante a constatação de que algo que julgávamos como conclusão foi rebaixado ao papel de dica, com o passar do tempo. O esboço de um cristianismo radicalmente reformado estava presente naquele livro, mas meu êxito ali foi muito mais em demonstrar por que as antigas fórmulas não funcionavam mais do que em apontar com força incisiva a nova visão de um cristianismo reformulado. Essa foi a obra inacabada de minha própria vida que agora eu estava pronto para encarar. As perguntas sem respostas que foram levantadas pelos meus leitores agora invadiam minha mente, clamando por serem abordadas. Como é Deus além de um teísmo decadente? Tal Deus importa? Quem é o Cristo, uma vez que os conceitos tradicionais como encarnação, redenção e Trindade não são mais aplicáveis? Essa figura ainda impõe o respeito que outrora lhe fora dedicado? Poderá o cristianismo sobreviver de maneira a ser identificável caso a reforma que defendo venha de fato a acontecer? Terminaria também eu minha carreira, assim como muitos de meus colegas antes de mim, ou em silêncio diante de uma visão que me recusaria a adentrar, ou desiludido por uma Igreja que não conseguia mais ouvir nem se movimentar?

Foi enquanto lutava com essas questões profundamente perturbadoras e considerava a percepção nascente de onde elas brotavam que recebi um convite que alteraria o curso de minha vida. Cerca de um ano antes da data de minha aposentadoria como bispo episcopal (anglicano), recebi uma carta dos oficiais da Universidade de Harvard convidando-me para ocupar um cargo importante de palestrante (chamado William Belden Noble Lecturer) no ano 2000. Essa nomeação foi acompanhada da oferta para residir no *campus* em Lowell House como acadêmico residente. Mais tarde, chegou um convite para dar aulas no Harvard Divinity School. Esse cargo de palestrante portava o requisito de que "todo esforço razoável seja feito no sentido de possibilitar a publicação" dessas palestras. Essa era a maravilhosa e inesperada oportunidade de que precisava para me encorajar a avançar publicamente além dos limites que tinha alcançado em *Why Christianity Must Change or Die* e explorar mais profundamente o surgimento e a forma do que poderíamos denominar um cristianismo pós-moderno. A HarperCollins estava ansiosa por lançar um livro final meu que delineasse o futuro perfil do cristianismo, então Stephen Hanselman, o redator, e John Loudon, meu editor, imediatamente me ofereceram um contrato. Nesse momento as duas fontes que dariam origem à produção deste livro se uniram para que nascesse a presente ventura escrita.

Tudo isso é para constatar que o conteúdo deste livro teve origem naquelas palestras na Universidade de Harvard em março do ano 2000. Tenho expandido esse conteúdo para propiciar um contexto apropriado a meus pensamentos e me possibilitar chegar a conclusões mais completas. Tenho procurado deliberadamente caminhar além das fronteiras tradicionais do cristianismo no qual fui educado e desenvolver um novo vocabulário a fim de abrir novos caminhos ao sagrado.

Hoje estou preparado para me juntar a John Robinson e deixar de lado o literalismo do cristianismo tradicional para desenhar um novo futuro cristão. Estou ciente do que isso significa e estou preparado para absorver a hostilidade inevitável daqueles religiosos tradicionais que se sentem ameaçados por qualquer desafio a seus sistemas religiosos particulares. A história nos mostra que essas respostas geralmente acompanham aqueles que ousam transpor os antigos limites teológicos. Tentarei ir além dos poderosos atributos institucionais pelos quais o cristianismo tem-se apresentado como único caminho para se chegar a Deus. O cristianismo será sempre o caminho que eu trilharei, mas hoje estou convencido de que nenhum sistema humano, incluindo o próprio cristianismo, pode manter a antiga postura exclusivista de dono do poder. O mundo hoje é pequeno demais para comportar esse tipo de religião tribal.

Nesse cristianismo para o futuro tenho também buscado evitar a pseudo-segurança oferecida pelo cristianismo tradicional. O Deus dos braços eternos, que nos acudirá sempre que cairmos (cf. Dt 33,27), e o Jesus a quem recorremos como nossa Rocha Eterna,[5] a quem nos agarraremos eternamente, ambos produzem pessoas imaturas que necessitam dos cuidados de uma divindade sobrenatural e paternal. Isso jamais será o resultado do cristianismo que agora prevejo. Em vez disso, vejo o surgimento de uma humanidade radicalmente nova que viverá em um mundo sem religiões, e dou as boas-vindas a ela. Dietrich Bonhoeffer observa, na passagem que serve como epígrafe deste prefácio: "Diante de Deus e com Deus, vivemos sem ele". Existe uma profunda libertação nessa recém-descoberta disposição de abraçar a insegurança radical da situação humana. A promessa religiosa de prover a segurança que nos permita enfrentar as intransigências da vida se tornou para mim nada mais que uma desilusão designada a manter os seres humanos dependentes e infantis. Assim como todas as "desilusões" religiosas, essa também deverá ser sacrificada para que o cristianismo avance para o futuro. Como Bonhoeffer descreveu, este é o tempo de nossa "maioridade".

Neste livro procuro articular uma visão do cristianismo reformulado tão radicalmente que seja capaz de sobreviver nesse novo mundo corajoso. Meu desejo é também demonstrar que esse cristianismo ainda permanecerá ligado à experiência que lhe deu origem há mais de dois mil anos. Será provavelmente a última obra teológica de minha carreira e não quero que seja um ataque à inadequação do que existe, mas uma visão do poder daquilo que poderá vir a ser, e a ofereço sem qualquer chancela eclesiástica. Escrevo apenas para fazer um convite ao ato de ouvir e explorar essas possibilidades, para verificar se, trilhando esse novo caminho, conseguiremos entrar na realidade do Deus além do teísmo e ouvir a voz de Cristo nos falando na linguagem

PREFÁCIO

de um mundo pós-cristão. Deixarei que meus leitores julguem por si mesmos se alcancei esse objetivo.

Quero agradecer ao doutor Peter Gomes, o distinto professor de moral cristã na Universidade de Harvard e presidente do William Belden Noble Lectureship, por ter-me estendido o privilégio de proferir essas palestras em tão grande centro de aprendizagem. Observando os nomes daqueles que me antecederam nessa posição, encontrei figuras gigantescas como Hans Küng, H. Richard Niebuhr, Paul Tillich, William Temple e, sim, meu mais admirado predecessor, John A.T. Robinson. Fiquei profundamente gratificado e humilde. Também desejo agradecer à professora Diana Eck, da Universidade de Harvard, e à reverenda doutora Dorothy Austin, ministra associada da Igreja Memorial de Harvard e professora associada de psicologia e religião em licença da Universidade de Drew, por nos estender – a minha esposa, Christine, e a mim – a alegria, o companheirismo e o convívio de morar no apartamento para professores residentes em Lowell House, naquele *campus* onde eles se dedicam como mestres. A oportunidade de viver nessa comunidade estimulante e fazer nossas refeições diárias com os graduandos, tutores e membros de Harvard foi em si revigorante. Dedicar este livro às três pessoas que tornaram isso possível é para mim um prazer especial.

Durante o período em que este livro estava sendo formulado e escrito, eu também dava aulas de questões da pregação pública na Harvard Divinity School. Inevitavelmente as idéias que desenvolvia para este livro eram levantadas em minhas palestras e comentários, quando tinha a oportunidade de interagir com as idéias das mentes brilhantes e férteis daqueles estudantes graduados. Isso foi para mim outra oportunidade de expansão. Esses candidatos a mestres em divindade, cuja idade variava de 20 a quase 60 anos, me forçavam seguidas vezes a esclarecer minhas idéias.

Talvez a maior dádiva que lhes dei foi oferecer a tácita permissão de pensarem de maneira diferente, fora dos enquadramentos tradicionais. Havia uma liberdade estimulante nessas aulas, e juntos abordamos questões que certamente jamais haviam sido abordadas em minha própria preparação teológica para o ministério. Percebi que estava avidamente antecipando, como ainda hoje estou, o impacto que esses estudantes causariam na vida do cristianismo institucional na próxima geração. Facilmente vislumbrava a reforma do cristianismo que tenho proclamado, realizada por esse futuro clero, representado pelas tradições cristãs episcopais, presbiterianas, luteranas, metodistas, batistas e pelas igrejas Unida de Cristo, Unitária Universalista e Moraviana, como também pelas tradições judaica e budista na família maior da fé mundial.

Meus leitores encontrarão referências a esses estudantes tanto nas notas como no próprio texto deste livro, mas o que o texto não consegue dizer é que aprendi muito sobre o significado da oração com um estudante da Igreja Moraviana chamado Christian Rice. Descobri uma nova maneira de abordar a ressurreição quando escutei um estudante da Igreja Unitária Universalista chamado Mark Strickler. Compreendi a redenção em um novo contexto através de uma estudante chamada Sarah Sentilles. Constatei a articulação de uma enorme coragem por Tom Rosiello, Elizabeth Valera e Neil O'Farrell, quando processaram a verdade teológica inserida em questões pessoais. Vi o casamento mais efetivo da ciência com a teologia que jamais havia visto antes através de um estudante chamado Eric Fossel, que havia deixado a prática bem-sucedida da medicina para seguir estudos teológicos. Por estar confiante de que esses clérigos em breve formarão a Igreja do amanhã, quero listar seus nomes tanto para futura referência como para agradecê-los individualmente pelo que representou para mim a oportunidade de ter-lhes ensinado. São eles Carrie M. Brunken, Helen Lane Dilg, Zachary P. Drennen, Kathrin M. Ford, Eric T. Fossel, Christopher E. George, Susan E. Gray, Rebecca L. Kavich, Evan V. Keely, Melissa MacDonnell, Mark J. McInroy, Cornelius O. O'Farrell, James B. Pratt, Christian C. Rice, Veronica Garcia-Robles, Thomas A. Rosiello, Leaf Seligman, Sarah Y. Sentilles, Mark E. Strickler, Joseph R. Truesdale, Elizabeth N. Valera, Medora M. Van Denburgh, Jamie P. Washam e David M. Zuniga.

Também quero agradecer àqueles que tornaram possível a produção do manuscrito: minha secretária, Lyn Conrad, que trabalhou comigo nos últimos quatro livros e, mesmo após sua aposentadoria, continua a me ajudar nesse processo; e meu redator na HarperSanFrancisco, John Loudon, que me ajudou a sustentar e expandir minha carreira de escritor. A Stephen Hanselman, editor da HarperSanFrancisco, e Liza Hetherington, Kris Ashley, Calla Devlin, Margery Buchanan, Roger Freet, Terri Leonard e Eric Brandt, que cuidaram da produção, *marketing* e publicidade, expresso meus agradecimentos. Todos eles contribuíram para que minha relação com a Harper fosse tão rica durante tantos anos. Também agradeço a Carol DeChant e Kelly Hughes, da empresa de relações públicas DeChant e Hughes em Chicago, que trabalharam comigo no lançamento de seis livros, culminando com este.

A edição final deste manuscrito foi realizada na Biblioteca de St. Deiniol, em Gales, onde o supervisor, Peter Francis, e sua esposa, Helen, foram tão corteses ao me acolherem e oferecerem sua amizade. Os recursos daquela biblioteca foram extraordinariamente adequados e a recomendo a quem precisar de um local para pesquisa e estudo.

Finalmente e acima de tudo, quero agradecer a minha esposa, Christine Mary Spong. Sei que tradicionalmente os autores transferem as honras ao cônjuge devido ao apoio e a suas habilidades, mas meus leitores precisam saber que não estou me ocupando desse tipo de hipérbole ou futilidade tradicional. Christine não é apenas minha esposa; ela tem sido parceira total em minha carreira, ajudando-me primeiramente em meu papel como bispo e depois em meu papel como escritor e palestrante. Em meu cargo episcopal, teve participação vital em tudo que realizei. Suspeito que o vazio criado por sua aposentadoria como esposa de bispo foi maior e mais notável do que aquele deixado por minha aposentadoria como bispo.

Em minha carreira pós-episcopal, ela teve papel ainda mais significante. Gerenciar minha vida, meus textos e meus discursos públicos tornou-se seu trabalho em tempo integral. Ela é a melhor editora de textos com quem já trabalhei; tem olhos incrivelmente sensíveis. Ela sabe aquilo que comunica e o que não comunica. Desafia pressuposições que não estão claras e se mantém firme quando seus desafios são rejeitados. Ela me ama sem reservas, mas isso não impede que seja rigorosamente crítica quando meus textos precisam ser melhorados. Tenho plena consciência de que sou um escritor melhor por causa de seu intenso envolvimento nesse processo.

Além de tudo isso, há a verdade última e inegável de que a amo profundamente e considero nossa vida juntos nada menos que um rico prazer em permanente expansão. Senti-me extremamente orgulhoso dela quando me representou em palestras nas diversas ocasiões em que fui inoportunamente acometido de problemas de saúde, e também quando ela editou seu próprio livro.[6] Essa senhora é tão capacitada que tem sido requisitada como palestrante em lugares como Califórnia, Carolina do Norte, Mississipi e Oregon. Ela é uma esposa muito talentosa e profundamente estimada, e eu a adoro.

Além da solidariedade dessa parceria maravilhosa, estendemos nosso amor a nossa família maior. Então quero também agradecer a nossos filhos, Ellen, Katharine, Jaquelin, Brian e Rachel; seus cônjuges, Gus Epps, Jack Catlett e Julieann Hoyt; nossos netos, Shelby e Jay Catlett e John e Lydia Hylton; nossas irmãs e irmãos, Betty Spong Marshall, Will Spong, Nancy Wentworth, Bill Bridger e Doris Bridger; e à última sobrevivente de nossos pais, Ina Bridger[7] – todos eles enriquecem nossa vida e se somam imensuravelmente a nossa felicidade.

JOHN SHELBY SPONG
Cambridge, Massachusetts
Setembro de 2001

I

UM PONTO DE PARTIDA: O ANTIGO JÁ PASSOU; O NOVO AINDA NÃO COMEÇOU

Entre 1910 e 1915, em resposta às críticas bíblicas em geral e principalmente ao desafio de Charles Darwin em particular, um grupo de cristãos conservadores publicou uma série de panfletos intitulada "Os fundamentos".[1] A partir daí o termo "fundamentalismo" entrou no vocabulário religioso como sinônimo das crenças literais dos cristãos conservadores.

Esses panfletos defendiam coisas como a autoria do Pentateuco por Moisés, a autoria dos Salmos por Davi e a infalibilidade das profecias bíblicas na previsão de eventos específicos na vida e morte de Jesus Cristo. Cada uma dessas suposições foi contestada com sucesso por estudiosos modernos. Além disso, os panfletos defendiam a veracidade literal do que eram denominados "os temas primários cristãos". Com o passar do tempo, consideravam-se cinco bases fundamentais do cristianismo. Questionar ou negar qualquer dessas doutrinas era considerado ato não apenas de heresia, mas de verdadeira apostasia.

Os cinco fundamentos eram:[2]

1. *A inspiração das Escrituras como revelação literal da palavra de Deus;*
2. *O nascimento através da virgem como meio milagroso e literal pelo qual a natureza divina de Cristo tem sido garantida;*

3. A visão da salvação por um processo de substituição, alcançada na morte de Jesus. A afirmação do poder redentor de seu sangue e do dom da salvação alcançado por sua morte;
4. A certeza da ressurreição física e corporal de Jesus. A veracidade tanto do túmulo vazio como dos relatos de suas aparições conforme a tradição dos Evangelhos;
5. A veracidade da segunda vinda de Jesus, a realidade do Dia do Julgamento, levando em conta todos os atos de nossa vida, e a certeza de que o céu e o inferno são os locais eternos de prêmio e punição.

Hoje, considero a maneira tradicional de entender cada um desses fundamentos não apenas ingênua, mas eminentemente rejeitável. Nenhum deles receberia o aval de um acadêmico cristão respeitável de nossa geração.

As Escrituras estão cheias de atitudes culturais há muito abandonadas e comportamentos que hoje são considerados imorais. Conceitos como o nascimento através da virgem, a ressurreição física e a segunda vinda de Cristo são atualmente tidos mais como símbolos para serem compreendidos teologicamente do que como eventos que ocorreram ou ocorrerão literalmente na história. A visão da salvação por um processo de substituição tornou-se grotesca, tanto na compreensão de um Deus que necessitaria do sacrifício de sangue humano como pré-requisito da salvação quanto na definição da humanidade como caída e depravada.

Se essas coisas ainda constituem a fé do povo cristão, então para mim e muitos outros o cristianismo tornou-se algo desesperançosamente inacreditável. Certamente a essência do cristianismo não se encontra em nenhuma dessas proposições.

JOHN SHELBY SPONG
Extraído de palestra realizada na União de Graduação Teológica, em Berkeley, Califórnia, 2001

Sou cristão.

Servi à Igreja cristã por 45 anos como diácono, presbítero e bispo. Continuo a servir a essa Igreja hoje de diversas formas, depois de minha aposentadoria oficial. Creio que Deus é real e que vivo profunda e significativamente relacionado a essa realidade divina.

Proclamo Jesus meu senhor. Creio que ele é mediador de Deus de uma forma poderosa e única na história humana e em minha vida. Creio que minha vida pessoal sofreu um impacto dramático e decisivo não só pela vida desse Jesus, mas também por sua morte e, é claro, pela experiência pascal que os cristãos conhecem como ressurreição.

Boa parte da vocação de minha vida foi usada buscando uma forma de expressar esse impacto e convidar outras pessoas para entrarem no que só posso designar como "experiência de Cristo". Creio que nesse Cristo descobri a base do significado de ética, oração, adoração e até de esperança de vida além das fronteiras de minha mortalidade. Quero que meus leitores saibam quem escreve estas palavras. Não quero ser culpado de violar qualquer ato de "empacotamento da verdade"; portanto, defino-me antes de tudo como cristão crédulo.

Entretanto, não defino Deus como um ser sobrenatural. Não creio numa divindade que ajude uma nação a vencer uma guerra, que intervenha na cura de uma pessoa amada, que permita a certo time derrotar seus adversários nem altere o tempo para beneficiar quem quer que seja. Não acho apropriado fingir que essas coisas são possíveis quando tudo que sei sobre a ordem natural do mundo em que habito proclama o contrário.

Partindo do princípio de que não considero Deus um "ser", não posso também interpretar Jesus como a encarnação desse Deus sobrenatural, nem posso assumir com credibilidade que ele possua poder divino suficiente para fazer coisas tão milaculosas quanto acalmar as águas do mar, expulsar demônios, andar sobre a água ou multiplicar cinco pães para alimentar cinco mil pessoas. Se tivermos que reivindicar a natureza divina desse Jesus, terá que ser sobre outras bases.[3] Milagres da natureza, estou convencido, dizem muito sobre o poder que as pessoas atribuíram a Jesus, mas não dizem nada sobre o que ocorreu literalmente.

Não creio que Jesus pudesse ressuscitar os mortos, curar pessoas cuja paralisia já fora diagnosticada pela medicina, restaurar a visão dos cegos de nascença ou daqueles que perderam a visão por outra causa, nem acredito que ele tenha feito literalmente tudo isso. Também não creio que ele fez ouvir alguém surdo e mudo de nascença. Histórias de cura podem ser vistas de diversas formas. Considerá-las sobrenaturais ou milagrosas, em minha opinião, é a possibilidade de menor credibilidade.

Não creio que Jesus veio ao mundo milagrosamente nascido de uma virgem, nem que aconteçam partos em virgens onde quer que seja, exceto na mitologia. Não creio que uma estrela literalmente guiou os reis magos a levarem presentes para Jesus nem que anjos literalmente cantaram anunciando seu nascimento aos pastores. Não creio que Jesus nasceu em Belém nem que fugiu para o Egito para escapar da ira do rei Herodes. Considero tudo isso lendas que posteriormente foram transformadas em história, à medida que as tradições evoluíam e se desenvolviam, e as pessoas tentavam compreender o significado e o poder da vida de Cristo.[4]

Não creio que a experiência celebrada na Páscoa pelos cristãos seja a ressurreição física do corpo de Jesus, morto há três dias, nem creio que alguém tenha literalmente falado com ele após o momento da ressurreição, tenha lhe dado comida, tocado em sua carne ressurrecta, nem que ele tenha caminhado de forma física, com seu corpo ressuscitado. Acho interessante o fato de todas as narrativas que falam desses encontros ocorrerem somente nos Evangelhos posteriores. Não creio que a ressurreição de Jesus tenha sido marcada de forma literal por um terremoto, um pronunciamento angelical ou um túmulo vazio. Tudo isso considero também tradições lendárias de um sistema religioso em maturação.[5]

Não creio que Jesus, no final de sua jornada na terra, tenha retornado a Deus ascendendo literalmente a um céu localizado em algum lugar sobre as nuvens. Meu conhecimento do tamanho do universo reduz esse conceito a um disparate.

Não creio que Jesus fundou uma igreja nem que tenha estabelecido hierarquia eclesiástica, iniciada pelos doze apóstolos e que perdura até nossos dias. Não creio que tenha criado os sacramentos como meios especiais de graça, nem que esses meios sejam ou possam ser controlados pela Igreja e conseqüentemente sejam presididos apenas por membros ordenados do clero. Todas essas coisas representam para mim uma tentativa dos serés humanos de reivindicar o poder para si e para suas instituições religiosas particulares.

Não creio que seres humanos nascem em pecado nem que serão banidos para sempre da presença de Deus se não forem batizados ou salvos de alguma forma. Não considero que o conceito mítico da queda do homem para algum *status* negativo constitua uma visão correta de nossas origens, nem das origens do mal. Considerar a queda da humanidade para um estado de pecado e sugerir que esse pecado só pode ser vencido por uma iniciativa divina que restaure a vida humana a um *status* pré-queda que nunca teve é um conceito deveras estranho, que serve primordialmente, mais uma vez, para o fortalecimento do poder institucional.[6]

Não creio que mulheres são menos humanas nem menos santas que os homens. Portanto, não posso nem me imaginar fazendo parte de uma Igreja que, de qualquer forma, discrimine as mulheres, ou sugira que a mulher não seja apta a exercer qualquer vocação que a Igreja ofereça a seu povo, desde o papado até as funções mais humildes. Considero a tradição da Igreja de excluir as mulheres das posições de liderança não uma tradição sagrada, mas uma manifestação do pecado do patriarcalismo.

Não creio que os homossexuais são pessoas anormais, mentalmente doentes ou moralmente depravadas. Além disso, considero errôneo e mal-informado qualquer texto "sagrado" que sugira isso. Meus estudos levaram-me à conclusão de que a sexualidade em si, incluindo todas as orientações sexuais, é moralmente neutra e assim pode ser vivida positiva ou negativamente. Considero o espectro da experiência sexual humana muito amplo, e, nessa escala, determinada porcentagem da população em todas as épocas é direcionada para pessoas do mesmo sexo. Essa é uma realidade da vida, e não imagino participar de uma Igreja que discrimine *gays* ou lésbicas pelo que *são*. Nem quero participar de práticas eclesiásticas que considero baseadas em ignorância preconceituosa.[7]

Não creio que pigmentação da pele e origem étnica constituem qualidades de superioridade ou inferioridade, e considero inaceitável qualquer sistema social, incluindo qualquer parte da Igreja cristã, que opere nesse pressuposto. Os preconceitos baseados em racismos são, para mim, nada mais que manifestações de passados tribais; são estigmas negativos que os seres humanos desenvolveram na luta pela sobrevivência.[8]

Não creio que todas as éticas cristãs foram inscritas em pedra nem nas páginas das Escrituras, sendo assim estabelecidas para sempre. Tenho consciência de que "o tempo faz antigas coisas boas ficarem estranhas, desajeitadas",[9] e que o preconceito fundamentado em definições culturais negativas serviu durante séculos como base para cristãos oprimirem pessoas de cor, mulheres e aqueles cuja orientação não fosse heterossexual.[10]

Não creio que a Bíblia é a "palavra de Deus" no sentido literal. Não a considero como principal fonte de revelação divina. Não creio que Deus tenha ditado seu texto nem que tenha inspirado integralmente sua produção. Vejo a Bíblia como um livro humano que mescla a profunda sabedoria dos iluminados através dos séculos com as limitações da percepção humana da realidade num determinado momento da história humana. Essa combinação marcou nossas convicções religiosas com testemunhos diversos, de escravidão e emancipação, inquisições e inspirações teológicas, liberdade e opressão.[11]

Poderia prolongar essa lista por muitas páginas, mas esses poucos exemplos são o suficiente para caracterizar as questões que pretendo desenvolver. A questão principal que procuro levantar neste livro é a seguinte: Será possível uma pessoa se declarar cristã com integridade e ao mesmo tempo dispensar, como acabei de fazer, tantas coisas que tradicionalmente definem o conteúdo da fé cristã? Não seria mais sensato e mais honesto fazer como tantos outros de minha geração: simplesmente se desligar desse "sistema de fé" de nossos antepassados? Será que eu deveria renunciar a meu batismo e negar ser discípulo de Jesus, assumir cidadania secular e me tornar sócio da Associação Alumni da Igreja? O que me impede de dar os passos necessários para abandonar meus compromissos de fé? Falta de força de vontade, algum apego irracional e emocional que não consigo romper, ou seria desonestidade espiritual? Certamente essa opção tornaria minha vida muito mais fácil, menos complicada. Na visão de muitos, tanto na Igreja cristã como na sociedade secular, representaria um ato de integridade. Entretanto não seria honesto nem seria verdadeiro para com minhas mais profundas convicções. Meu problema nunca foi minha fé, mas sempre a forma literal que os seres humanos escolhem para articular essa fé.

Escolhi, portanto, o caminho mais duro, mais complicado, apesar de em muitas ocasiões isso ter ameaçado despedaçar minha própria alma. Essa decisão tem me sujeitado a enorme hostilidade religiosa dos adeptos ameaçados de minha própria tradição de fé e também ao desdém por parte de muitos amigos seculares que me consideram um resquício irremediavelmente religioso da Idade Média. Apesar de tudo – por um lado a hostilidade religiosa, por outro minha recusa em rejeitar minha tradição de fé –, continuo insistindo que sou cristão. Apego-me à verdade da assertiva feita primeiramente por Paulo de que "Deus está em Cristo" (II Cor 5,19). Busco a experiência de Deus que creio estar por trás das explicações bíblicas e teológicas que, através dos séculos, tentaram interpretar Jesus. Creio ser possível separar a "experiência" da "explicação" e reconhecer que as palavras de antigamente se tornam cada vez menos adequadas a capturar a essência de qualquer experiência permanentemente. Portanto, conclamo a Igreja a uma mudança radical na maneira com que tradicionalmente proclamou sua mensagem, na forma como se organizou para intermediar o reservatório de poder espiritual e na maneira pela qual pretende ser a representante de Deus na história humana.

Estou certo de que a reavaliação do cristianismo que procuro desenvolver terá de ser tão completa a ponto de levar algumas pessoas a temer que o Deus que tradicionalmente adoraram esteja, de fato, morrendo. A reforma necessária agora, em minha opinião, deverá ser tão absoluta que, por comparação, a Reforma do século XVI parecerá uma festinha infantil. Em retrospecto, aquela Reforma tratou de questões de autoridade e ordem. A nova reforma será profundamente teológica e necessariamente desafiará todos os aspectos de nossa história de fé. Por acreditar que o cristianismo não pode continuar reduzido a um *show* religioso secundário, como tem sido, procuro engajar nessa reforma as cabeças mais pensantes do novo milênio. Espero que nós, cristãos, não nos abalemos com a audácia do desafio. Enfrentamos hoje, como tentarei documentar, uma mudança total na maneira como as pessoas modernas percebem a realidade. Essa mudança proclama que a forma pela qual o cristianismo foi tradicionalmente formulado não tem mais credibilidade. E é por isso que o cristianismo como nós o conhecemos dá cada vez mais sinais de *rigor mortis*.

O cristianismo postula um Deus teísta, que realiza coisas sobrenaturais, as quais podemos muitas vezes considerar imorais para nossos padrões. Esse Deus é descrito nas Escrituras castigando os egípcios com uma praga após a outra, por exemplo – certa vez até acarretando no assassinato do primogênito de cada família egípcia –, numa campanha divina para libertar da escravidão o povo escolhido (cf. Ex 7,10). Depois esse Deus abriu o mar Vermelho para permitir a fuga dos hebreus, fechando-o em seguida para afogar todo o exército dos perseguidores egípcios (cf. Ex 14). Essa é a obra de um Deus moral? Esses atos não refletem um Deus que os egípcios jamais poderiam adorar? E nós, poderíamos? Queremos crer nesse tipo de Deus?

É atribuído ao Deus teísta das Escrituras o ato de ter parado o Sol em sua rota (como se o Sol girasse em torno da Terra) para oferecer luz suficiente para Josué matar todos os amoritas numa batalha (cf. Js 10). Isso justifica tal ato divino? Deixando de lado qualquer especulação sobre o que possa ter acontecido à força da gravidade como conseqüência de tamanha mágica universal, resta-nos perguntar: Será que os amoritas poderiam adorar um Deus dessa espécie? Poderiam crer que o valor da vida humana era infinito quando seus preconceitos tribais eram confundidos com a vontade de Deus dessa maneira? Podemos crer nisso hoje?

O mesmo texto bíblico de Josué serviu de base para a Igreja Católica Romana forçar Galileu, cientista do século XVII, a negar, sob pena de morte, sua descoberta segundo a qual a Terra não era o centro do universo, mas, de fato, era ela que girava em torno do Sol. Embora a visão de Galileu tenha possibilitado a exploração moderna do espaço iniciada em 1950, foi apenas em 1991 que a Igreja cristã, representada pelo Vaticano, finalmente admitiu publicamente que ele estava certo e que a Igreja errara ao condená-lo. Nessas alturas não fazia mais diferença, nem a Galileu nem à comunidade científica do mundo, o que a voz oficial da Igreja declarou sobre seu empreendimento! Como observou Paul Davies, renomado físico vencedor do Prêmio Templeton, o Deus trivial que ele conhecera na Igreja já não era grande o suficiente para ser Deus de seu mundo.[12] Alguém tem dúvidas sobre qual será o lado que estará com a razão nesse conflito, na marcha dos tempos?

O cristianismo utiliza o conceito judeu do dia do perdão – Yom Kippur – para tradicionalmente interpretar a morte de Jesus como sacrifício oferecido a Deus pelo pagamento de nossos pecados e tem-se deleitado em referir-se a Jesus como o "Cordeiro de Deus", cujo sangue lava os pecados do mundo. Será esse Deus – que requer um sanguinário sacrifício humano – ainda merecedor de adoração hoje, ao trazermos finalmente essa idéia ofensiva para a consciência?

Utilizando outra tradição judaica, dessa vez a festa chamada Pessach (Páscoa) os cristãos desenvolveram o contexto da eucaristia, seu principal ato litúrgico. Na Páscoa original dos judeus, outro cordeiro era sacrificado, e o poder mágico de seu sangue era colocado sobre os portais das residências judaicas no Egito, para evitar que o anjo da morte se enganasse e matasse os judeus em vez dos egípcios (que eram considerados merecedores de tal destruição). Então os judeus assavam e comiam o cordeiro sacrificado antes do êxodo do Egito. Desde então as famílias judaicas se reúnem a cada ano em volta da mesa para celebrar aquela antiga libertação, festejando com o corpo e o sangue do cordeiro sacrificado. Trata-se de um estranho ritual, se observarmos seus elementos fora do contexto litúrgico. Entretanto, foi o modelo da eucaristia cristã através dos tempos. Hoje esses conceitos, ainda encontrados na adoração cristã, provocam imagens repugnantes à consciência moderna.

Suspeito que esse processo se iniciou quando os primeiros pregadores cristãos escolheram como base para um sermão a exclamação de Paulo: "Cristo, nosso cordeiro pascal, foi sacrificado" (I Cor 5,7).

A relação com a história de Jesus foi feita homileticamente para estabelecer a correlação cristã com a prática judaica. Dessa forma, a cruz tornou-se o portal do mundo, e o sangue de Jesus assumiu o papel de interromper o poder da morte para todos os povos. Assim, o significado da morte de Jesus foi explicado como a morte do cordeiro que protegeu o povo judeu do inimigo final, num momento passado de crise nacional. Daí foi apenas um passo para os cristãos desenvolverem o ato sacramental, como os judeus fizeram, que recriaria aquele momento no presente, em que as pessoas reunidas simbolicamente comeriam a carne e beberiam o sangue do novo cordeiro de Deus. Também foi inevitável que, com o tempo, esses símbolos fossem entendidos de forma literal.

Mas esses símbolos, literalmente ou não, ainda podem ser traduzidos para esta geração? Ainda transmitem algum significado no mundo pós-moderno? A mágica de quebrar o poder da morte colocando sangue nos portais ou na cruz é estranhamente primitiva. O ritual canibalístico de comer a carne do Deus morto está cheio de antigas nuances psicológicas que são perturbadoras para a sensibilidade moderna. A prática litúrgica de representar o sacrifício da cruz e acreditar que nossa participação nessa representação é necessária para a salvação não é um modelo moderno convincente. Da mesma maneira, a idéia de que apenas pessoas ordenadas estão devidamente autorizadas a presidir esses atos é incompatível com os ouvidos modernos. Podemos realmente esperar que tais idéias ganhem a lealdade de mentes modernas? Mas se removermos tudo isso da adoração cristã, ainda sobra alguma coisa?

Creio que todas as questões e dificuldades mencionadas acima precisam ser enfrentadas abertamente pelos cristãos hoje e então transcendidas por novas imagens. Para os cristãos que têm identificado Deus com todas essas antigas interpretações do divino, a transição não será fácil. Mas certamente chegou o tempo em que todos nós devemos ir além da desconstrução desses símbolos inadequados e rejeitáveis, que historicamente foram tão significativos na vida da Igreja cristã, e dedicar nossa atenção à tarefa de delinear a visão daquilo que a Igreja pode e deve ser no futuro.

A tarefa apologética primordial que a Igreja enfrenta hoje é separar o essencial daquilo que foi acrescentado, a *experiência de Deus* atemporal das antigas *explicações de Deus* deturpadas pelo tempo. Desconstruir é notadamente um caminho mais fácil quando se tenta descrever as razões pelas quais algumas interpretações de um sistema religioso passado são inadequadas. Muito mais difícil é desenhar a visão de algo novo, algo nunca visto nem testado. Mas, como reformadores, não podemos apenas nos apoiar nos cata-ventos da Antiguidade – devemos desenvolver novas visões, propor novos modelos, descobrir novas soluções. Essa é a tarefa que me proponho realizar.

Sei que esse esforço não contará com o interesse nem a sensibilidade do público eclesiástico. Isso não me preocupa, todavia, porque as pessoas com quem busco me comunicar constituem um grupo bem específico e a elas direciono minha mensagem da maneira mais incisiva possível.

Não tenho interesse, por exemplo, em confrontar nem desafiar os elementos conservadores e fundamentalistas do cristianismo que prevalecem atualmente. Acredito que eles morrerão por sua própria irrelevância, sem minha ajuda. Eles atrelaram sua compreensão do cristianismo a atitudes do passado que estão secando nos ramos da videira. A melhor indicação disso é observarmos a utilização do termo "cristão" nos dias de hoje. A que imagem nos reporta uma empresa que se denomina "livraria cristã", ou um comentarista político que se refere ao "voto cristão" numa eleição?

Livrarias cristãs são primordialmente conhecidas pela postura anti-intelectual, pelo apoio à ciência da "criação" em oposição à da evolução, pelos inúmeros volumes sobre educação infantil defendendo métodos tirânicos que, em minha opinião, beiram o abuso, pelas tentativas de manter os modelos de patriarcalismo que estão definhando e pelo negativismo em relação ao homossexualismo.

O "direito cristão" sustenta politicamente causas similares: a condenação ao aborto e ao homossexualismo são botões detonadores que provocam as emoções coletivas. Os seguidores desse movimento político englobam esses dois temas numa cruzada moralista sob palavras de ordem como "alicerces familiares" e "restaurando a integridade do governo e da vida civil da América". Entretanto essa cruzada se baseia em símbolos e não em substância.

Tanto o aborto como a aceitação do homossexualismo são resultados de uma revolução na forma de pensar que foi alimentada não pela imoralidade descontrolada, como acreditam os mantenedores de valores ultrapassados, mas por uma dramática conquista na forma de expansão de conhecimento e mudanças de vida.

Aqueles que se opõem ao aborto com base no que descrevem como preceitos morais, interpretam-no como símbolo da retirada da punição pela sexualidade. Na época em que foram introduzidos os métodos seguros e efetivos de controle da natalidade, na forma de pílulas, em meados do século XX, e o planejamento familiar tornou-se uma possibilidade viável, essas mudanças também provocaram resistência por parte dos mesmos elementos da sociedade, com as mesmas justificativas. Atualmente, controle de natalidade e planejamento familiar são praticados universalmente, de modo que nenhum candidato político se arriscaria a opor-se a nenhum deles. O aborto, entretanto, ainda tem cacife político, especialmente quando vestido de *slogans* moralistas como "direito à vida" ou diagnosticado como "aborto de nascimento parcial".

Provavelmente há um consenso político atualmente em torno da idéia de que o aborto deve ser "seguro, legal e raro" – e de fato será quando a sociedade aceitar o fato de que as regras sexuais mudaram porque a própria vida mudou.

Quatrocentos anos atrás a puberdade começava vários anos mais tarde que hoje em dia, e esse tempo tem-se reduzido numa proporção de meio ano por século, como resultado da melhor alimentação e assistência médica. Entretanto, como agora cremos que as mulheres devem freqüentar universidades, que são capazes de realizar trabalhos graduados e seguir carreiras anteriormente reservadas aos homens – como direito, medicina, negócios e até carreiras na Igreja –, o casamento é empurrado para depois dos 25 anos de idade. O período resultante entre a puberdade e o casamento gerou uma revolução inevitável na ética sexual. O aborto é o último vestígio dessa revolução, e a fácil aquisição da pílula do dia seguinte efetivamente encerrará essa batalha.

UM PONTO DE PARTIDA

Homossexualidade é a outra questão em destaque nos "direitos cristãos", e mais uma vez os adeptos desse movimento alimentam seu preconceito pela falta de informação. Eles ainda definem a homossexualidade como uma opção feita por pessoas que são doentes mentais ou moralmente depravadas. Caso sejam doentes mentais, essas vítimas deveriam procurar uma cura, dizem os cristãos conservadores. Caso sejam moralmente depravadas, deveriam buscar a conversão e parar com seus hábitos pecaminosos. Tal mentalidade vai de encontro a decisivas evidências médicas, científicas e psicológicas que indicam que a homossexualidade se compara a características como ser destro. Faz parte do próprio *ser* de uma parte minoritária da família humana, portanto é algo que desperta na pessoa e não uma escolha dela. Aquelas organizações que em geral se identificam com o fundamentalismo cristão ou a propaganda do "evangelismo" e anunciam ser capazes de "curar" a homossexualidade são, em minha opinião, não apenas ignorantes, mas de fato fraudulentas.

Deixe-me esclarecer. Não procuro atingir esses conservadores e aqueles que considero "crentes" que vivem fora da realidade. Não pretendo convertê-los, discutir com eles, nem mesmo me defrontar com eles, a não ser que venham a se tornar maioria e tentem impor suas posturas ao resto do mundo. Creio que a propagação do conhecimento eventualmente tornará essas atitudes irrelevantes no debate do cristianismo do futuro.

Ao mesmo tempo, nessa luta pela reforma ou pela enunciação de uma nova visão do cristianismo, sei que não conto com nada além de uma indiferença escancarada por parte daqueles membros da sociedade que já chegaram à conclusão de que qualquer religião é apenas uma superstição utilizada pelos "fracos". Essas pessoas que optaram pela vida na cidade secular em vez de se manterem ligadas às instituições religiosas não terão interesse por minha proposta, que considerarão uma tentativa de fazer plástica em defunto!

Essa atitude secularista foi bem ilustrada num debate de que recentemente participei num programa de TV em Londres. Um dos convidados, jornalista iconoclasta, identificou-se como ateu e ficou bastante perturbado quando me recusei a reproduzir os lemas religiosos

37

UM NOVO CRISTIANISMO PARA UM NOVO MUNDO

tradicionais que ele estava habituado a ridicularizar. Foi a primeira vez que fui atacado por um ateu por não crer corretamente! Ele tinha longa experiência em lidar com o ponto de vista religioso tradicional, mas não sabia o que fazer com alguém que rejeitava os mesmos aspectos da religião que ele próprio não aceitava. Então, ficou hilariamente irritado.

Se minhas idéias chamarem a atenção do mundo secular, será por causa dos ataques públicos dos conservadores, e, mesmo que obtenham destaque nos noticiários, ainda assim, dificilmente os pensadores seculares vão aderir a meu ponto de vista. Mas será minha única chance de atrair sua atenção. Provavelmente os ataques conservadores serão vistos pelos leigos como mais uma briguinha religiosa da qual eles estão felizmente libertos e que dispensa maiores atenções.

Mesmo nas principais tradições religiosas, não será fácil atrair as atenções e estabelecer um ponto de apoio significativo, pois elas se dedicam muito mais à preservação do poder institucional do que ao confronto das questões de "vida ou morte". O temor dos membros dessas igrejas os levará a comentários do tipo: "Dessa vez ele foi longe demais!"[13]

Numa ocasião ouvi um renomado professor da Universidade de Oxford, reconhecido como acadêmico anglicano dos mais distintos, discursando sobre a ressurreição de Jesus. Foi uma notável apresentação que não ofendia ninguém, mas também não oferecia nada de novo, e acredito que a maioria dos ouvintes deve ter achado a palestra inesquecível. Não havia crescimento, nem expectativas, nem Evangelho, mas de alguma forma esse teólogo atingiu seu objetivo de difundir perguntas mantendo uma aura de sabedoria, sem chegar a nenhuma conclusão perturbadora nem enfrentar qualquer problema.

Às vezes a ausência da ofensa é menos proposital do que coincidência. Karl Rahner, criativo estudioso, escreveu textos profundos e densos raramente lidos pelas pessoas nos bancos das igrejas católicas. Morreu respeitado e condecorado pelas honras mais elevadas do Vaticano. Seu discípulo Hans Küng, professor católico de teologia na Universidade de Tübingen, tinha um grande dom de comunicação e se tornou o teólogo católico mais lido do século XX. Seus leitores entendiam as questões que ele abordava e respondiam tanto com ameaças como

UM PONTO DE PARTIDA

com liberdade, mas, aos olhos de seus superiores eclesiásticos, Küng havia cometido um pecado imperdoável: havia permitido que perguntas brotassem no coração dos fiéis – coração onde a Igreja só permite habitarem *respostas* bem apropriadas, jamais *perguntas* –, "causando a inquietação do povo". Por esse "pecado" ele foi preterido e continua desconhecido em sua própria Igreja, mártir da necessidade neurótica dessa Igreja de controlar a verdade – necessidade que, na atual era da informatização, é quase tão possível quanto ficar em frente ao mar e querer segurar a maré.

A história nos demonstra que reformas normalmente provêm de forças do povo. Reformadores têm a visão inicial, mas se ela não se tornar uma ignição no meio do povo, logo se apagará. Minha experiência me ensina a não ter expectativas de reforma proveniente das Igrejas principais nem de seus defensores acadêmicos, até que alguém que esteja em contato com o povo do mundo levante as questões de maneira tão convincente que os líderes da Igreja e seus acadêmicos sejam forçados a responder e unir-se aos esforços.

A platéia que procuro atingir é menor, mais distinta e mais específica. Falo para aquelas pessoas comuns que se denominam "legião". São as pessoas que têm sede espiritual, mas sabem que não conseguirão mais beber das fontes tradicionais do passado. Em sua essência, esse grupo será uma pequena minoria da população, mas será acrescido por um grupo muito maior de companheiros de caminhada que, se tiverem a oportunidade de ouvir, responderão. Essas pessoas vão se regozijar e refletir sua profunda e verdadeira gratidão. Algumas dirão: "Finalmente alguém me deu permissão" – como se isso fosse necessário – "para ver as coisas por uma nova perspectiva, além das formulações tradicionais que delimitavam minhas buscas religiosas até agora". Elas se consolarão com a idéia de que suas dúvidas e questionamentos sobre Deus e religião não as definem como loucas nem más – suas dúvidas e questionamentos significam apenas que respiram o ar do século XXI. Vão se regozijar por finalmente encontrar uma forma de ligar a cabeça ao coração.

Esse grupo tem constituído meu objetivo primordial em toda minha carreira. Essas pessoas ainda possuem uma profunda consciência de Deus, que não se encaixa nos moldes que as instituições religiosas

39

dizem ser a única forma de pensar em Deus. Para a nova reforma do cristianismo ter sucesso, terá que se iniciar e criar raízes nesse grupo – que geralmente não é visto nem ouvido pelas lideranças religiosas de nosso mundo.

À medida que os diversos setores reagirem e interagirem com minhas sugestões e propostas, valerá a pena salientar a pergunta que fiz no início como ponto primordial a ser abordado neste livro: Esse cristianismo radicalmente reformado que conclamo será suficientemente conectado e identificado com aquele do passado, para que possa ser reconhecido não apenas como herdeiro, mas como parte integrante do corpo da fé tradicional? Se a resposta for negativa, como alegarão muitos críticos, terão fundamento suas acusações de que quero criar uma nova religião. Mas desconfio que a resposta manterá a dúvida por muitos anos ainda, talvez por uma geração ou duas. Estou profundamente ciente de que estou andando pelo fio da navalha, tanto da fé como da prática, ao buscar uma solução para a doença do cristianismo que pode ser em si uma cura fatal. Minha esperança mais profunda é que a Igreja, em suas inúmeras formas institucionais, não se precipite em julgar, mas permita que o tempo determine se sou amigo ou inimigo, profético em minha visão ou iludido pela arrogância.

Permita-me, entretanto, registrar antecipadamente tanto meu desejo consciente como minha convicção. Procuro reformar e repensar algo que amo. Não tenho nenhuma intenção de tentar criar uma nova religião. Sou cristão e irei para o túmulo como membro dessa família de fé. Considero qualquer esforço para a construção de novas religiões inevitavelmente condenado desde o início. Nenhuma religião, nem mesmo o cristianismo, começou como algo novo. Sistemas religiosos sempre representam um processo em evolução. O cristianismo, por exemplo, evoluiu do judaísmo, que por sua vez contém formas de adoração advindas do Egito, de Canaã, da Babilônia e da Pérsia. A marcha do cristianismo para o domínio do mundo ocidental foi marcada pela incorporação de elementos dos deuses do Olimpo, do mitraísmo e de outros cultos misteriosos do Mediterrâneo.

À medida que o cristianismo caminha atualmente no mundo moderno, começa a refletir pontos de vista coletados em outras grandes religiões. Evolução é o modo da caminhada religiosa através da história. O que me proponho fazer é simplesmente mapear a evolução futura dessa tradição de fé. Ficará a cargo dos crentes ou críticos do amanhã julgar se o cristianismo que sobreviver neste século XXI ainda terá ligação com o cristianismo que surgiu na Judéia no primeiro século e depois seguiu na conquista do Império Romano no século IV, dominou a civilização ocidental no século XIII, suportou a reforma plástica do século XVI, seguiu a bandeira da expansão colonial européia no século XIX e encolheu drasticamente no século XX.

Permanecerei firme em minha convicção de que a palavra *Deus* representa e aponta algo real. De alguma maneira continuarei afirmando que a figura de Cristo foi e é a manifestação da realidade que eu chamo de Deus, e que a vida de Jesus é um caminho para todos nós entrarmos nessa realidade. Isto é, manterei a assertiva de que Jesus representou um momento de definição na jornada humana em direção ao significado de Deus. Delinearei minha visão sobre o modo como acredito que esse poder consegue transcender aos tempos, permitindo que as pessoas hoje sejam tocadas por ele e incorporadas a ele, necessitando de comunidades de adoração e liturgias vivas.

Finalmente, para realizar essa tarefa, serei obrigado a arrancar desse cristianismo do futuro qualquer tentativa de literalizar os mitos interpretativos e lendas explicativas do passado. Tentarei libertar o cristianismo de prerrogativas de exclusividade e necessidades de poder que distorceram totalmente sua mensagem. Procurarei transpor o sistema religioso que se desenvolveu institucionalmente e marcou tanto o cristianismo e explorar o poder que há por trás e que esse mesmo sistema tanto se esforçou por explicar e organizar. Apesar do desejo de escapar desses limites, não pretendo fugir da experiência que impulsionou as pessoas no percurso da história, até os dias de hoje, incluindo a minha pessoa, a dizer: "Jesus é o Senhor!"

Essas são minhas metas. Podem ser alcançadas? Ou são a fantasia de alguém que está vendo as cinzas de uma tradição de fé e até de um longo trabalho de vida, mas é incapaz de admitir que não podem ser reavivadas? Meus leitores decidirão. Quanto a mim, creio que esta é a única maneira de continuar fiel a meus votos batismais, feitos há tantos anos: "Seguir a Cristo como meu Senhor e Salvador, buscar Cristo em todas as pessoas e respeitar a dignidade de todo ser humano".[14]

II

OS SINAIS DA MORTE DO TEÍSMO

Deus. Onde estás? Queria que falasses comigo. Deus. Não sou só eu. É um sentimento geral. É o que as pessoas estão dizendo na paróquia. Querem saber onde estás. A piada está perdendo força. Tu nunca dizes nada. Tudo bem. As pessoas até esperam por isso. As pessoas entendem – mas também pensam... Veja, estou te dizendo, é esta ausência perpétua. Sim? É não estar presente – é isso. Quero dizer, vamos ser honestos, está começando a nos desesperar. Tu sabes? Não é razoável? Há muita gente que não está bem. E precisa de algo mais que o silêncio. Deus. Tu me entendes?[1]

DAVID HARE,
peça teatral

A evidência de que Deus, compreendido teisticamente, está morrendo ou talvez já esteja morto é surpreendente. Defino o Deus teísta como "um ser com poderes sobrenaturais, que habita fora deste mundo e o invade periodicamente para realizar a vontade divina". Existem dados racionais e emocionais que fundamentam essa pressuposição.

Os racionais evidenciam-se pela redução drástica da área de atuação do Deus teísta pelo próprio avanço do conhecimento. Por exemplo, hoje, quando se diz "o tempo dos milagres já passou", não significa que os milagres deixaram de ocorrer, mas que nunca ocorreram – a época em que se percebiam eventos miraculosos passou. Os fatos que nossos ancestrais atribuíam a milagres e até à magia são explicados hoje sem necessidade de recorrer ao sobrenatural, porque compreendemos melhor como o universo opera. Deus não é mais visto pelo mundo científico em termos de cadeia de causa e efeito. Pensava-se que Deus fosse o grande operador das questões de doença e saúde: a doença seria reflexo da sua punição, enquanto a saúde comprovaria seu favor. Então descobrimos os germes e os vírus e desenvolvemos antibióticos, procedimentos cirúrgicos e outras coisas como quimioterapia. Com esse novo conhecimento começamos a ver que os antibióticos, cirurgias e quimioterapias faziam efeito tanto nos pecadores quanto nos santos. Dessa forma, a abrangência da doença como área de atuação de Deus começou a ser reduzida, e a medicina entrou na era moderna da secularização.

Antigamente, considerávamos Deus a fonte do tempo e interpretávamos que enchentes, secas, furacões, temporais etc. seriam expressões da vontade divina. Mas aí foram descobertas as frentes climáticas, os sistemas de variação de pressão, os fenômenos El Niño e La Niña, os efeitos climáticos das marés e tantas outras realidades que o conceito de um ser sobrenatural que manipula o tempo por certos motivos morais se tornou insustentável.

Acreditava-se que Deus levasse nossa nação à guerra, derrotando o inimigo ou, caso nossa fidelidade não fosse merecedora, nos permitindo experimentar a ira divina na derrota. Entretanto, com as modernas técnicas bélicas, Deus parece sempre estar ao lado de quem possui o maior arsenal.

Essas são apenas algumas ilustrações que podem ser citadas para demonstrar racionalmente que não há mais espaço em nossos sistemas de fé para a atuação de um Deus teísta, por mais que sejamos apegados a essa divindade pré-moderna.

Mesmo que quiséssemos retornar ao Deus conhecido e reconfortante de nossa juventude, não poderíamos. Isso é fato para a maioria das pessoas nos países desenvolvidos, queiram admiti-lo ou não. O

Deus do teísmo está tão visivelmente em decadência que só através de um jogo de ilusão e negação – praticado por muitas pessoas – podemos continuar pretendendo que ele ainda seja real. Essa é a natureza do dilema religioso de nossa geração.

Quem não concordar que o abandono da concepção teísta da divindade é o destino inevitável do Deus do passado terá certamente que admitir que a crença nessa divindade raramente é levada a sério no sentido existencial.

Parece não ser importante se a pessoa é membro de academia teológica – onde o moderno debate sobre Deus ocorre diariamente – ou do mundo secular, que nunca pronuncia o nome de Deus com seriedade; quase todos vivem hoje fora da "consciência de Deus" da Antiguidade. As pessoas que ainda ocupam os bancos de igrejas parecem tranqüilamente alheias ao debate que acontece nas academias e continuam usando a linguagem do passado em seus hinos e liturgias. Isso se deve principalmente a uma predisposição para não pensar sobre o real significado dessas celebrações; e, quando se inicia o processo de reflexão, esses conceitos se revelam sem sentido ou sem credibilidade. A raiva expressada ao enfrentar o assunto revela a própria fragilidade deste. Permanece de fato o abandono do teísmo clássico como simples pressuposição de nossa sociedade corporativa, mesmo que ainda não esteja de todo conscientemente assumido.

Carl Jung, escrevendo a um pastor protestante na Suíça, declarou sem espanto, em 1959, que havia uma "tendência antimitológica" devido a "dificuldades em manter nossos antigos princípios mitológicos de crença". Ele acrescentou que isso não ocorrera nos séculos anteriores, quando as pessoas possuíam conhecimento limitado do mundo da natureza. Naquele mundo, afirmava, não era necessário o sacrifício do intelecto para se acreditar em milagres, e os relatos do nascimento, vida, morte e ressurreição do redentor podiam ser transmitidos como biografia literal. Tudo isso, concluiu ele, mudou radicalmente sob a influência forçosa do racionalismo científico. Jung finalizou, resumindo o assunto: "Estamos cansados do esforço excessivo em crer porque o objetivo de nossa crença deixou de ser inerentemente convincente".[2]

Teísmo como definição e Deus como conceito têm sido tão identificados entre si no mundo cristão ocidental que qualquer posição não-teísta é largamente entendida como antiteísta, pelo menos nos círculos religiosos. Em outras palavras, a rejeição ao teísmo é percebida como um atestado da inexistência de Deus. As pessoas não acreditam mais em Deus no sentido real e prático, mesmo que continuem acreditando que se deva crer nele. A diferença é poderosa. Os sinais dessa ausência funcional de Deus são visíveis no declínio estatístico de todas as principais igrejas de tradição cristã e judaica no mundo desenvolvido. Também são aparentes no reavivamento histérico das religiões fundamentalistas mundo afora. No Ocidente podem ser observados no crescimento do cristianismo evangélico; em Israel, na forma do controle militante ortodoxo; nos locais do Oriente Médio que experimentaram costumes ocidentais, manifestam-se no fundamentalismo islâmico xiita, que adquiriu o poder político no Irã e se concentra numa minoria forte e agressiva em todo o mundo muçulmano. A contrapartida desse fundamentalismo – aliás, praticamente seu oposto – está presente no secularismo rompante que no Ocidente constitui a maioria ascendente.

Há também dados emocionais abundantes que indicam que o papel superprotetor outrora atribuído ao Deus teísta não funciona mais. Isso se observa em diversas formas do comportamento humano – algumas são aparentemente mundanas, outras são desafios abomináveis – que marcam o mundo ocidental no século emergente. Analisemos.

Neste capítulo, que foca a morte do teísmo, não baseio minhas discussões em dados racionais que podem ser lidos em todos os segmentos do mundo científico, nem na observação dos valores motrizes da vida urbana secular. Procuro, entretanto, trazer à luz da consciência alguns padrões reveladores de comportamento humano quase universais, que proclamam que a nossa ansiedade – outrora controlada pela convicção de que nosso Deus teísta estava vivo e no controle de tudo – não é mais sustentável. Essa evidência sugere que o componente emocional da vida humana é cada vez menos capaz de conter o sentido de trauma e histeria e fornece informação sobre o que realmente acontece em nosso mundo moderno, de onde Deus está cada vez mais ausente. Convido meus leitores a me acompanharem de perto nesse argumento, mesmo que estranhem esse ponto de partida.

Quantos entre vocês iniciam o dia tomando café ou chá? Nos Estados Unidos, o café é mais popular que o chá – tão popular que corporações multimilionárias instalaram cafeterias em quase todas as comunidades do país. Desenvolveu-se uma estranha e forte afinidade entre a vida ocidental e essa bebida preciosa. Algumas pessoas acham difícil começar o dia sem tomar café. A maioria das pessoas do mundo ocidental parece necessitar de alguma ajuda para dar início à luta de cada dia. Até no Reino Unido, onde o chá tem a preferência para começar o dia, estabeleceu-se o ritual do *coffeebreak*, que alcançou *status* quase universal como forma de recuperar as forças durante o trabalho e proteger contra a queda de energia.

Considerando-se que a cafeína é o componente principal tanto do café como do chá e sabendo-se que ela é droga, ou seja, cria dependência – maior que a maioria das pessoas imagina –, precisamos encarar o fato de que a dependência em relação a essa droga mais amena é totalmente difundida em nossa sociedade e em nossa experiência. Você já parou para pensar por quê?

Acrescentando essa informação ao fato de a cafeína estar presente em refrigerantes como Coca-Cola, Pepsi e em muitos outros refrigerantes e bebidas gasosas, começa-se a delinear um padrão. Algumas das embalagens até possuem canudos para facilitar o consumo rápido e acentuar o efeito imediato. Além disso, o chocolate utilizado na culinária freqüentemente contém cafeína, portanto fica claro que essa droga tem um papel onipresente em nossa sociedade. Seria difícil evitar seu consumo por um dia sequer. O que nos diz a respeito da vida em nosso mundo ocidental pós-moderno o fato de a termos organizado tão meticulosamente em torno desse estimulante?

Outra perspectiva dessa questão é a presença de uma segunda droga na sociedade contemporânea: o álcool. Pense por um momento no uso do álcool e em sua presença extensiva no mundo moderno. Examine seu próprio uso dessa droga nas últimas 24 horas. Tomou algum coquetel antes do jantar? Uma taça de vinho com a refeição? Uma cerveja pra relaxar depois do trabalho? Embora o álcool não seja universalmente usado como a cafeína, seu consumo é quase tão grande quanto o desta.

O álcool é aceito e assumido como parte do ar que nossa cultura respira. É oferecido na maioria dos restaurantes. Faz parte da refeição em qualquer convite em casa de família. De fato, nos restaurantes enfrentaremos a reprovação do garçom se declinarmos do que eufemisticamente chamamos "um drinque", e seríamos considerados indelicados ou vulgares se não oferecêssemos uma bebida aos nossos convidados, quando vêm jantar em casa.

Quem já parou para olhar a vida pelo ponto de vista de alguém que tem problemas com dependência alcoólica? Há um bar em cada esquina. Álcool é uma realidade inescapável em nosso mundo desenvolvido: em reuniões, eventos de negócios, lazer, aeroportos, aviões etc. Estudos recentes revelaram que 13% da população dos Estados Unidos é alcoólatra assumida – número estarrecedor, uma vez que não leva em conta os que não admitem sê-lo. Não há motivos para pensarmos que o problema do alcoolismo seja mais acentuado nos Estados Unidos do que em outros países desenvolvidos. Você já parou para pensar sobre o motivo por que essa droga se tornou parte tão poderosa de nosso dia-a-dia? Por que a vida contemporânea se tornou tão dependente do álcool?

Levando essa investigação a outro nível, examinemos a popularidade do hábito de fumar. As estatísticas informam que o uso do fumo está diminuindo nos Estados Unidos em resposta aos esforços do governo em combatê-lo. Mas, apesar disso, esse hábito continua a se propagar mundialmente. Além do mais, recentes estudos revelaram que até nos Estados Unidos houve um novo aumento no número de fumantes adolescentes, indicando que há uma ampliação da popularidade desse hábito, apesar das campanhas maciças de repressão.

A droga atuante no fumo é a nicotina, e sabe-se que ela cria dependência. Entretanto, além desse atrativo, existe outro ainda mais profundo no ato de fumar: ele é uma forma adulta e socialmente aceita de amamentação. Adultos não poderiam passar a vida agarrados ao peito materno nem usando chupetas em público! Porém o ato de fumar os leva subconscientemente de volta às sensações de satisfação infantil. O tamanho do cigarro e o do bico do peito materno são idênticos. Isso é coincidência? O sugamento é igual no ato de amamentar e no de fumar, o conforto da sensação de aquecimento pela fumaça inalada e pelo leite ingerido é similar. Por que desenvolvemos uma dependência cultural da nicotina, que nos mantém ligados subconscientemente à amamentação de nosso passado?

Olhemos em seguida a presença da depressão clínica em nossa população. Quantos de vocês, leitores, já não experimentaram a realidade da depressão, se não pessoalmente, pelo menos com alguém próximo? Não temos consciência da indústria farmacêutica multimilionária gerada por nossa sociedade, sendo a maior parte dela responsável pelo desenvolvimento das drogas antidepressivas? Quem não reconhece os nomes Librium, Prozac, Valium? Essas drogas são utilizadas em escala tão larga que suas marcas se tornaram linguagem corriqueira nos lares. Conta-se a história de um pastor que, na procura de uma linguagem que comunicasse melhor sua mensagem aos fiéis de sua comunidade, propôs mudar a oração do "Benedictus": em vez de "A paz de Deus que excede todo entendimento", dizer "A paz de Deus, que excede o Prozac, esteja sempre contigo!". O que acontece com a vida humana para que um número tão grande de pessoas – a ponto de os outros aceitarem sua prática como normal – seja drogado ou medicado artificialmente para poder enfrentar o dia-a-dia?

Citando ainda mais um exemplo, observemos o espectro do suicídio em nossa sociedade. Apesar de o percentual dos que cometem suicídio ser baixo, muitos chegam a tentar ou pelo menos contemplam fazê-lo. Em Darwin, na Austrália, as incidências são tão freqüentes que o período de janeiro a março é comumente conhecido como a "época do suicídio". Esse tema é discutido tão publicamente que dá a impressão de que a população ficaria chateada se não alcançasse a quota anual de suicídios!

O suicídio – ato final de autodestruição – é reconhecido e temido em nossa sociedade, apesar de exercer algum tipo de atração. Deveríamos nos questionar por que esse desprendimento da vida se tornou corriqueiro em nosso mundo. Não seria indício de que um número significativo de pessoas tem dificuldade de lidar com a própria vida?

Um novo cristianismo para um novo mundo

Juntando essa lista de características comportamentais, somos obrigados a reconhecer que muitas pessoas manifestam hoje, através de seus atos, a presença de algo que poderíamos chamar de "a dor da existência humana". O pior é que esses atos são praticados universalmente, a ponto de ganharem níveis variados de aprovação, ou, no mínimo, serem considerados dentro dos padrões da experiência humana.

Por mais preocupante que seja o fato de esses padrões comportamentais serem culturalmente aceitáveis, há, entretanto, outros procedimentos humanos intensamente aterrorizantes que nos chocam, mas, por ocorrerem com tanta freqüência, deixaram de ser inesperados. Refiro-me a surtos de violência como tiroteios, assaltos, terrorismo etc., que têm marcado os anos recentes. Crianças a partir dos 12 anos planejaram e executaram ataques violentos aos colegas em escolas nos Estados Unidos, obrigando-as a intensificar os sistemas de segurança. E essa violência não ocorreu primordialmente em escolas urbanas, como poderíamos esperar, mas em pequenas cidades, comunidades rurais e subúrbios. E os criminosos não foram estranhos, mas os filhos e filhas daquelas próprias famílias, que são conhecidas e respeitadas por várias gerações em suas comunidades locais e também, em muitos casos, assíduas freqüentadoras da igreja. Em pelo menos um caso, no Colorado, os perpetradores, que no final se mataram, revelaram-se, após as investigações, admiradores não só de revólveres e outras armas de fogo, mas também de atividades políticas neonazistas de direita.

Esse modelo comportamental constatado em menores deu origem a debates em nível nacional sobre as causas da patologia anti-social – de maneira geral, debates tão superficiais quanto populares. A violência na TV é freqüentemente apontada como a grande culpada por aqueles que não compreendem que a televisão *reflete* os gostos e valores de nossa sociedade em proporção muito maior do que consegue *criá-los*. Outros alegam que esses modelos comportamentais poderiam ser combatidos se os pais e professores voltassem à prática da punição corporal como forma de recriar uma sociedade que respeita a lei. Talvez não tenham ouvido falar que crianças que sofrem abusos físicos se tornam adultos abusivos. E ainda há os que propõem o restabelecimento obrigatório de orações religiosas e cartazes dos Dez Mandamentos afixados nas escolas como forma de abordar o problema, mas se esquecem de que as religiões são tão responsáveis pela origem da violência na história ocidental quanto qualquer outra causa.

A realidade assustadora é que, apesar de nossas tentativas de negá-lo, esse tipo de comportamento destrutivo não está limitado a crianças impressionáveis. Foram adultos que planejaram e executaram o bombardeio ao prédio em Oklahoma e às torres do World Trade Center, em Nova York. Ambos os ataques tiveram conotação religiosa. Foi um comerciante adulto que assassinou várias pessoas que trabalhavam num escritório de despachante, depois de ser informado de que não poderia reaver suas perdas. Foi um adulto que invadiu e atirou nos membros de uma comunidade judaica na Califórnia porque odiava os judeus. Foi um adulto que assassinou brutalmente jovens homossexuais em Wyoming e Alabama. Foram adultos que arrastaram um homem negro amarrado a uma picape até que ele fosse desmembrado, em Jasper, no Texas. Foram adultos que cometeram diversos assassinatos ligados a clínicas de aborto. São adultos que seqüestram aviões e colocam explosivos nas bagagens, causando mortes e fazendo com que severas medidas de segurança sejam adotadas nos aeroportos.

Todos esses atos de violência provêm de algo que acontece na psique incorporada dos adultos que habitam o mundo moderno. Apesar do argumento de que cada caso tem motivação individual, a violência tem ocorrido com tanta freqüência que exige que procuremos outras respostas em vez de apenas de atribuí-la a doenças mentais. Quando a doença mental alcança proporções epidêmicas, torna-se indício de algo mais profundo e mais complexo na vida da sociedade. Matar por discordar de algum assunto passageiro ou atacar por se sentir ameaçado são comportamentos irracionais que exigem uma explicação mais profunda. Os seres humanos demonstram, por um lado, necessidade de se drogar para suportar a vida e, por outro, o desejo de afastar as ameaças com atos de violência. Pergunto: O que significam esses padrões comportamentais?

Passando do nível micro para o macro, observamos que o século XX trouxe ao mundo ocidental termos como "holocausto" e "limpeza étnica". Durante o Holocausto na Alemanha, nas décadas de 1930 e 1940, seis milhões de judeus (e outros indesejáveis ao Terceiro Reich) pereceram, cremados em massa pelo governo de uma nação altamente desenvolvida e *ostensivamente cristã*, cuja população possuía mais "doutores" *per capita* que qualquer outro país ocidental. Obviamente não se pode dizer que a presença da educação inibe tendências genocidas e assassinas. Houve uma revolta intensa no mundo ocidental após a Segunda Guerra Mundial, quando foram reveladas as fotos dos terríveis acontecimentos em Buchenwald e Auschwitz e tivemos consciência do horror que se passou com os judeus sob o controle alemão.

Muitos se enganaram ao pensar que essa repulsa seria suficiente para eliminar para sempre qualquer tentativa humana de executar um programa sistemático de homicídio étnico. As guerras civis no final do século XX na Bósnia, Sérvia e Kosovo e alguns dos conflitos na África – especialmente em Ruanda e Burundi, além do massacre em Uganda – provaram o contrário. Há algo profundamente errado na psique humana, de onde esse comportamento continua a emanar. A guerra entre a população protestante e a católica na Irlanda, que resiste a uma solução após séculos de conflitos, e as tensões no Oriente Médio, que continuam de geração a geração, denotam a profundidade do problema. O racismo, que parece uma ferida cancerosa persistente nas nações desenvolvidas do mundo, anuncia que há algo na vida humana – mesmo quando educada e desenvolvida – motivado por forças irracionais que não compreendemos e realidades que aparentemente não conseguimos dominar. E mais, está assustadoramente claro que o poder representado por essa força demoníaca está aumentando.

Sugiro que esses comportamentos – da dependência mundana da cafeína à terrível realidade da limpeza étnica – estejam significativamente relacionados. Mais especificamente, sugiro que não sejam nada além de manifestações emocionais da morte do Deus teísta. Pretendo reforçar essa assertiva acrescentando o seguinte, que documentarei no próximo capítulo: o teísmo originou-se como forma de resolver o trauma da autoconsciência; foi planejado como ferramenta que permite ao ser humano manter sob controle sua "histeria" – subproduto da autoconsciência.

Atualmente, com o desaparecimento do teísmo, essa proteção contra a histeria também está se dissolvendo, e os sinais do ressurgimento da histeria se intensificam. Essa é a realidade para a qual aponta o uso indiscriminado de drogas e tranqüilizantes descrito anteriormente. É isso que está por trás das matanças injustificáveis e do ressurgimento dos instintos primitivos de sobrevivência. É isso que força a vida humana a retornar às identidades tribais que justificam, nas mentes amedrontadas, a eliminação daqueles que ameaçam seu poder tribal, daqueles que parecem minar a frágil segurança ressuscitada pela identidade tribal. O teísmo – uma definição de Deus que nasceu do surgimento da autoconsciência como forma de suportar o conhecimento da vulnerabilidade e insignificância humanas – está morrendo, e a vida humana mais uma vez experimenta o trauma de "estar só" e de sentir a ausência de razão de ser. A morte do Deus teísta foi primeiramente anunciada por Friedrich Nietzsche, no século XIX,[3] e depois pelos teólogos radicais na década de 1960.[4] Hoje está finalmente permeando a consciência da massa do mundo ocidental.[5]

Esses são alguns dos dados que, creio, estão por trás do declínio das principais igrejas tradicionais e do surgimento das igrejas fundamentalistas que trafegam numa segurança impossível de concretizar. Essa é a realidade que está sendo anunciada em nossos dias pelo surgimento de substitutos religiosos do teísmo, desde o movimento Nova Era até os gurus orientais e a religião das dietas e exercícios. A morte do teísmo justifica o fato de grandes catedrais de nossa geração deixarem de ser igrejas para se tornarem academias de esporte ou centros atléticos. Multidões de fiéis são atraídas a essas catedrais seculares a cada domingo. Os objetos de sua devoção vestem-se com roupas coloridas denominadas uniformes e participam de rituais, cânticos e danças litúrgicas; corais cantam louvores aos objetos de sua devoção e criam momentos de êxtase. São até mesmo tomados, como se diz, "pelo Espírito".

A morte do teísmo também se manifesta na lacuna cada vez maior surgida entre a fé que se professa e os valores que pautam a vida (a prática). Essa diferença pode ser ilustrada de centenas de maneiras diferentes.

As igrejas opõem-se universalmente ao divórcio, enquanto as estatísticas constatam que ele ocorre com muita freqüência no mundo ocidental, mesmo entre pessoas que freqüentam igrejas. O papa julga ser pecado o controle artificial da natalidade, mas os censos indicam que essa prática é usada tão livremente pelos católicos quanto por qualquer segmento da população. A Igreja, em muitas de suas manifestações, condena a homossexualidade como pecaminosa e imoral, mas está cada vez mais evidente que as igrejas que a condenam com mais veemência são as que têm maior incidência de homossexuais em seu clero ordenado. De fato, algumas das críticas mais hostis à homossexualidade têm sido emitidas por homossexuais enrustidos, escondidos em vestimentas de liderança nas próprias igrejas condenadoras.

Esse mesmo perfil pode ser constatado no profundo e mal resolvido racismo, no anti-semitismo e até no preconceito anticatólico que marca a vida de muitos evangélicos e protestantes fundamentalistas – estes refletem, mais do que são capazes de reconhecer, não as demandas de sua fé, mas os valores da mentalidade religiosa de "busca de segurança" na qual foram educados.[6] Pode ser constatado também no grande número de escândalos que envolvem pessoas excessivamente religiosas que acabam vítimas dos pecados da carne, especialmente sexo e ganância, que eles próprios tanto combatem.

Na sociedade secularizada das nações desenvolvidas do Ocidente, onde explicações supersticiosas e sobrenaturais sobre a vida não têm mais credibilidade, observa-se o aumento das mesmas emoções que sufocam a existência humana no despontar da autoconsciência. Existe um temor espantoso que invade aqueles cuja educação permite entender a vastidão do universo, mas cuja capacidade emocional de reagir a esse conhecimento é marcada por sentimentos de impotência, fragilidade e pela sensação de "estar só". Somente as criaturas que possuem autoconsciência têm que se confrontar com esses traumas pessoais.

São esses traumas – tanto no passado como no presente – que a vida humana deve administrar, e para isso é necessário desenvolver alguns mecanismos auxiliares. Em minha opinião, um Deus teísta, que se acreditava ser poderoso o suficiente para domar e depois controlar todos esses temores, aliando-se à humanidade, tem sido o principal mecanismo de apoio na maior parte da história da humanidade. Acrescento ainda que esse mecanismo teísta funcionou durante séculos. Possibilitou o avanço do mundo na construção das civilizações, no desenvolvimento das artes, da música e do teatro. Permitiu que os seres humanos percebessem a vida como se estivessem sob os olhos vigilantes de um Deus todo-poderoso e alegassem ter sido criados a sua imagem, o que os tornaria, portanto, merecedores de seu favor através do aprendizado e da prática de seus hábitos.

Mas, à medida que esse Deus teísta morre visivelmente em meio a nossa atual civilização, a histeria, o temor e a insignificância que fazem parte de nossa autoconsciência humana voltam a crescer em proporções assustadoras. O antigo mito do teísmo perdeu seu poder e encanto. Um novo mito que possamos abraçar ainda não se definiu. Antes de poder se desenvolver um novo mito, precisamos entender como surgiu aquele antigo, como seu poder foi mantido intacto por tanto tempo e como morreu. Talvez assim tenhamos uma pista de onde poderemos começar nossa luta para reacender uma fé, uma forma de vida, até um Deus que não esteja sujeito à morte do teísmo. Pelo menos esse é nosso próximo passo.

III

Autoconsciência e teísmo: gêmeos siameses no nascimento

Moldurando-o ciumento, bravo, no início,
Lhe atribuímos justiça, à medida que os tempos rolaram,
Arbítrio para abençoar as vítimas de circunstâncias amaldiçoadas,
Longos sofrimentos ou múltiplas misericórdias.
E, enganados por aquele sonho inicial,
Carentes de consolo, cresceu a auto-ilusão,
Nossa obra logo atribuímos ao nosso criador
E no que havíamos imaginado, passamos a acreditar.
Até que no furtivo balanço contínuo do tempo
A realidade rude e intransigente
Destroçou o monarca por nós elaborado
Que tremeu, afundou; e agora deixou de existir.[1]

THOMAS HARDY
Poeta britânico do século XIX

O teólogo Paul Tillich a denominou "o choque do não existir". O pai da psicologia, Sigmund Freud, a chamou de "o trauma da autoconsciência". Ambos se referiam à época do violento drama da evolução, quando a autoconsciência e a autotranscendência despontaram na consciência das primeiras criaturas humanas – o momento quando, na linguagem freudiana, o ego se juntou ao id, iniciando o processo que viria a produzir o superego.

Essa capacidade humana de ter plena autoconsciência é que caracteriza o *Homo sapiens* e o diferencia de todas as outras formas de vida no mundo natural. Essa diferença é que enche os seres humanos de pavor. Dizia Paul Tillich que a ansiedade nasce do reconhecimento humano da finitude. Traz, portanto, a onipresença da própria humanidade. Ser humano é experimentar a autoconsciência, conhecer separações, ter ciência de limites e contemplar "o fim". Não podemos ser humanos sem estar cheios de ansiedade crônica. Parece deprimente, mas é certamente verdade.

Observemos primeiramente que os animais aparentemente não precisam de cafeína para iniciar o dia nem de álcool para aliviar as tensões. Não necessitam de tranqüilizantes para suportar o estresse crônico da vida nem têm propensão para o suicídio. Os animais aparentemente não se preocupam com seu lado obscuro nem abrem fogo de artilharia assassina sobre sua própria espécie para remir sua categoria daqueles considerados geneticamente inferiores.[2]

Todos esses comportamentos identificam-se primordialmente com o *Homo sapiens* porque surgem daquela capacidade exclusivamente humana de alcançar a autoconsciência e se defrontar com a questão do significado da vida proveniente do "choque do não existir". Portanto, iniciamos essa discussão notando que a causa de o ser humano ser uma criatura ansiosa é exatamente a mesma que o caracteriza como criatura humana. Uma vez assimilada essa realidade, devemos examinar o primeiro momento em que se iniciou o processo da autoconsciência, investigar sua origem e tentar compreender como o ser humano aprendeu a lidar com essa realidade. Como nós, criaturas autoconscientes, organizamos nossa vida para lidar com a ameaça do "não existir", esse trauma da autoconsciência?

É importante começar essa investigação chegando o mais próximo possível do que podemos chamar literalmente de início da vida. Este pequeno planeta que denominamos Terra existe, segundo as melhores estimativas dos cientistas contemporâneos, desde quatro a cinco bilhões de anos atrás.[3] As primeiras formas de vida surgiram no planeta em células simples durante o primeiro bilhão de anos de sua existência.[4] A causa exata do surgimento da vida ainda está sendo debatida, mas, uma vez nascidos, os seres vivos simplesmente se dividiram e subdividiram sem maiores progressos durante cerca de mais três bilhões de anos. Nesse ponto, há cerca de um bilhão de anos, ocorreu a transformação dramática da vida monocelular para a multicelular. Aparentemente o oceano foi o primeiro *habitat* dessa vida primária. Em algum momento posterior, surgiu a divisão entre vida vegetal e animal, e as formas começaram a proliferar em ambos os lados dessa grande divisória.[5]

Há cerca de quinhentos milhões de anos, surgiram nos mares os primeiros peixes vertebrados. Mais ou menos na mesma época, as plantas começaram a cobrir as margens dos rios e estuários e finalmente avançaram sobre a terra firme. Após mais uns cinqüenta milhões de anos, surgiu a vida animada, na forma de insetos e criaturas semelhantes às aranhas, que invadiram a superfície estéril e nada receptiva da terra. Seguiram-se, nos cinqüenta milhões de anos seguintes, as criaturas anfíbias: crossopterígios gigantes munidos de barbatanas musculosas – que os permitiam arrastar-se sobre a terra – e de pulmões primitivos, assim como de guelras indispensáveis para a sobrevivência nesse novo ambiente. Com o passar do tempo, essas novas formas de vida foram ficando mais complexas, à medida que os tipos de células se desenvolviam e produziam inúmeras novas espécies.

Passaram-se mais 150 milhões de anos antes de essas criaturas evoluírem e alcançarem a complexidade dos répteis que dominaram a vida deste planeta há cerca de 250 milhões de anos, nas formas que foram altamente romantizadas nas histórias sobre a era dos dinossauros.[6] Quando os répteis alcançaram os limites de sua potencialidade, há cerca de 65 milhões de anos, apareceram criaturas "de sangue quente", mais tarde denominadas mamíferos, dando início a seu período de dominação. O ancestral mais antigo dos mamíferos era uma criatura rasteira semelhante ao rato e habitava as florestas e campinas ao leste do continente africano.

A vida humana ainda estava longe de aparecer. O *Homo sapiens* foi de fato um desenvolvimento tardio na trajetória dos mamíferos.

Dependendo de como definirmos a vida humana, essa criatura poderia contar até dois milhões de anos, se considerarmos humano o *Homo erectus*; por outro lado, considerando-se a definição da humanidade como portadora de plena autoconsciência e linguagem, conta apenas de cinqüenta mil a cem mil anos.

Independentemente de como ou quando definimos o surgimento do ser humano neste planeta, somos forçados a reconhecer que, por centenas de milhões de anos, a maioria das criaturas que habitaram o planeta nasceu, viveu e morreu sem qualquer consciência de si mesma. Essas criaturas simplesmente passaram por bilhões de ciclos de vida, guiadas pelo instinto biológico e pelas necessidades ambientais num aparente rodízio de sorte, sem quaisquer carências, desejos nem habilidade de levantar questões de objetivo ou mortalidade. Elas estavam aparentemente satisfeitas em simplesmente seguir o trajeto natural de nascer, crescer até a maturidade, cumprir as necessidades básicas de alimentação, água e acasalamento – ou pelo menos se reproduzir – e finalmente morrer. Não tinham consciência de quem eram nem do que estavam fazendo. Defendiam-se instintivamente como podiam ou fugiam de qualquer perigo que porventura percebessem.

Essas criaturas desprovidas de sapiência descobriram uma forma de relacionar-se com o resto da natureza, e, quando chegava sua hora de morrer, o faziam sem temor antecipado nem pesar. Sem consciência do sentido de existência – ou seja, do "ser", portanto sem memória consciente do passado nem antecipação do futuro –, elas não pressentiam que estavam destinadas a "não existir". Isso era fato, não importando de que forma a morte ocorresse. Às vezes a morte chegava de súbito e violentamente, outras vezes despontava silenciosa e tranqüilamente como o pôr-do-sol. Essas criaturas eram levadas à morte por inimigos tanto visíveis como invisíveis. Os visíveis podemos imaginar como inimigos naturais, mas eram de fato co-participantes na interminável luta biológica pela sobrevivência. Já os invisíveis eram silenciosos – germes microscópicos e vírus, ou o processo degenerativo da idade. Sabemos agora que até os germes e os vírus são criaturas viventes, mas até um século atrás ninguém sabia de sua existência.[7]

Quer falemos das criaturas primitivas, quer falemos dos seres humanos atuais, cada espécime individual vive por um período até se tornar sustento de vida para outra criatura – ou sendo morta para ser devorada, ou apenas sendo decomposta pelos vermes após a morte. Mas, na fase histórica da vida pré-humana, ninguém contemplava essa falta de significado rotineira nem questionava os objetivos da vida. Nenhuma criatura tinha a capacidade de imaginar, portanto não antecipava futuras necessidades nem perigos, e ninguém planejava a vida de forma a se preparar para alguma eventualidade que pudesse advir. Cada criatura subumana apenas respondia aos estímulos do momento, sem levantar os grandes questionamentos da vida nem se defrontar com as ansiedades provenientes do conhecimento da finitude inevitável. E assim se passou a vasta maioria de anos da história deste planeta: a violenta, rotativa e competitiva luta pela sobrevivência – que denominamos vida – continuava sem possibilidade de ser compreendida nem de que alguém contemplasse sua falta de sentido.

Então aconteceu: em algum ponto daquele período quase infinito de tempo, a autoconsciência inicial despertou na vida deste planeta. Emergiu dentro de um solitário subgrupo daquelas criaturas que até então se satisfaziam em simplesmente repetir os ciclos naturais de vida das espécies. Era algo radicalmente novo, e a vida neste planeta – pelo menos para as criaturas humanas nas quais essa revolução despontou – jamais seria a mesma. Nasceu a autoconsciência; a finitude foi experimentada; a mortalidade tornou-se o compromisso esperado e inescapável do destino.

À medida que os seres humanos absorviam a realidade da morte, eram tomados por uma sensação de angústia. O choque do não-ser de Tillich, assim como o trauma da autoconsciência de Freud, tornou-se realidade, e esse despertar trouxe aos homens o conhecimento de que, de alguma forma, eles se distinguem do resto do mundo. Por essa razão o homem jamais se identificaria completamente com o mundo natural; havia experimentado sua individuação, que o diferenciava e caracterizava. A efemeridade e a incerteza da vida humana tornaram-se realidades existenciais operativas que podiam ser contempladas de forma abstrata e antecipadas conscientemente. Simultaneamente nasceu nessas novas criaturas autoconscientes uma tremenda necessidade de encontrar significado, permanência e estabilidade num mundo que de repente se mostrava sem sentido, transitório e desestabilizado.

O ser humano, ao confrontar essas realidades com seu conhecimento adquirido, sobrecarregou seus recursos emocionais. Tentemos imaginar o choque, o trauma, a sensação de solidão, a insegurança radical que inundou essas criaturas que, de repente, se aperceberam do perigo como estado crônico do existir, da inevitabilidade da morte e de um mundo tão vasto que as reduzia à insignificância total. Foram tomadas por uma esmagadora sensação de angústia.

Essas criaturas, nossos ancestrais humanos, tiveram de aprender a lidar com essa angústia, companheira da autoconsciência – caso contrário essa "conscientização" se tornaria um passo evolutivo ineficaz, pois ninguém sobrevive à angústia crônica permanente. De fato, suponho que naquele período inicial da história da humanidade a questão da sobrevivência era bastante duvidosa para aqueles que alcançaram esse discernimento evolutivo.

Mas enfim aprenderam a lidar com essa condição, e o fizeram de diversas formas. A vida comunitária que emergiu dessa experiência, organizada sob a liderança de um "chefe", foi uma das formas. Às vezes a mitologia da sobrevivência exigia que fosse atribuída a esse chefe uma origem divina, ou pelo menos que ele possuísse poderes além daqueles estabelecidos pelos limites da humanidade. A capacidade de preservar e estocar alimentos, presente no instinto de algumas espécies animais, elevou-se a novo nível de competência e significância entre os humanos e tornou-se uma forma de lidar com essa situação. Outra forma foi a descoberta da segurança dentro das cavernas, que ofereciam proteção durante a escuridão temerosa das noites. Posteriormente a habilidade de dominar o fogo aumentou a segurança daquelas criaturas, permitindo que se aventurassem no escuro e nos climas não-tropicais. Mas o instrumento mais poderoso de todos, que creio ter tido maior importância no estabelecimento dessa transição evolutiva à conscientização, foi o surgimento do conceito teísta de Deus, que deu origem ao que hoje denominamos religião.

Sigmund Freud tentou recriar o surgimento da "consciência de Deus" numa pequena monografia editada em 1927, intitulada *O futuro de uma ilusão*.[8] O fato de Deus não significar nada além de uma ilusão para Freud não deve nos impedir de reconhecer a precisão de seus *insights*. Freud indica que a primeira resposta do ser humano ao trauma da autoconsciência foi a experiência da histeria. Era necessário criar um termostato emocional capaz de controlar essa histeria; a própria sobrevivência o *exigia*. A criação de várias formas de religiões teístas foi um componente – aliás, *o maior* componente – desse termostato.

Foi inevitável que a tomada de consciência dos seres humanos primitivos os tenha deixado cientes de que sua definição era feita sobre algo além de si mesmos. Se eu sou um ego, individual e contido, vou me relacionar imediatamente com aquilo sobre o qual fui definido, aquilo que está além do que sou e de quem sou. Talvez "aquilo" não seja nada mais que o mundo natural, como argumentam muitos filósofos. Mas nem por isso deixa de ser diferente de mim. Mas esse tipo de suposição natural, impessoal, não foi a de nossos ancestrais primitivos. Artefatos históricos indicam que eles se relacionavam com o mundo natural como se este também possuísse consciência do ser. Possivelmente pensassem que aquilo que os definia pertencesse por sua vez a outra criatura autoconsciente.

Foi desses ancestrais a observação e posteriormente a conclusão de que o mundo externo certamente possuía vitalidade. O Sol nascia e se punha a cada dia, os rios corriam, a Lua tinha um ciclo que se repetia, as estrelas brilhavam no vasto céu, os trovões e relâmpagos eram observados e a chuva proveniente do mesmo céu caía, ou não, sobre a terra. As florestas estavam cheias de criaturas viventes, assim como os rios e os mares. Aves voavam no céu e plantas cresciam e produziam frutos na terra. De fato, o mundo todo parecia exalar vida em sua totalidade, a mesma vida que essas criaturas, ora autoconscientes, reconheciam possuir.

Partindo da primeira definição da autoconsciência – "Eu sou um ego" –, foi fácil dar o próximo passo e assumir que havia outros egos que governavam as forças vitais evidentes em toda forma de vida. Sendo assim, a criatura humana teria que estruturar um *modus operandi* que levasse em conta esses outros seres pessoais e uma forma de viver e relacionar-se com eles. Ela precisava obter seu favor, ganhar sua aprovação e viver em harmonia com seus propósitos.

"Talvez eu não esteja sozinho" foi a conclusão a que chegou a autoconsciência inicial, ao observar o mundo pela primeira vez como "o outro". Essa conclusão levou a mais uma: "Talvez essas forças poderosas possam ser levadas a trabalhar a meu favor, ou pelo menos não contra mim". As primeiras criaturas autoconscientes continuaram ruminando tais suposições: "Talvez esses outros poderes vitais sejam benevolentes. Talvez desejem me ajudar, vigiar e até proteger. Eu não possuo poder sobre o vento e as ondas, o Sol ou a Lua, entretanto esses aspectos da vida de meu mundo aparentemente afetam dramaticamente a mim e a minha sobrevivência". E foi dessa forma que começou a surgir uma definição humana do ego ou da personalização dessas forças naturais.

Acredito que o teísmo, de certa forma, foi a definição mais antiga do significado do poder que estava por trás de tudo o que aquelas criaturas primordiais definiam por "outro" – definição que, em algumas manifestações, perduraria por longas eras e incontáveis gerações. Mas é importante observar que o teísmo não nasceu como nome de um Deus externo, que de alguma forma revelara aos seres humanos uma presença divina vinda de fora deste mundo. Nasceu, sim, como definição dos poderes presentes no mundo da natureza que contrastavam com as criaturas recém-conscientes. Portanto, Deus compreendido teisticamente foi definição humana, e não revelação divina. O teísmo foi criado por seres humanos assustados para que os ajudasse na tarefa de apagar os incêndios da histeria causados pelos traumas da autoconsciência e pelo choque do "não existir". Enfatizando, Deus entendido teisticamente é claramente uma construção humana. Registremos este fato: a definição teística de Deus é criação *humana*. Portanto, teísmo não é o mesmo que Deus nem é mais eterno que qualquer outra definição humana.

O teísmo foi um meio encontrado pelos seres humanos recém-conscientes de personalizar suas novas experiências do "outro". No início, o teísmo não era percebido de forma única nem unificada, mas em uma larga variedade de formas individualistas. A primeira forma foi a pressuposição primitiva de que todas as forças vitais experimentadas durante a vida eram animadas por um espírito. Esses espíritos poderiam ser benevolentes ou demoníacos, mas, em qualquer caso, tinham personalidade individual e responsabilidade por sua área de atuação, com capacidade de responder às necessidades humanas e poderes sobrenaturais. Devido a esse poder e a essa capacidade, as pessoas, nos primeiros momentos da história humana, supunham que sua sobrevivência dependia da habilidade de discernir uma diversidade desses espíritos, assim como de conhecer suas vontades, a fim de honrá-los e agradá-los.

A forma primitiva de teísmo era, portanto, a postulação da existência de espíritos autoconscientes como explicação da vitalidade encontrada nas formas de vida exteriores àquelas criaturas humanas primordiais. O *animismo*, rótulo dado a esse tipo de teísmo, captura a pressuposição humana de que a vida era animada e que essa vitalidade da criação era gerada da vitalidade dos espíritos personalizados que habitavam todas as coisas.

O teísmo tomaria muitas formas através dos séculos antes de começar a morrer em nossa geração. O conceito animista descrito acima foi apenas a forma inicial, que evoluía à medida que a experiência humana se transformava e o conhecimento humano aumentava. Quando os humanos saíram da fase nômade e começaram a se reunir em vários tipos de assentamentos e grupos agrícolas, o teísmo adaptou-se ao ciclo da fertilidade, da qual dependiam tanto a agricultura como a reprodução dos animais. O símbolo da fertilidade reprodutiva era distintamente feminino, então a definição teísta do poder divino começou a ser expresso em termos de uma divindade matriarcal e feminina. O fato de a terra e a própria natureza serem consideradas femininas – diz-se mãe terra e mãe natureza em todos os idiomas do mundo – é vestígio daquela fase do desenvolvimento teísta.[9] Nossas práticas funerárias ocidentais modernas – em que ocorre a abertura da mãe terra para receber seus filhos, que retornam, no final de seus dias, ao útero de onde vieram – são outro eco daquela forma teísta matriarcal, apesar de isso não ser percebido pelas mentes modernas.

Mas a forma divino-matriarcal do teísmo também não perdurou para sempre, ou, se interpretarmos mais positivamente, ela evoluiu para novas formas. Talvez essa evolução tenha acontecido porque finalmente o papel masculino da reprodução começou a ser compreendido. Sendo a causa separada do efeito pelo período de nove meses nos seres humanos, e por períodos variados em outras espécies, a causalidade da reprodução estava além da capacidade intelectual ou mesmo da imaginação intuitiva de nossos ancestrais. Talvez eles tenham começado a fazer a ligação entre causa e efeito ao observarem as sementes que caíam na terra e, posteriormente, o nascimento da mesma planta no mesmo local. Eles possivelmente tenham observado também a chuva caindo do céu sobre a superfície da passiva mãe terra e o calor dos raios solares tão essenciais ao crescimento.

Qualquer que tenha sido o catalisador, finalmente os seres humanos despertaram para a postulação de uma divindade masculina que reinava nos céus e se relacionava com a divindade feminina identificada com a terra. Subseqüentemente a chuva se tornou o sêmen divino enviado pelo pai céu para impregnar e fertilizar a mãe terra, fazendo-a gerar nova vida e novo alimento. Com a continuação do processo evolutivo, a atenção foi sendo transferida para os méritos masculinos nos tempos de guerra ou caça. A ênfase no papel masculino começou a substituir o preceito da exclusividade feminina como fonte divina da vida. Seja qual for a explicação dessa transformação através de vários séculos, desenvolveu-se um consorte masculino para a mãe divina, e o teísmo entrou em outra fase.

Em algumas culturas essa forma masculina/feminina de teísmo se transformou numa hierarquia de divindades, com Zeus e Hera – ou Júpiter e Juno – governando a família divina, e diversas outras divindades supervisionando as várias atividades e mistérios da vida. E assim o animismo da Antiguidade foi reexpresso na forma do politeísmo.

Entre os povos nômades, não-agrícolas, como os antigos hebreus, o teísmo evoluiu para uma forma de monoteísmo tribal. Todo poder teísta era atribuído a uma divindade única tribal quase exclusivamente masculina. Ela era vista como um grande guerreiro que guiava o povo nas batalhas e era o grande protetor de suas terras. Essa divindade era considerada responsável por tudo de bom ou de ruim que acontecesse à tribo; as atividades ou esforços coletivos para agradá-la, adorá-la e obedecer a ela eram indispensáveis à própria sobrevivência. Esses deuses monoteístas se caracterizavam por serem ciosos de suas prerrogativas, terem raiva quando ofendidos, punirem por desobediência e serem complacentes quando agradados.

Entretanto, o poder desses deuses era claramente limitado, pois sua autoridade aparentemente terminava nas fronteiras de cada tribo: o deus egípcio governava o Egito; o assírio, a Assíria; o filisteu, a Filistéia, e assim por diante. Ainda não era a época da história em que uma divindade teísta derramaria o espírito santo sobre todas as nações do mundo – os povos partos, medos, elamitas e habitantes da Mesopotâmia, conforme o Novo Testamento sugere posteriormente em Atos (2,9). Tal universalismo ainda não podia ser imaginado.

Com o passar do tempo e com o desenvolvimento do pensamento humano, o teísmo passaria a falar de uma divindade que ultrapassaria os limites tribais. Possivelmente esse passo em direção ao universalismo tenha sido resultado de guerras e do comércio, ou de uma idéia minoritária surgida na mente de um gênio religioso – como Moisés para os judeus ou Amenhotep IV para os egípcios, que possuíam consciência avançada –, que permaneceu submersa na mente popular até o tempo certo. Poderia ainda ser devido à experiência do exílio, em que uma nação inteira era derrotada e violentamente levada pelos inimigos ao cativeiro estrangeiro, onde os cidadãos descobriam que de alguma forma ainda conseguiam "cantar um canto de Javé em terra estrangeira" (Sl 137,4).

Quaisquer que tenham sido os fatores que produziram a mudança, chegou o tempo de as fronteiras tribais não serem mais concebidas como limites para o ser divino teísta que emergia. Foi nesse momento que a forma embrionária de monoteísmo universal – uma idéia destinada a crescer – fez sua primeira aparição na experiência humana. Mesmo assim esse monoteísmo universal que brotava assumiu formas litúrgicas e culturais diferentes nas várias regiões do mundo. O cristianismo tornou-se a forma surgida no Ocidente; o islamismo, no Oriente Médio; o hinduísmo, o budismo e o confucionismo, no Extremo Oriente; o judaísmo, como fermento espalhado em vários pontos do mundo ocidental; e movimentos minoritários como o jainismo, os sikhs e diversos cultos místicos que pontuam o panorama religioso pelo resto do mundo. Entretanto, todos esses sistemas religiosos proclamavam uma divindade única, fosse qual fosse a definição atribuída a esse Uno Santo. O teísmo finalmente alcançara a definição contemporânea.

O Deus teísta, em todas essas diversas tradições, era sempre externo à pessoa que o definia, sempre sobrenatural e, pelo menos no Ocidente, geralmente "pessoal", no sentido de que as pessoas podiam se comunicar com ele. Esse Deus teísta também era tido como explicação para tudo o que estava além da compreensão racional – um ser portador de poder milagroso e, portanto, merecedor de súplica, louvor, obediência e agrado.

E foi assim que o teísmo se tornou a definição de Deus que acompanhou o ser humano consciente desde o animismo primitivo até o moderno e complexo monoteísmo. Mas, em cada uma das formas em evolução, funcionou exatamente como fora originalmente concebido: como uma ferramenta criada pelas traumatizadas criaturas autoconscientes para que as auxiliasse a lidar com a angústia da autoconsciência. Foi projetado para descobrir ou postular a existência de um poderoso aliado divino na busca pela sobrevivência e no processo de afirmação do objetivo da existência e do significado da vida humana. Assumindo então que o teísmo tenha se desenvolvido em resposta ao choque do não-ser de Tillich e ao trauma da autoconsciência de Freud, podemos esperar o retorno do choque, do trauma e da histeria em múltiplas formas por ocasião da morte do teísmo, como acredito que acontece atualmente.

Retornemos por um instante à fase teísta original do animismo para trazer à consciência os elementos que compõem a definição teísta de Deus.

Uma vez que nossos ancestrais postularam o caráter pessoal de rochas, cavernas, riachos, animais, trovões, sol, chuva, relâmpagos, água, árvores, estrelas, oceanos e quase tudo que encontravam na vida consciente neste mundo, passaram a criar um sistema religioso que lhes permitisse, pobres criaturas histéricas e assustadas, ganhar o favor desses poderes sobrenaturais dos quais acreditavam depender sua sobrevivência. Caso os espíritos animadores fossem benevolentes, as criaturas conscientes desejavam receber sua bênção; caso fossem hostis ou demoníacos, nossos ancestrais tentavam neutralizar seu poder destrutivo. Dessa forma, aqueles seres humanos cheios de temor se defendiam fingindo obter certo controle sobre os poderes do universo que acreditavam existir alheios a eles mesmos.

Então, através de várias práticas religiosas, as criaturas recém-conscientes esperavam domar, ou pelo menos manipular, os pressupostos poderes sobrenaturais do universo para atender às necessidades humanas. Tendo "personalizado" esses poderes sobrenaturais, as pessoas souberam como lidar com eles: simplesmente adaptaram as expectativas e práticas humanas à esfera do sobrenatural. Continuaram a buscar um melhor conhecimento da vontade desse ou daquele Deus para poderem obter seu favor, agindo de forma que o agradasse. Isso reuniu num todo indivisível a consciência humana de Deus e a necessidade do controle comportamental pela própria sobrevivência humana. Foi isso que permitiu que alguns tabus e estratégias sociais de sobrevivência fossem com o tempo elevados ao *status* de "vontade revelada de Deus". Também criou enormes arenas de poder que seriam preenchidas pelo sacerdote, pelo bruxo curador ou pelo xamã – por quem quer que conseguisse discernir e interpretar corretamente a vontade daquele Deus personalizado.

Já que seres humanos poderosos se deleitam com a bajulação de seus súditos dependentes, presumiu-se que o Deus sobrenatural também se deliciaria com os elogios e louvores daqueles protegidos por seu poder teísta. Portanto, atos de adoração, hinos e salmos foram feitos para deixá-lo ciente de que os seres humanos reconheciam e reverenciavam o divino poder. Isso não acabou. Observemos a linguagem de nossas liturgias: "Louvamos-te, ó Deus", "Proclamamos-te nosso Senhor", "Grandioso és tu", "Os céus proclamam a tua glória para sempre" etc. Da mesma forma foram elaboradas orações que suplicam a aprovação divina, citando todos os títulos e tratamentos magníficos que os frágeis seres humanos são capazes de imaginar, como Pai de misericórdia, Deus todo-poderoso etc. Seres humanos também usavam orações para lembrar a Deus daquilo que esperavam que ele fosse, por exemplo: "Tu estás sempre mais pronto a nos ouvir do que nós a orar. Tu és paciente, vagaroso para se irar e sempre pronto a perdoar".

Acentuamos ainda mais nosso conceito do poder de Deus desenvolvendo uma linguagem de adoração com a qual nos prostramos como escravos diante do mestre: somos "miseráveis ofensores", colocamo-nos como condenados diante do trono da graça, claramente incapazes de agradar ao nosso Deus sem a ajuda divina. De alguma forma parece que cremos que o poder de nosso Deus aumentaria por causa do reconhecimento contrastante de nossa fraqueza, ou que ele seria lisonjeado e valorizado por reconhecermos nossa humildade, dependência e servilismo. É como se esse poderoso Deus teísta exigisse certo masoquismo ou autodegradação, essenciais aos nossos atos de adoração.

Como a incerteza alimenta a histeria, essa religião teísta também desenvolveu formas extraordinárias de retórica, usadas para descrever a divindade adorada e a habilidade humana de captar e definir o poder dessa divindade. Praticamente todos os sistemas religiosos asseguram que sua divindade particular é a única verdadeira e a única realmente divina. Para proteger essa assertiva da erosão, declarava-se ainda que os líderes religiosos ou pessoas designadas santas que haviam definido essa divindade única possuíam a passagem ou o acesso indubitável à verdade soberana.

Era um argumento circular, assim como todos os argumentos irracionais: nosso Deus é o único verdadeiro; a verdade desse Deus nos foi dada com exclusividade, por revelação direta, portanto sua verdade não pode ser questionada; sendo designados receptores exclusivos dessa revelação, somos os únicos capazes de interpretá-la corretamente, e nossa interpretação não pode ser questionada. As alegações freqüentes da história do cristianismo de que não há salvação fora de determinada Igreja, de que determinado líder possui infalibilidade, ou de que um livro sagrado denominado "a palavra de Deus" não erra, são apenas expressões ultrapassadas do desejo de aniquilar a incerteza – desejo esse que surgiu da tentativa primordial humana de enfrentar a angústia da autoconsciência.

Assim o teísmo serviu para manter a histeria sob controle. Colocou um disfarce piedoso no temor humano e tornou controláveis a

AUTOCONSCIÊNCIA E TEÍSMO

ameaça do não-ser e o trauma da autoconsciência. Essa foi a questão principal abordada pelos sistemas religiosos teístas através de toda a história da humanidade.

Mas neste mundo pós-moderno finalmente o teísmo está morrendo. Deus, como explicação para tudo até então inexplicável, está desaparecendo. Cada nova descoberta sobre como funciona o mundo natural invade a arena que antes era reservada exclusivamente para Deus. O Deus teísta inicialmente tapava os buracos das coisas que o conhecimento humano não conseguia explicar. Os "buracos" foram diminuindo a cada século e continuam sendo fechados a cada dia pelo avanço do conhecimento. O Deus teísta está se tornando irrelevante, sem verdadeiro objetivo; o poder teísta tornou-se impotente. Como observou um estudioso britânico, Michael D. Goulder, "Deus não tem mais o que fazer".[10] Uma divindade desempregada não permanece Deus por muito tempo.

Essa é a situação atual. O teísmo está morrendo. A histeria que se manifestou com o surgimento da autoconsciência e foi controlada por tanto tempo pelos mecanismos das religiões teístas agora ressurge em toda parte. A verdadeira questão que o empreendimento humano enfrenta hoje é: O passo evolutivo que nos trouxe a autoconsciência conseguirá sobreviver sem os mecanismos da religião teísta? Estes dois elementos – autoconsciência e teísmo – parecem gêmeos siameses, concebidos juntos.

O trauma renovado da autoconsciência nos encara impiedosamente quando abraçamos a morte do teísmo e vemos, como manifestação dessa morte, o aumento da histeria e do fundamentalismo irracional. Esse trauma também está por trás de nossa dependência cada vez maior de estimulantes químicos como cafeína, drogas relaxantes e álcool e de formas adultas de "amamentação", como o cigarro. Essas coisas se tornaram nossas aliadas na luta para lidar com a histeria da autoconsciência. Isso explica a presença habitual de antidepressivos em nossa sociedade e o índice crescente de suicidas; explica por que a violência impensada contra aqueles que são irracionalmente definidos como nossos inimigos é notícia constante na mídia.

Se o teísmo morre, Deus também morre? Essa é a pergunta que homens e mulheres pós-modernos estão lutando para responder. Estamos realmente sozinhos num vasto universo hostil? Somos pequenos grãos de poeira, insignificantes, de alguma forma destinados ao esquecimento? Podemos sobreviver a essa visão sem nos entregar à autodestruição? Poderão os seres humanos evoluir para outros níveis mais elevados de consciência se não têm capacidade emocional de suportar o trauma que essa conscientização inevitavelmente criará?

Se o teísmo morrer, será o ateísmo a única alternativa? Não valeria a pena investigarmos a possibilidade de nossa própria consciência ser o meio pelo qual nossa vida se abre para dimensões não-teísticas de nossa existência, até mesmo definições não-teísticas de Deus? Não poderia o crescimento de nossa autoconsciência permitir que nos relacionássemos com aquilo em que é baseado nosso ser, aquilo que é mais do que nós somos, mas ao mesmo tempo é parte do que somos? Não poderíamos começar a vislumbrar uma transcendência que entra em nossa vida, mas que também nos chama para além dos limites de nossa humanidade, não ao encontro de um ser externo, mas em direção à Base de Toda Existência, incluindo a nossa – uma transcendência que nos convida para uma nova humanidade? Não há uma nova maturidade a ser assumida pela vida humana quando cessarmos a busca por um ser sobrenatural que seja paternal, vigilante e protetor? Não há uma nova dignidade humana a ser encontrada na rejeição daqueles moldes subservientes do passado, através dos quais se almejava agradar à divindade teísta no início da história da evolução? Em vez daquela subserviência, não podemos nos abrir para novas maneiras de descobrir a Base da Existência que se encontra e se reconhece no "eu" que está emergindo na expansão da consciência? Essas, me parece, são as questões profundamente religiosas do novo milênio.

Não é mais possível nem desejável despender nossas energias tentando ressuscitar o teísmo agonizante de ontem. Nenhuma reativação desses sistemas é possível. Negar essa realidade é prolongar uma duradoura ilusão religiosa. Fundamentalismo histérico não é o caminho para o futuro; é o último suspiro do passado. Não funcionará. Chegou o tempo de criar algo novo. Não um novo mecanismo religioso para nos auxiliar a conter o alarde da histeria de mais uma geração, mas uma nova maneira de reafirmar a autoconsciência como um bem e buscar nela aquilo que é atemporal, eterno, real e verdadeiro.

É isso, acredito, que o mundo atualmente busca de várias formas. Poderão os sistemas religiosos do passado mudar o suficiente para servir de base para uma expansão de consciência amanhã, para uma humanidade mais elevada, com criaturas mais nobres que nem nós nem nossos ancestrais primitivos pudessem imaginar? Ou a autoconsciência demandará um preço emocional muito alto – que criaturas como nós não poderão pagar?

Essas são as questões diante dos sistemas religiosos de hoje. Nossa resposta, creio eu, determinará o futuro da raça humana. Jamais foi tão grande a preocupação existencial daqueles que trilharam esse caminho evolutivo. É curioso observar que essas questões são rarissimamente abordadas dentro das estruturas institucionais que foram criadas com a finalidade de conduzir as pessoas à presença do sagrado. Talvez seja por isso que essas estruturas estão ficando progressivamente sem vida. Talvez não tenham capacidade de mudar; mas, se não o fizerem, morrerão. Certamente chegou o tempo de os seres humanos iniciarem uma nova exploração do divino, rascunharem uma nova visão do sagrado que está além do teísmo, mas não além da realidade para a qual a palavra *Deus* foi concebida para apontar.

IV

ALÉM DO TEÍSMO MAS NÃO ALÉM DE DEUS

Se realizarmos a cirurgia radical que é necessária ao cristianismo, não desaparecerão somente certas formulações tradicionais da fé, mas também muito do conteúdo pressuposto do cristianismo, e com razão. Nosso único consolo é que, se não houver uma intervenção radical, e logo, o paciente morrerá.[1]

THOMAS SHEEHAN
Professor de estudos religiosos,
Universidade de Stanford

Deus. Se o teísmo tem de ser abandonado, Deus também corre risco? Se devemos descartar nossa compreensão histórica de Deus, devemos descartá-lo também? Como falar de algo que, por definição, está além da capacidade da mente humana? Que linguagem devemos usar? Não há "linguagem divina" disponível para utilização humana, apenas nossas próprias palavras limitadas e limitadoras. Poderia Deus estar contido nas categorias e conceitos de um vocabulário surgido culturalmente e elaborado historicamente? Se a diversidade (a não-identidade) é parte "do que" ou "de quem" Deus venha a ser, então ele só pode ser uma presença a ser experimentada, mas jamais definida. Se isso é verdade, por que será tão intensa a procura do homem pela experiência racional de Deus? O que pretendemos alcançar? Será a propensão humana para pensar teologicamente nada mais que ilusão perpétua?

Se nossa compreensão de Deus foi expressa em termos de "um ser com poderes sobrenaturais, que habita fora deste mundo e o invade periodicamente para realizar a vontade divina" – definição do Deus teísta proposta no capítulo II –, então talvez Deus não seja mesmo, como sugeriu Freud, nada mais que uma criação humana, designada para nos ajudar a vencer a histeria e a manter sob controle o trauma da angústia proveniente da autoconsciência. Essa assertiva induz preocupações assustadoras e perguntas que pessoas religiosas preferem ignorar. Os líderes da Igreja preferem continuar a brincadeira do "faz-de-conta", proclamando com cada vez mais vigor suas antigas formulações e atacando quem quer que se atreva a explorar esse atrativo mas perigoso território. Quando acusam esses desafios de ameaçarem sua segurança religiosa, fica claro que a verdade não é seu objetivo principal. Mas estou convencido de que os cristãos do século XXI devem enfrentar essas questões abertamente e com honestidade. Não há alternativa se desejamos continuar a ser crentes neste mundo pós-moderno.

Ao entrar nessa discussão, vale a pena notar que de alguma forma essas preocupações sempre marcaram a experiência humana; foram transportadas em alguma parte subterrânea da consciência humana como uma espécie de relato minoritário. Entretanto, elas afloram de forma peculiar nesta geração, pois, queiramos ou não, a revolução atual do conhecimento e a maturidade humana emergente conspiram para desacreditar os moldes teístas do passado. O teísmo, com seu Deus sobrenatural pronto a nos socorrer, revela-se uma ilusão que mantém os fiéis em estado de dependência passiva.

O teísmo visto dessa forma nos permite enxergar que sua morte, em vez de representar algo temeroso e mau, será um passo na direção da maturidade, da "maioridade" humana, da disposição das pessoas espiritualmente perspicazes em deixar de definir a vida humana como se fôssemos crianças referindo-se ao pai sagrado. Se a morte do teísmo representa tudo isso, deveria ser amplamente celebrada com gratidão por nossas instituições religiosas. Nota-se, no entanto, o contrário: ela está sendo ignorada ou mesmo criticada severamente pelas Igrejas cada vez mais conservadoras mundo afora.

Não há dúvida de que o cristianismo e até a espiritualidade do futuro exigirão que a vida se abra para a nova e estimulante humanidade que nasce enquanto o Deus teísta morre gradualmente. Portanto, uma parte da tarefa de visualizar o Deus do amanhã será explorar tanto a influência como o temor da maturidade – coisa que pessoas religiosas não gostam de fazer. Paul Tillich indica que essa é a porta principal por onde teremos que passar para chegar ao que ele denomina "o novo ser".[2]

Estou profundamente ciente de que essa viagem que proponho não é fácil para ninguém. Há algo assustador e solitário em reconhecer que não podemos mais ser os filhos dependentes do Deus-Pai teísta. Lembra a desolação que senti após perder meus pais e saber que não havia mais ninguém em quem eu pudesse me apoiar, como fizera com eles. Mas, se conseguirmos transpor a barreira da angústia e enfrentar a nova realidade, há algo profundamente revigorante em descobrir uma nova maturidade e entender que Deus pode ser encontrado, experimentado e vivenciado de forma radicalmente diferente. Não me refiro a um Deus que seja um ser, nem mesmo se lhe atribuirmos o *status* mais elevado. Falo do Deus que experimento como Base e Fonte de Toda Vida, portanto a presença que me convida a dar um passo além de todas as fronteiras nas quais busco, em vão, segurança e dependência, para entrar na plenitude da vida com todas as suas estimulantes inseguranças.

Pretendo demonstrar que a exploração dessa nova possibilidade de Deus começa com a busca de pistas em nosso passado religioso – sim, em lugares como nas sagradas Escrituras, que indicam que nem nossos ancestrais na fé ignoravam por completo isso que nos parece um problema moderno. As limitações da definição teísta de Deus estão presentes há séculos. Há mais de três mil anos os judeus listaram entre os primeiros mandamentos a proibição das tentativas humanas de criar imagens de Deus (cf. Ex 20,4-6). Aqueles judeus, nossos ancestrais espirituais, compreenderam que toda imagem de Deus, incluindo aquela teísta que então prevalecia, no final seria inadequada.

Os judeus também proibiram os fiéis de falar o santo nome de Deus. Entendiam que dar nome a uma entidade implicaria conhecê-la, ter poder sobre ela e até defini-la. Isso jamais poderia ser feito ao Deus judeu. Adão e Eva, no mito judeu das origens humanas, foram empossados da tarefa de dar nome aos animais do Éden, refletindo a condição de domínio sobre tudo que Deus havia criado. Deus, entretanto, jamais poderia ser nomeado naquele texto judeu. Como poderia qualquer criatura nomear a Fonte e Base de Toda Existência? Portanto, mesmo os antigos foram forçados a pensar sobre isso e reconhecer que suas imagens teístas eram de fato limitadas fantasias humanas que apenas apontavam para uma realidade, mas eram incapazes de abraçá-la.

No Ocidente cristão atual, somos sofisticados demais para construir ídolos de madeira ou pedra e denominá-los nossos deuses. Sabemos que isso não tem mais credibilidade. Entretanto, em nossa arrogância intelectual – especialmente entre os teólogos cristãos –, nós, ocidentais, temos com freqüência construído ídolos com as palavras, alegando que elas têm o poder de definir o santo Deus. Sacrificamos na fogueira pessoas que se recusaram a reconhecer a assertiva de que Deus e nossas definições de Deus são a mesma coisa. A verdade agora exige que renunciemos a essas identificações distorcidas para sempre.

Cristãos, por exemplo, afirmam que Deus é uma Santa Trindade, como se seres humanos pudessem entender quem ou o que é Deus. A Santa Trindade não é hoje, nem nunca foi, uma descrição da existência de Deus; é, sim, uma tentativa de definir nossa experiência humana de Deus. Há uma vasta diferença entre as duas coisas. Todas as disputas teológicas e guerras religiosas da história que se travaram sobre versões divergentes da forma de definir Deus representam nada mais que a leviandade do pensamento humano. Os judeus compreenderam que Deus não habitava templos nem altares construídos pela mão humana. Os cristãos do século XXI precisam agora compreender que Deus não habita credos nem doutrinas teológicas elaboradas com palavras humanas.

Dizer essas coisas não é atacar Deus, é apenas afirmar o óbvio, isto é: jamais palavras humanas ou explicações humanas conseguirão captar a essência de Deus. Certamente deveríamos suspeitar do fato de que o Deus teísta que definimos com tanta precisão teria como vocação primordial o cuidado e a proteção das próprias criaturas que o definiram. Enquanto o resultado final da adoração desse Deus que nós definimos é fazer com que nós mesmos nos sintamos bem e confiantes em relação à situação humana, devemos suspeitar de nossa própria motivação autobeneficente. Será que os seres humanos foram criados à imagem de Deus, como atesta a sabedoria antiga, ou nos enganamos em acreditar nisso para justificar o óbvio, isto é, que o Deus teísta do passado foi criado por nós e a nossa imagem? Como questionei em outro livro, "se cavalos tivessem deuses, estes não teriam aparência de cavalo?".[3] Nós, humanos, até mesmo os religiosos, não podemos fugir da subjetividade de nosso ser. Está na hora de parar de fingir que podemos.

Outra pista em nossos textos sagrados pode ser descoberta numa charmosa narrativa que encontrei por acaso em uma de minhas jornadas pelas Escrituras. É uma história que revela, de forma primitiva, que até nossos ancestrais na fé tiveram de enfrentar limitações nos assuntos referentes a seu Deus. No livro do Êxodo, Moisés solicita uma oportunidade de encontrar-se com Deus face a face (cf. 33,17-23). Até então, Deus se manifestara a Moisés apenas em forma de nuvem, fogo, trovão ou de uma luz vinda do céu. Entretanto, isso não seria suficiente para aquele que se denomina pai da nação judaica; então, nesse interessante relato, Moisés faz o pedido de um encontro face a face com o divino.

Mas o texto nos diz que Deus declinou dessa presunçosa tentativa de intimidade. Isso não seria surpresa, pois havia naquela época uma percepção ou mesmo uma *convicção* entre os hebreus de que a santidade de Deus era tão intensa que nenhum ser humano poderia vê-lo e continuar vivo. Moisés, entretanto, não se amedrontou com essa convicção e insistiu no encontro face a face. Mais uma vez lhe foi negado. Por maior que fosse Moisés, não lhe foi permitido, assim como a todos os outros mortais, ver o semblante divino.

Nessas alturas da deliberação entre Deus e Moisés, talvez em deferência à nobre estatura deste, conta-se que aquele lhe fez uma concessão: se cobrisse os olhos, Deus passaria a sua frente, e, ao fazer a curva do monte, Moisés poderia abrir os olhos e momentaneamente avistar a traseira de Deus, conforme uma das traduções. Versões posteriores da Bíblia usam os termos mais amenos "parte de trás" ou "costas" de Deus.[4]

Jamais ouvi um sermão sobre esse texto específico. Seria demasiado difícil atrair a congregação com referências à "traseira" divina. Entretanto, a despeito dessa literalidade engraçada, o autor apontava algo muito mais profundo: ele afirmava a experiência humana comum de que homens e mulheres nunca conseguiriam ver Deus, mas apenas o lugar por onde ele passara. Vemos os rastros de Deus. Visualizamos e experimentamos os efeitos de Deus, não o seu ser. Jamais vemos Deus como um desencarnado ou uma criatura individualizada.

Abraçar essa realidade é presenciar o desmoronamento de todo o sistema teísta sob o peso de sua própria irrelevância. É também reconhecer que todas aquelas prateleiras de bibliotecas repletas de pesados volumes teológicos – cada página tentando explicar Deus – devem agora ser reconhecidas apenas como monumentos ao ego humano. Não estou dizendo com isso que Deus não seja verdadeiro; ao contrário, a realidade da experiência de Deus me deslumbra a cada dia de minha vida. Afirmo apenas que não há palavras humanas, nem fórmulas, nem nenhum sistema religioso capaz de captar essa realidade; alegar que alguém, em qualquer tempo, o tenha feito é idolatria.

Seres humanos só podem abordar Deus por analogia humana, nada mais. Só podemos falar de Deus com palavras humanas – não temos outras. Mas somos forçados a reconhecer que a linguagem antropomórfica que possuímos está sempre distorcida.

Os religiosos que não conseguem levar a mente além dos limites impostos pela linguagem são numerosos e sempre entenderão estas palavras como deicidas. Só compreenderão a morte do teísmo como a morte de Deus ou como afirmação de ateísmo. Ao mesmo tempo, as pessoas mais secularizadas da sociedade ouvirão em minhas palavras um eco do que foi denominado "deísmo" no período após o Iluminismo. Deísmo era uma afirmação de Deus, mas o colocava tão além da vida neste mundo que não haveria possibilidade de um relacionamento divino. Para a maioria das pessoas, esse era apenas o primeiro passo ao qual os seres humanos eram impelidos pelo avanço do conhecimento sobre nossa peregrinação inevitável entre o teísmo do passado e o ateísmo do futuro.

Ambos os grupos estarão errados. Negar o teísmo não significa ser ateu. Propor um passo além do teísmo não significa concordar com a passividade secular de um deísmo sem sentido. Creio apaixonadamente em Deus. Mas hoje sinto a definição teísta de Deus demasiado limitadora. Desejo caminhar para uma nova proposta. Não tenho mais interesse em me apegar às respostas teístas porque as perguntas feitas pelo teísmo não são mais usadas.

Em vez disso, almejo caminhar além desse debate sem propósito entre três definições inadequadas de Deus – o teísmo, o deísmo e o ateísmo – e levantar novas possibilidades, porque estou convencido de que a morte das duas primeiras não faz do ateísmo a única alternativa restante nem elimina a possibilidade de se confrontar a realidade de Deus de uma nova maneira.

Em vista de nossos limites humanos, demonstrados pelo escritor da história de Moisés ao relatar seu pedido de contemplar Deus – dificuldade que nós também enfrentamos no tempo pós-moderno –, proponho iniciar essa investigação aceitando o convite divino oferecido em contraproposta ao pedido de Moisés. Assim como este, não podemos visualizar Deus, mas podemos contemplar com ele o lugar por onde Deus passou. Portanto, examinemos aquilo que nossa linguagem antropomórfica poderia chamar de "pegadas de Deus". Vamos aos lugares por onde percebemos que Deus passou e concentremo-nos em suas "partes traseiras".

Eis minhas perguntas: Posso experimentar Deus se não posso defini-lo? Há alguma coisa no sentido da transcendência; há alguma experiência de alteridade que não seja uma ilusão nascida do temor? Existe um âmbito espiritual que me chama para além de meus limites, para uma expansão do próprio ser ou para o sentido de um novo ser? Existe uma realidade que convencionamos chamar Deus, cuja face está escondida, mas cujos efeitos são visíveis? Há lugares que possamos visitar onde essa realidade já tenha sido encontrada? O Deus que procuro tem de estar além das definições teístas do passado. Não preciso nem desejo mais aquele Deus paternal e protetor. Portanto, proponho o início de uma nova busca por Deus, entendido de uma nova maneira.

Jamais esquecerei a primeira vez que convidei um grupo de pessoas a essa busca. Foi numa classe adulta de escola dominical numa congregação urbana em Hoboken, New Jersey, conhecida por ser a cidade natal de Frank Sinatra, próxima a Manhattan, do outro lado do rio Hudson. A congregação era composta de pessoas jovens, atraentes, urbanas, artísticas, extrovertidas, em ascendência social, mas freqüentadoras regulares da igreja – combinação incomum nessa geração secular da América urbana. Essa congregação havia "dobrado" o molde do que significa "igreja" na luta por romper os modelos religiosos tradicionais do passado. Havia excluído de sua liturgia credos e hinos, elementos mais primitivos de nossa herança teológica. Naquele domingo, coloquei em discussão uma pergunta cuidadosamente elaborada para não restringir a imaginação dos presentes: "Qual o conteúdo que vem a sua mente ao ouvir a palavra *Deus*?" As respostas me deslumbraram.

A primeira palavra emitida foi *energia*, seguida rapidamente por *vento*, *natureza* e *amor*. Nenhuma delas traduziria algo pessoal ou teísta. Outras contribuições fluíram numa miscelânea de substantivos e adjetivos: *centro*, *conexão*, *vida*, *presente*, *envolvente*, *criativo*, *força*. Surpreendeu-me constatar quanto essas pessoas estavam distantes das definições teístas do passado. A revolução do pensamento teológico estava se firmando, mais do que eu podia imaginar, no plano da superfície.

Só depois de encher uma lista com essas definições foi que começaram a surgir alguns ecos da divindade pessoal de outrora e começaram a aparecer palavras como *poderoso*, *exigente*, *ocupado*, *clemente*, *misericordioso*, *possuidor de senso de humor*, *manso*, *paciente*, *raivoso* etc. Ao fazê-los perceber a diferença entre a primeira reação e o segundo nível de definições – que caracterizam um ser mais pessoal –, eles fizeram uma distinção fascinante. Uma mulher respondeu: "Não considero essas palavras pessoais, mas coletivas". Solicitei um esclarecimento e ela continuou: "Quando nos referimos a Deus como pessoa, o que fazemos de fato é personalizar os valores pelos quais vivemos

ALÉM DO TEÍSMO MAS NÃO ALÉM DE DEUS

em comunidade. Viver juntos, em família, exige uma combinação de amor, estrutura e disciplina. Os valores que viabilizam a comunidade estão investidos de dimensões próprias de Deus e é a isso que nos referimos quando falamos de Deus como exigente, raivoso, ocupado, clemente, misericordioso e possuidor de senso de humor".[5]

Ouvi deslumbrado, pois pelo menos nessa congregação aquele Deus tradicional teísta "lá em cima" – o divino "senhor conserta tudo", o Deus invasor e miraculoso do passado religioso – certamente estava se perdendo de vista. Entretanto, esses paroquianos não eram ateus, não eram descrentes. Continuavam se reunindo aos domingos na busca dos mistérios de suas experiências de Deus, para ouvir detalhes de sua história de fé cristã, na qual, por decisão própria, eles continuavam a viver e celebrar seu inter-relacionamento como membros de uma comunidade dedicada à realidade de Deus. Achei que naquela manhã estivera vislumbrando um *flash* da direção para a qual a Igreja do futuro inevitavelmente caminhará. O reino de Deus estava surgindo no mundo em Hoboken, New Jersey. Frank Sinatra teria adorado.

Em seguida, guiei o grupo na exploração da história sagrada como está revelada na Torá – os primeiros cinco livros da Bíblia hebraica, conhecidos como *A lei* ou *Os livros de Moisés*, que são também, obviamente, os primeiros cinco livros da Bíblia cristã. Fiz notar que as histórias contidas naqueles textos estão repletas dos conceitos tradicionais do Deus pessoal. O enfoque bíblico é claramente sobre um ser sobrenatural que vigia a vida humana de algum ponto estratégico fora deste mundo.

Aquele Deus, diz o Antigo Testamento, "andou com Adão e Eva no frescor da tarde" e avisou a Noé que construísse uma arca para se preparar para a grande enchente; escolheu Abraão para ser o pai de seu povo e fez com que Sara concebesse em idade avançada. Ela tinha 90 anos e só poderia sorrir ao saber dessa notícia! Deus agiu como um bom "casamenteiro judeu" e escolheu a esposa de Isaac. Convocou Moisés e lhe deu poderes para ser agente libertador da escravidão; fez chover alimento do céu para nutrir os israelitas famintos durante sua jornada pelo deserto; escolheu Davi para ser fundador de nova linhagem real e guerrear com seu povo, dando-lhes vitórias quando mereciam e derrotas quando o comportamento exigisse. É atribuído àquele Deus ter despertado profetas para preverem os acontecimentos futuros. Todas essas atividades são relatadas em nossos textos sagrados como realizações de um ser sobrenatural ao qual o nome "Deus" foi atrelado.

Eu queria que meus ouvintes se apercebessem de sua reação ao *insight* de que o Deus que domina a tradição sagrada da qual eles se declaram participantes é infinitamente diferente do Deus que haviam descrito. Queria que eles se conscientizassem de que, desprezando o teísmo, estavam também desprezando a imagem primordial do Deus bíblico, o que significa também desprezar todos os aspectos da "bibliolatria", inclusive a percepção da Bíblia como nossa fonte de revelação teísta. Creio que precisamos sentir plenamente o peso dessa realidade antes de prosseguirmos.

Entretanto, como sugeri anteriormente, se é permitido ao ser humano ver apenas as pegadas que Deus deixou por onde passou, e não a pessoa dele nem seu modo de agir, então poderemos ler as histórias bíblicas por outra perspectiva, não literal nem supersticiosa – alcançando além de seus atributos primitivos e extraindo o sentido não-teísta das experiências que a Bíblia tentou retratar teisticamente, pois era somente dessa forma que os povos antigos conseguiam pensar.

Os judeus nessa história, nos conta o livro do Êxodo, haviam fugido da escravidão no Egito – uma experiência extrema de dependência humana – para a liberdade no deserto. Será que aqueles judeus ancestrais da fé eram tão incapazes de abraçar a maturidade da liberdade encontrada no deserto que foram emocionalmente forçados a substituir sua antiga dependência dos egípcios pela dependência de um Deus teísta chamado Yahweh? Alcançariam a sobrevivência apenas trocando de mestre? Será possível que tudo que fizeram foi optar por um déspota um pouco mais benevolente que aquele anterior, cruel? Talvez essa mudança já seja um progresso, mas não seria muito insignificante? A Bíblia sugere essa possibilidade informando-nos que esses escravos libertos em algumas ocasiões até desejaram retornar à segurança do Egito (cf. Ex 14,10-12).

A segurança é tão sedutora, e a insegurança, tão amedrontadora! Mas a segurança é sempre falsa, e a insegurança é sempre real. Nenhuma religião pode dar segurança a quem quer que seja, embora – como as drogas das quais a sociedade é tão dependente – ofereçam uma ilusão de segurança. A verdadeira religião nos permite abraçar a vida com toda sua insegurança radical e vivê-la com coragem. Ela não nos engana com a falsa pretensão de que nossas inseguranças tenham sido removidas.

Mas, uma vez que aqueles judeus sobreviveram no deserto, creditaram essa vitória ao Deus teísta, que continuaria a recompensá-los e puni-los como os pais fariam com seus filhos. Essas narrativas visavam convencer os judeus de que todos aqueles atos atribuídos ao Deus teísta desde o despertar da autoconsciência haviam de fato sido realizados em seu próprio benefício. Como argumentamos no capítulo anterior, o objetivo do Deus do teísmo sempre foi e continua sendo manter a ansiedade e o histerismo humanos sob controle.

Esse texto sagrado nos diz que as leis de Deus, que chamamos de os Dez Mandamentos (cf. Ex 20,1-17 e Dt 5,7-21), foram entregues ao povo judeu em meio ao fogo e às nuvens do Sinai, cenário completado com trovões e tremores de terra. A necessidade de segurança que acompanhou o surgimento do teísmo entre nossos ancestrais primitivos é bem visível nessa história bíblica: a razão pela qual o povo precisava das leis de Deus era agradar a seu Deus pelo bom comportamento e assim fazer jus à proteção divina, apesar de sua ansiosa autoconsciência.

Algumas das leis recebidas no Sinai definem os deveres do povo judeu para com seu Deus. Esse Deus não poderia ter outros deuses como rivais, por exemplo. Exigência interessante, por partir de um Deus que professa ser único. Ele não poderia ser reproduzido por imagens, seu nome deveria ser honrado, e seu dia, respeitado.

Uma vez estabelecidos os deveres para com esse Deus, foram articuladas as leis que governavam a comunidade e garantiam sua sobrevivência. Previdência social e aposentadoria ainda não tinham sido inventadas, portanto a sobrevivência dos mais velhos dependia dos cuidados da nova geração. A vida era sagrada demais para se matar. Relacionamentos eram respeitados como algo sagrado. Bens não eram para ser roubados. A palavra era digna de crédito, ou seja, era confiável.

Enfim, concluídos esses mandamentos, a cobiça não ameaçaria mais a ordem social.

O Deus teísta, dizia-se, puniria os ofensores, mas de fato a *comunidade* é que os punia, justificando seus atos com os atributos da divindade. As qualidades pessoais atribuídas a Deus eram de fato valores comunitários que haviam sido elevados ao nível divino.

Sob as palavras literais da Torá, havia o sentido de que Deus e vida não eram coisas separadas. Deus era visto como a fonte da vida – o significado mais profundo, a experiência da vida. Se conseguirmos enxergar o que está por trás do texto, até para os judeus o Deus externo do teísmo era apenas um veículo para convidar as pessoas a ir além de suas limitações pessoais e reconhecer sua unidade uns com os outros, a responsabilidade uns pelos outros e a mutualidade da sua dependência recíproca. O teísmo fazia parte do convite tribal para que seus membros dessem um passo além de sua individualidade e experimentassem a própria vida, cuja consciência está permanentemente se alargando e expandindo. O Deus teísta era um símbolo humano da profundidade divina da vida, aquela vasta consciência que encontramos no âmago da vida e para a qual podemos contribuir quando nossa própria vida se expande ou quando conseguimos expandir a vida dos outros. Esse é um novo conceito de Deus que gera novas possibilidades a respeito dele e nos convida a mergulhar mais fundo nessa direção. Portanto, minha primeira definição de um Deus não-teísta é a seguinte: Deus é a fonte primordial da vida, e o adoramos vivendo em plenitude e partilhando profundamente.

A Torá também nos diz que o Deus teísta exige que o amemos com todo o nosso ser: com nossa mente, nosso coração e nossa força – ou seja, com toda a nossa humanidade (cf. Dt 6,5). Diz ainda que experimentar esse Deus teísta é um convite a uma viagem para além dos limites narcisistas de nosso próprio amor. O amor humano começa com o amor por nossa própria imagem, que projetamos nos outros e depois recebemos de volta. Essa projeção é o que acontece quando amamos aqueles que são inicialmente a extensão de nós mesmos: começando com quem primeiro nos cuida, nossos pais, e em seguida alargando o círculo para a família, parentes, vizinhos, tribos, nações e, finalmente, a própria humanidade. Sempre hesitamos, temerosos, à margem de cada transição para uma órbita mais ampla. Enquanto nos aventuramos a nos afastar, descobrimos que se torna mais difícil amar, pois, à medida que os círculos se alargam, começamos a ver que temos que amar pelo *amor* e não por *nós mesmos*. O Deus teísta é, portanto, um símbolo da busca humana por fugir do narcisismo e amar a Deus nos outros – mesmo naqueles que tememos por serem diferentes.

Esses "diferentes", os categorizamos e rejeitamos seguidamente em nossa tentativa de obter segurança dentro de nossos sistemas religiosos. Damos a esses "diferentes" uma série de títulos: impuros, incircuncidados, não-batizados, impróprios, samaritanos, gentios, leprosos, heréticos, religiosos incorretos, doentes mentais, pertencentes a raças diferentes, sexualmente diferentes etc. Dizemos ainda que falam com sotaques estranhos, têm costumes incomuns e celebram de formas não-familiares. Por não compreendermos o Deus desses "diferentes", assumimos que sua divindade desconhecida é demoníaca e má e acabamos denegrindo o que eles consideram sagrado. Até justificamos nossa guerra contra eles como ato religioso. Mas, uma vez que conseguimos identificar o Deus que reivindicamos adorar com amor, todos esses conceitos discriminatórios são desafiados e somos forçados a crescer e ultrapassar as barreiras que reduziram nossa capacidade de amar a tamanha fragilidade.

Nesse processo de conhecer o que denominamos divino, o Deus que é amor aos poucos se transforma no amor que é Deus. Repetindo: nesse processo, o Deus-amor transforma-se aos poucos no amor-Deus – sem fronteiras, eterno, ultrapassando todo e qualquer limite e nos chamando para seguir esse amor em todos os recantos da criação. Caminhamos para dentro desse Deus e nos deixamos absorver por esse amor expansivo, abundante e gratuito. Quanto mais nos adentramos nesse amor e partilhamos dele, mais nossa vida se abre para novas possibilidades, para a sacralidade transpessoal e para a transcendência ilimitada.

Enfim, descobrimos que nossa experiência de Deus é como o ato de nadar num eterno oceano de amor ou interagir com a presença despercebida do ar: inspiramos amor e expiramos amor. Essa experiência é onipresente, onisciente e onipotente. Jamais se esgota, sempre se expande. Quando procuro descrever essa realidade, as palavras me falham, então simplesmente digo o nome *Deus*. Esse nome, entretanto, para mim não é mais o nome de um *ser* – nem mesmo um ser sobrenatural ou supremo. Não é o título de um taumaturgo ou mágico nem de um salvador, mas é algo tão nebuloso e tão real quanto a presença divina. É um símbolo daquilo que é imortal, invisível e atemporal.

Esse amor é algo semelhante às pegadas de Deus nas quais procuro andar, mesmo quando descubro que esse caminho me leva a lugares que temo. Porém, quando olho à frente, vejo adiante, escondendo-se nas esquinas do desconhecido, o que poderia ser chamado de as costas do divino. Então descubro que o motivo pelo qual não consigo ver Deus, mas só o lugar por onde ele passou, é o fato de que Deus está nitidamente *dentro* de mim, assim como *diante* de mim. Deus é parte de quem sou e parte de quem você é. Deus é amor, portanto amor é Deus. Eis minha segunda definição de um Deus não-teísta: Deus é a fonte primordial do amor. E a maneira de adorar esse Deus é amando abundantemente, espalhando amor frivolamente e distribuindo amor sem parar para fazer a conta.

O Deus que outrora víamos teisticamente como um ser, agora podemos ver também como um símbolo do próprio existir. É uma característica da vida humana que nos torna apegados a nossa existência com uma intensidade que beneficia a luta profunda de todas as criaturas através dos bilhões de anos da história. O caminho da evolução passou da vida unicelular à complexidade da humanidade autoconsciente, com sua capacidade de conhecer a transcendência. Mas observem o que nossa autoconsciente porém frágil humanidade, em sua busca desesperada pela segurança, faz com o dom de existir. Pegamos esse dom precioso mas frágil e o cercamos com todas as nossas defesas, o agarramos com afinco e tentamos protegê-lo de qualquer ameaça. Precisamos entender que existir não é um presente que possamos abraçar, nem preservar, nem mesmo manter perpetuamente. Existência protegida é existência que morre; existência sem risco jamais se expandirá. A única coisa que podemos fazer com o existir é doá-lo.

Apoiados firmemente nesse *insight*, agora retornaremos a outra história bíblica. A narrativa da sarça ardente conta que Deus confrontou Moisés numa cena dramática (cf. Ex 3,1-14). Essa visão desafiou Moisés a ser um libertador, a tornar livre o povo escravizado – livre para viver, para amar e para existir. Mais uma vez a imagem teísta encontrada nessa história aponta para novas possibilidades além dela própria. Moisés perguntou a Deus: "Como se chama?", e a voz divina respondeu: "Eu sou o que sou". A Bíblia diz que "Eu sou" é o nome de Deus. Será que essa resposta enigmática foi a forma que aquele antigo autor encontrou para sugerir que Deus não é um ser, mas o próprio existir? Assim, eis minha terceira definição de um Deus não-teísta: Deus é o existir – a realidade por trás de tudo que existe. Para adorar esse Deus, devemos estar dispostos a arriscar tudo, abandonando nossas defesas e sistemas de segurança culturais ou auto-impostos.

A imagem teísta de Deus na história da sarça ardente é uma criação humana, designada a nos capacitar a realizar coisas difíceis. Se interpretarmos a mensagem divina não teisticamente, ouviremos a instrução: "Proclame seu 'eu sou' para o mundo!" Em outras palavras, estenda-se para além de seus limites. Se Deus é a base do existir, devemos louvar essa realidade divina com a coragem de ser tudo que podemos – na maior plenitude de nosso eu mais profundo. Adora-se esse Deus que é a Base da Existência caminhando para o desconhecido, doando nosso próprio existir e valorizando o existir dos outros igualmente ou ainda mais que o nosso próprio. Ter a coragem de existir é ser levado para além do modo de sobrevivência absorto em si mesmo, tão profundamente arraigado na vida humana. É viver para o outro. É adorar o Deus que não é um ser, mas o próprio existir.

Esse Deus não é uma entidade sobrenatural que cavalga no tempo e no espaço para socorrer os desaventurados. Esse Deus é a própria fonte da vida, a fonte do amor e a Base da Existência. O Deus teísta de ontem é um símbolo da essência, da existência de vida que compartilhamos. Deus é vida, então adora-se esse Deus vivendo plenamente. Deus é amor, então adora-se esse Deus amando generosamente. Deus é existir, então adora-se esse Deus tendo a coragem de ser tudo o que puder. Resumindo, é no ato de viver, de amar e de existir/ser que conseguiremos ir além dos limites de nossa existência e conhecer a transcendência, o transpessoal, a eternidade. É nesse momento, estou convencido, que o Deus que está além do teísmo – aquele que Tillich descreveu como o Deus além dos deuses de homens e mulheres – começa a entrar em foco.

Portanto, assumindo esse papel, temos agora que aprender a pular nossas cercas de proteção e caminhar deixando para trás as barreiras de nossos temores – barreiras que sempre nos confrontam nos limites de nossa humanidade. Mas, quando ultrapassamos todos esses medos, descobrimos que alcançamos uma presença transcendente que só nos resta chamar de Deus. Essa presença está muito além daquela imagem da divindade externa teísta que servimos outrora. Essa realização não nos leva ao lamento, mas ao regozijo pelo fato de a idolatria do teísmo tradicional ter-se despedido finalmente de nossa vida. Deus é muito mais que o ser sobrenatural, o Papai Noel ou o "senhor conserta tudo" celestial.

A morte do teísmo nos traz à responsabilidade e nos dá a oportunidade de ter coragem para entrar na plenitude da vida. É um convite para desistir do lamentável pleito humano pela segurança – que de alguma maneira todos sabemos que não existe, exceto em nossa pretensão – e descobrir o poder que se encontra na aceitação do fato de que a insegurança radical é a própria marca de nossa humanidade. Permite-nos captar essa humanidade sem negações e adentrar a plenitude da vida com uma nova confiança e maturidade. Essa humanidade mais intensa, por sua vez, abre-nos para uma nova percepção de que não estamos sozinhos. Não se trata de nossa solidão ser superada por um Deus paternal lá no céu, aguardando o momento de nos socorrer, mas sim de nossa experiência como parte integrante do eterno. Existe uma realidade, denominada por nós como Deus, que é a fonte da vida que vivemos, o poder do amor que compartilhamos, a Base da Existência que nos convida para sermos o máximo possível. Vivo hoje na convicção de que não estou separado desse Deus, mas participo naquilo que é infinito, eterno e além de qualquer fronteira. Meu existir é expandido por essa experiência; a não-identidade me confronta; a transcendência me chama; Deus me abraça.

Não confunda esse Deus com aquele a quem servimos na infância da humanidade. Esse Deus não se identifica com doutrinas, credos ou tradições. A realidade desse Deus está além de tudo isso; ele jamais poderá ser capturado por palavras ou obrigado a servir nossas carências de poder. O Deus além do teísmo está além de *tudo*. Esse Deus é inevitável, inescapável, onipresente. Talvez seja isso que o salmista quis dizer quando escreveu: "Para onde me ausentarei de teu Espírito? Para onde fugirei de tua face? Se subo aos céus, lá estás! Se faço minha cama no mais profundo abismo, lá estás! Se tomo as asas da alvorada e me detenho nos confins dos mares, ainda lá me haverá de guiar a tua mão, e a tua destra me susterá" (Sl 139,7-10). Se Deus é a Base da Existência, então meu ser é parte dessa realidade divina inescapável. Quando conseguimos separar as explicações teístas da experiência de Deus, descobrimos que até as antigas fórmulas eram imprecisas e apontavam para algo além delas mesmas que não conseguiam nem começar a articular.

Pessoalmente me aventuro nesse novo terreno com uma profunda sensação não de medo, mas de alívio. Não preciso mais gastar grande energia defendendo aquele Deus teísta que aparentemente agia tão caprichosamente e violava os padrões de justiça tão consistentemente; não preciso mais produzir as explicações teológicas eloqüentes que sustentaram essa imagem por tantos séculos. Estou livre do Deus que parecia estar incompleto quando não recebia constantemente nossos louvores sem fim; do Deus que exigia nosso reconhecimento de que nascemos do pecado e, portanto, indefesos; do Deus que parecia se deliciar em castigar os pecadores; do Deus que, conforme nos ensinaram, se glorificava com nossa dependência infantil e rasteira. Louvar esse tipo de Deus não nos permitia desenvolver e nos transformar na nova humanidade que ora reivindicamos, mas nos mantinha como o barro buscando passivamente ser moldado pelo divino oleiro.

Sim, é claro que o crescimento é dolorido. Nessa investida além do teísmo, sacrificamos aquele que nos foi apresentado como nosso eterno e onipotente protetor. Essa perda, entretanto, é compensada pelo ganho que Paulo citou como "a gloriosa libertação dos filhos de Deus" (Rm 8,21). Ganhamos a liberdade de viver, de amar e de existir.

Não estamos sozinhos, apesar do que dizem aqueles que nos censuram por estarem agarrados a suas imagens teístas agonizantes e às definições do passado. Nós realmente nos adentramos em Deus, somos co-participantes, co-criadores, encarnações do próprio Deus.

Nesse novo papel, não temos pretensões milagrosas nem mágicas. Não supomos que a vida seja justa nem defendemos a divindade teísta quando a vida é severa. Não cultivamos uma falsa segurança; estamos cientes de que o perigo se esconde em muitos cantos e sabemos que a proteção externa que um dia procuramos era apenas uma ilusão. Aquela ilusão agora deixamos de lado, pois sabemos que ilusões não se tornam realidade simplesmente porque necessitamos que assim seja. A imaturidade não desaparece se não nos apossarmos de nossa vida para vivê-la responsavelmente. Deus não se torna real porque assim gostaríamos. Deus só é real se Deus *é* real.

Essa é a realidade de Deus, que agora é minha experiência. Eu a abraço corajosamente, sem pedir desculpas. Creio que é a experiência daquilo que é atemporal e verdadeiro e é tudo o que eu poderia desejar que Deus fosse. Minha vida revela a vida divina. Amo com amor divino e compreendo o que santa Catarina de Gênova quis dizer quando falou "Meu eu é Deus", assim como sua afirmação de que a individuação não se encontra a não ser em Deus. Esse tema ecoa repetidas vezes nos escritos dos grandes místicos medievais, como Meister Eckhart e Julian de Norwich.[6] Entendo o que o autor da epístola de João quis dizer quando escreveu "Deus é amor" (I Jo 4,16). Compreendo o Deus da sarça ardente, que foi denominado o grande "Eu sou". Sei o que Paulo de Tarso quis dizer quando escreveu "pela graça de Deus sou o que sou" (I Cor 15,10). Sei o que Paul Tillich quis dizer ao nos instigar a vivenciar "a coragem de ser".[7] E agora, como um ser humano maduro que deixou de ser uma criança dependente a pedir proteção, posso aceitar minha parcela de responsabilidade pela formação de meu mundo e advogo essa nova percepção espiritual. A morte do Deus-pai do teísmo é também um chamado à maturidade religiosa – um chamado para ser um portador de Deus, uma fonte de vida, de amor e de existência para o mundo. É um chamado para sermos o que os cristãos denominam de Corpo de Cristo, a comunidade através da qual Deus é experimentado.

Muitos indagarão se esse conceito de Deus, que tateio em busca de palavras que o transmitam, terá continuidade suficiente para me conectar com o que eles descrevem como a figura paternal que melhor satisfaz o emocional, aquela divindade que outrora acreditávamos que habitava os céus. Minha resposta a essa pergunta é um sim ressonante. Minha afirmação reflete minha convicção de que a experiência de Deus é sempre a mesma. É apenas nossa descrição desse Deus que muda, e nossa descrição é perpetuamente mutante. Teísmo é uma descrição humana de Deus que morreu. Minha busca é caminhar além do massacre dessa descrição e alcançar um novo sentido de Deus – um Deus que não se encontra além ou fora da vida, mas em seu âmago.

Minha mente, minha integridade, meu questionamento intelectual e minha experiência de Deus – tudo isso se reúne nessa nova imagem. Minha esquizofrenia religiosa acabou. O teísmo está morto, proclamo com alegria, mas Deus é real. Quando me coloco na presença desse Deus que habita a essência da vida, sei exatamente por que me defino como uma pessoa alegre e apaixonadamente convicta da realidade de Deus.

V

O Cristo original: antes da distorção teísta

Fomos traídos pela Bíblia. Nesses últimos cinqüenta anos houve um reconhecimento tardio de que o cristianismo biblicamente fundamentado defendeu causas que nenhuma pessoa pensante ou consciente se dispõe a endossar. Já nos saturamos da perseguição contra judeus e bruxas; da justificação da escravidão de negros; da repressão contra as mulheres, o sexo e a sexualidade; e da defesa intransigente de um clérigo masculino dominante e que se autopromove... Não podemos, não devemos recuar diante do compromisso com a ignorância e a má interpretação que alimenta tão absurdo mau uso das Escrituras.[1]

ROBERT W. FUNK
Diretor do Seminário de Jesus

A essa altura já admitimos a possibilidade de que o Deus teísta esteja morto – talvez até mesmo já tenhamos tomado essa decisão. Ao chegarmos a essa conclusão, percebemos que temos que renunciar a essa divindade para sempre. Mas de repente, de maneira atemorizante, nos damos conta de que, ao abandonar o teísmo, muitas coisas que nos são sagradas – conceitos e crenças profundamente ligados às definições teístas – também vão desaparecer. Estamos diante de um profundo "efeito dominó" teológico. Ao reconhecer essas ramificações, somos tentados a recuar por temor, mas temos que resistir a essa tentação. Há apenas uma única alternativa de afirmação da vida quando surge uma reforma: dar um passo firme para dentro da nova arena espiritual – na qual todas as definições do passado estão abertas ao debate e à reformulação – e inspirar profundamente esse novo ar. Esta é nossa situação atual: temos que escolher entre a refutação do passado e o revigorante frescor dos ares do futuro.

Espero que nos capítulos anteriores eu tenha estabelecido um parâmetro marcante: ir além das definições teístas de Deus não é ir além de Deus. É de fato abrir nossa experiência de Deus para uma vasta série de novas possibilidades explanatórias. É convidar as pessoas do nosso mundo que estão espiritualmente famintas – embora não de um teísmo decadente – a entrar para uma nova fonte de significado. É transpor as estreitas bases da abordagem ocidental de Deus como forma de um despertar espiritual mundial, visualizando a possibilidade e trabalhando pela realidade de um diálogo que nos conduza a uma união intercrenças jamais imaginada como possível. É abraçar a reforma radical que será necessária para que o cristianismo sobreviva neste terceiro milênio e não se torne irrelevante e marginalizado, às bordas da sociedade secular. Embora seja gigantesco o passo da renúncia à definição teísta de Deus, ele é, contudo, apenas o primeiro passo. Por mais estimulante que seja, estamos apenas no início de nossa jornada.

Já que somos filhos do Ocidente, devemos olhar primeiro para o símbolo básico de nossa história de fé: Jesus, chamado Cristo. Será concebível que possamos contar a história de Cristo à parte do conceito do Deus teísta? O futuro do cristianismo e as possibilidades de uma nova reforma serão determinados, estou convencido, por nossa resposta a essa pergunta. Minha resposta imediata é: podemos e devemos! Entretanto, vamos abordar primeiramente o aspecto do "devemos", pois é nele que enfrentamos a desconstrução dos atualmente inadequados conceitos religiosos do passado. Esses conceitos precisam ser deixados de lado. O aspecto do "podemos" de minha resposta envolve a reconstrução que certamente será realizada sobre novas bases.

O CRISTO ORIGINAL

Essa reconstrução, que acontecerá logicamente no tempo apropriado, constitui a própria essência deste livro.

Por que devemos contar a história de Cristo à parte do conceito teísta de Deus? Simplesmente porque o teísmo residual do passado está atualmente estrangulando a própria vida do cristianismo. O conteúdo teísta de Deus, que desde cedo foi tão fortemente amarrado em torno de Jesus de Nazaré, torna praticamente impossível enxergar qualquer significado na pessoa de Jesus atualmente. Portanto, se não soltarmos as amarras do teísmo que estão sobre Cristo, a morte do teísmo certamente implicará a morte do cristianismo.

Se o ser sobrenatural que habita acima do céu e invade nossa vida periodicamente para cumprir os propósitos divinos não é mais levado em conta e já não representa uma possibilidade de crença para o homem e a mulher modernos, conseqüentemente temos que reconhecer que Jesus *compreendido como encarnação dessa divindade teísta* é igualmente sem futuro. O Jesus da entrada sobrenatural para a vida através do milagre do nascimento pela virgem; o Jesus da saída sobrenatural deste mundo pelo milagre da ascensão cósmica; o Jesus que, em sua existência terrena, realizou atos próprios de Deus, como andar sobre a água, acalmar a tempestade, curar os doentes, ressuscitar os mortos e alimentar uma multidão com cinco pães – esse Jesus é pouco mais que um retrato terreno do Deus teísta em forma humana. Se hoje o teísmo está morrendo por causa da casualidade do avanço do conhecimento, então a concepção de Jesus como encarnação dessa divindade teísta também está mortalmente ferida.

Mas Jesus é só isso? Será que ele desaparece ao serem removidas suas roupagens teístas? Ainda sobra alguma coisa dele uma vez retirada a interpretação teísta de sua vida? Sempre que esse assunto é abordado em meios tradicionalmente liberais – e isso tem acontecido com certa freqüência nos últimos séculos –, o retrato de Jesus que resulta é aquele de um grande ensinador. Um de meus professores mais estimados, Walter Russell Bowie, constantemente se refere a Jesus como "o Mestre".[2] Esse título o revela como bom e nobre, mas não sugere origem externa nem valor eterno.

Além do mais, o conteúdo do ensinamento de Jesus nem era tão original. Muito do que ele falava já se encontrava nas Escrituras hebraicas que formaram sua vida. O resumo da lei – amar a Deus em primeiro lugar e ao próximo como a si mesmo – encontra-se na Torá (cf. Dt 6,5 e Lv 19,18). A lei denominada "dourada" é por vezes citada negativamente, mas está presente em muitos outros textos sagrados. Os longos trechos de ensinamentos contidos nos Evangelhos de Marcos (10-12), Mateus (19-20) e Lucas (9,51-19,40) – que cobrem o período do trajeto de Jesus desde a Galiléia até o encontro com o destino em Jerusalém – são moldados, podemos argumentar, deliberadamente sobre a história de Moisés, quando este dava as instruções finais sobre diversos assuntos a seu povo antes de sua partida, conforme relatado no livro de Deuteronômio.[3] Muitas parábolas atribuídas a Jesus podem ser relacionadas a fontes do Antigo Testamento ou do Talmude.[4]

Joachim Jeremias, notável estudioso do Novo Testamento, argumenta que a única coisa realmente nova no ensinamento de Jesus foi sua utilização do termo íntimo aramaico *Abba* (Pai amado) para se referir a Deus.[5] Tudo isso sugere que o Jesus humano, entendido como professor ou sábio, mal faria jus ao significado atribuído a sua vida, e contribui para o argumento de que retirar dele a interpretação teísta é destruí-lo como supremo ou único pensador religioso.

Robert Funk, fundador do Seminário de Jesus, sugere que Jesus deveria ser "rebaixado".[6] Para algumas pessoas, essa chamativa frase é um apelo a uma nova liberdade, mas para outras mais tradicionais é um insulto e até uma ameaça. Funk, estudioso notório e talentoso, dá voz, com essa sugestão, ao fato de que a estrutura teísta na qual Jesus foi capturado não tem mais credibilidade nem atrativo para nossa geração. Ser cristão sem enfrentar esse fato é estar fora da realidade. Entretanto, como tantos outros críticos do sobrenaturalismo e do pensamento teísta, Funk também presume que as únicas outras alternativas ao sobrenaturalismo são o naturalismo e a remoção dos atributos divinos de Jesus. Se remover as interpretações teístas de Jesus constitui o rebaixamento que Funk propõe, sou a favor; mas o Jesus que sobra ao final de sua empreitada mais parece um Jesus condenado judicialmente, destruído. Essa abordagem jamais se detém em questionar o que houve de especial na vida de Jesus que justifique e dê origem a essas interpretações teístas.

O CRISTO ORIGINAL

Proponho que iniciemos essa discussão pelo reconhecimento de que o teísmo é apenas *uma* definição de Deus e que *nenhuma* definição de Deus equivale a Deus. Os atributos divinos de Jesus não podem depender de uma definição desatualizada de Deus. Então estou disposto a seguir a recomendação de Robert Funk na tarefa de extirpar os atributos teístas da vida de Jesus, mas nesse processo começarei a apontar para uma nova definição de Deus que é consonante com a humanidade de Jesus.

Talvez o segredo esteja na forma como os críticos do pensamento não-teísta tentam fazer sua defesa contra a desconstrução de Jesus. Eles alegam que, se Jesus não é a encarnação da divindade teísta, ele seria *apenas* um ser humano. A utilização da palavra "apenas" me intriga. Creio que podemos expandir nosso conceito limitado do que significa sermos humanos até o ponto de rompê-lo, o que permitirá que abracemos uma nova visão da grandiosidade e transcendência humana. O resultado será uma humanidade tão profunda e poderosamente delineada que a barreira artificialmente imposta entre o humano e o divino desaparecerá, e assim poderemos reconhecer que essas duas palavras – *humano* e *divino* – não apontam para entidades separadas; ao contrário, elas são como dois pólos de um mesmo *continuum* que parecem separados e distintos, mas, ao se viajar de um para o outro, descobre-se que suas sombras se mesclam e se invadem mutuamente. Busco uma cristologia que preserve a divindade, mas não o teísmo sobrenatural – distinção freqüentemente ignorada. Busco em Jesus um ser humano que, todavia, transmite e torna visível e compulsória a Base de Toda Existência. Lembro aos meus leitores, mais uma vez, que entrei neste campo de investigação especificamente como cristão, como alguém que acredita ter encontrado o Santo Deus em Jesus de Nazaré.

A primeira coisa que devemos reconhecer é que os conceitos teístas utilizados para capturar e interpretar Jesus de Nazaré é que estão em jogo nesta análise, não a presença de Deus que esses conceitos foram designados a comunicar. A visão primordial que busco estabelecer é que a interpretação teísta de Jesus aparentemente não é original. De fato, se estudarmos bem os textos, conseguiremos observar como o teísmo foi sendo introduzido na história de Jesus, crescendo até o ponto de excluir qualquer outra possibilidade.

A melhor forma de engajar-se nessa visão é através da leitura do Novo Testamento, não na ordem apresentada nas nossas Bíblias atuais, mas na ordem cronológica em que os livros foram escritos. De acordo com a maioria dos estudiosos da Bíblia, isso significa que devemos começar pelos dois registros mais antigos do Novo Testamento: Paulo e o chamado "documento Q". Alguns acrescentariam à lista o Evangelho de Tomás, descoberto recentemente. Examinemos brevemente todos eles.

Vamos iniciar pelo documento Q, pois é o menos conhecido e ainda sujeito a vigoroso debate. Q é abreviação da palavra alemã *Quelle*, que significa "fonte". Foi assim denominado pelos estudiosos alemães que descobriram o material no século XIX, e o nome que escolheram ficou. A teoria Q derivou de uma comparação entre os Evangelhos de Mateus e Lucas. É evidente que ambos utilizaram o livro de Marcos para a construção de seus textos. Mateus utilizou 90% do texto original de Marcos, acrescentando no início uma "genealogia" (cf. Mt 1,1-17), uma narrativa da natividade (1,18-2,23), uma história expandida do batismo (3,1-17), uma versão expandida das tentações (4,1-11), um longo trecho denominado Sermão da Montanha (5-7) e mais algum material. Do capítulo 13 em diante, Mateus rastreia cuidadosa e fielmente o texto de Marcos.

O autor do Evangelho de Lucas é menos dedicado à fonte de Marcos, mas segue sua forma básica, também com acréscimos significativos no começo e no fim. Nesse processo, Lucas incorpora mais de cinqüenta por cento do texto de Marcos. Portanto, Mateus e Lucas claramente se utilizaram de uma fonte comum. Desse modo, podemos comparar os Evangelhos dos dois, mas, ao retirar deles toda a parte baseada em Marcos, surge uma nova percepção: os livros de Mateus e de Lucas contêm bastante material comum, de outra origem que não Marcos.

Analisando esse material isoladamente, podemos deduzir, pelas semelhanças, que havia um documento anterior, perdido, ao qual tanto Mateus como Lucas tiveram acesso. Essa teoria fascinante inspirou estudiosos como Burton Mack a escrever sobre "o Evangelho perdido".[7] Outros dedicaram a vida ao estudo do material Q.[8] Volumes teológicos sobre o documento passaram a ser escritos.[9]

O CRISTO ORIGINAL

A data atribuída ao material Q, de acordo com os estudiosos, é meados do primeiro século.[10] Se isso for verdade, Q torna-se testemunha primária da investigação sobre Jesus. Estudiosos sérios do assunto, como aqueles do Seminário de Jesus, consideram o material Q como chave para seus esforços, pois os remete ao ponto mais próximo do Jesus histórico que qualquer outro documento.

A elevação do Evangelho de Tomás ao cânone de escritura pelo Seminário de Jesus[11] e a tentativa de fixar a data desse documento nos primórdios da história do cristianismo provêm da necessidade de demonstrar que as conclusões dos estudos são baseadas em documentos antigos. De fato, a descoberta de um texto, praticamente completo, da tradução compilada do Evangelho de Tomás em Nag Hammadi, no Egito, em 1945, foi considerada confirmação da autenticidade do documento Q e da antiguidade de sua origem. Nessas premissas, essa descoberta demonstra que coletâneas dos ensinamentos de Jesus, como essas duas fontes – documento Q e Evangelho de Tomás –, ocorreram nos primórdios da história do cristianismo.

Se aceitarmos a validade e a data de origem da hipótese Q e do Evangelho de Tomás, poderemos ressaltar, para os propósitos de nossa investigação, que não há histórias de milagres nesses documentos. Não há histórias de nascimento sobrenatural nem de ascensão sobrenatural. Não há narrativas de crucificação nem de ressurreição. Não há parábolas. Não há nada que apresente Jesus na linguagem teológica sobrenatural que posteriormente o cercou. Ele é citado como um sábio, um professor erudito e às vezes até um cômico.

Portanto, essas fontes nos apresentam um Jesus de Nazaré que não era uma divindade visitante, nem a encarnação de um Deus sobrenatural, nem um taumaturgo. Ao menos isso indica que a armadura sobrenatural que depois foi colocada em Jesus não é original. Entretanto, não nos fornece muito além de retratar um homem sábio e um professor respeitado o suficiente para que seus ensinamentos fossem dignos de preservação.

Caso não aceitemos a veracidade desses documentos e suas datas de origem, restam-nos os textos bíblicos como fontes mais antigas para nossa análise.[12] O primeiro escritor dos textos canônicos do Novo

Testamento foi Paulo. Embora esse fato seja notório e reconhecido nos meios acadêmicos, é pouco conhecido das pessoas nos bancos das igrejas, talvez porque o Novo Testamento comece com os Evangelhos, seguidos de Atos, e aí sim vêm as epístolas de Paulo. Paulo descreve a vida após o tempo de Jesus, enquanto os Evangelhos relatam as coisas que Jesus disse e fez. O resultado é que as pessoas têm a tendência, até inconsciente, de ler Paulo pela perspectiva dos Evangelhos.

Entretanto, o fato é que Paulo foi convertido, batizado, tornou-se missionário, comprometeu-se com a tarefa controvertida de definir a fé cristã contra opositores poderosos como Pedro e Tiago – a quem ele chamou "irmão do Senhor" –, completou todas as suas viagens, escreveu suas epístolas e foi preso e executado em Roma antes de serem escritos quaisquer dos quatro Evangelhos canônicos. Não há evidências de que Paulo tenha tido acesso a algum Evangelho nem a suas citações, caso eles já tivessem sido de fato escritos. As epístolas de Paulo datam do período entre 50 e 64 d.C. O Evangelho mais antigo, o de Marcos, é geralmente atribuído aos anos entre 65 e 75 d.C., mas prefiro datá-lo em torno do ano 72 d.C., como explicarei adiante.[13] O importante é que temos em Paulo a testemunha indiscutivelmente mais antiga da história de Jesus.

Isolar Paulo e deliberadamente tentar não ler seus textos pela perspectiva dos Evangelhos posteriores nos traz revelações fascinantes.[14] Por exemplo, não há em Paulo nenhuma referência à natividade miraculosa; ele apenas diz: "Jesus nascido de mulher, nascido sob a lei" (Gl 4,4). Não há insinuação do conceito de virgindade na utilização do termo *mulher*. Aparentemente ele se refere a um nascimento normal, que não difere do de qualquer outra pessoa. Mais tarde ele diz que Jesus "veio da descendência de Davi segundo a carne" (Rm 1,3), e isso não denota nenhum milagre. Além do mais, nos escritos de Paulo não consta nenhuma história de milagres.

Também não há nos escritos de Paulo indicação de que ele entendesse a ressurreição de Jesus como uma ressurreição física, embora certamente lesse a ressurreição como realidade. Ele argumenta que, "se Cristo não ressuscitou, é vã nossa fé" (I Cor 15,14), mas isso nada tem a ver com corpo e sangue – Paulo tem uma profunda percepção de Jesus vivo, uma presença divina contínua. Em Filipenses (2,5-11) ele retrata Jesus como a vida na qual Deus derramou a natureza divina. Em II Coríntios (5,19), indica sua convicção de que nos comprometemos com Deus no momento em que encontramos Cristo, que ele considera o retrato humano do ato divino da reconciliação. Em Romanos (1,1-4) ele diz que Jesus foi designado Filho de Deus pela ressurreição, que pode ser interpretada como o momento no qual Deus adotou Jesus em sua presença eterna e talvez até em sua divindade.

A visão de Paulo sobre a ressurreição aparentemente sugere que aquilo que posteriormente a Igreja dividiu em dois eventos distintos – a ressurreição e a ascensão – eram, para ele, os dois lados da mesma moeda, ou seja, Deus havia ressuscitado Jesus da morte trazendo-o a sua presença e ao verdadeiro significado de Deus. No entender de Paulo, foi do lugar celestial para onde Jesus foi elevado que o Cristo ressuscitado se revelou a algumas testemunhas escolhidas.

Ratificando essa idéia, há o fato de Paulo ter relatado sua própria experiência de conversão como uma aparição da ressurreição semelhante a todas as outras que ele descreve, sendo a sua em último lugar (cf. I Cor 15,1-10). Não há em Paulo referência alguma a túmulo vazio, o que indica seu desconhecimento desse fato.[15] Ele utiliza a simbologia dos "três dias" ao se referir à ressurreição (cf. I Cor 15,4), o que denota sua conexão com a tradição segundo a qual o primeiro dia da semana é reservado para celebrar a ressurreição; mas esse é o limite máximo de sua ligação com as tradições que se desenvolveram posteriormente.

Em duas ocasiões Paulo diz que está repassando algo que lhe foi passado, terminologia que sugere a existência de uma tradição anterior. Ao analisarmos esses casos, podemos postular algumas conclusões interessantes. Uma das referências em questão é seu relato dos eventos que atualmente associamos à Quinta-Feira Santa e à instituição da ceia eucarística na Igreja (I Cor 11,23-26). Nesse texto, Paulo usa a palavra grega que literalmente significa "entregue" ou "passado adiante", mas que também pode significar "traído", como foi tradicionalmente traduzida na Bíblia. É interessante observar, entretanto, que Paulo não menciona que essa "entrega" tenha sido feita por um dos doze discípulos, o que poderia indicar que a história da traição de Judas também foi acrescentada posteriormente.

Essa idéia é reforçada pela leitura da segunda passagem paulina, que se refere a passar adiante um entendimento preestabelecido, uma tradição anterior – referente aos eventos finais da vida de Jesus (cf. I Cor 15,1-10). Nesse trecho, Paulo diz que Jesus foi morto e sepultado, ressuscitou ao terceiro dia e foi visto por diversas testemunhas. Após a primeira aparição a Cefas (Pedro), diz Paulo, o Cristo ressuscitado "se manifestou aos doze", grupo que certamente incluía Judas Iscariotes. Mais uma vez, podemos deduzir que Paulo não tinha ouvido falar do relato que posteriormente sugeriria que um dos doze, Judas, teria sido o autor da "entrega" – ou seja, traíra Jesus. Após a entrada da história de Judas na tradição cristã, autores como Mateus contam que Jesus apareceu a apenas onze discípulos.

Essas passagens de Paulo começam a abrir nossa mente à possibilidade de que muitos fatos da narrativa da Paixão, incluindo a história do traidor e a elaborada tradição funerária, sejam lenda desenvolvida.[16]

Portanto, em Paulo pouco encontramos da estrutura teísta e do sobrenaturalismo imposto que se desenvolveu posteriormente. Mas, ao mesmo tempo, a leitura de Paulo nos passa uma poderosa sensação de que, para esse judeu culto, pupilo de Gamaliel, Deus estava, de alguma forma, intensamente presente em Cristo. Havia em Paulo uma percepção real de que a história da ressurreição significava a elevação de Jesus por Deus à esfera divina, tornando-se um com Deus, e que jamais esse Jesus poderia ser compreendido à parte do Deus que foi revelado nele.

Até o próprio Deus parecia incompleto para Paulo se separado de Jesus (cf. Fl 2,9-11 e Rm 1,4). Esse foi um testemunho notável e não deve ser subestimado, apesar de não ter sido entendido na linguagem teísta da invasora divindade sobrenatural. Talvez o judaísmo de Paulo fosse tão profundo que não lhe permitiu imaginar, nem definir, nem mesmo abraçar intelectualmente o Deus que ele adorava, ou mesmo o Deus que ele havia encontrado em Cristo. Paulo tinha aquela consciência judaica de que vivemos em Deus. De fato, quando ele falava em estar "em Cristo", claramente entendia que era o mesmo que "estar em Deus" (cf. Fl 1,21,23). Então, o argumento de que a definição teísta que cercou Jesus era original e de que sem ela a natureza divina de Jesus era questionável se defronta com o testemunho primordial de Paulo – e os argumentos são furados e esvaziados.

Com isso não quero dizer que Paulo não tinha uma visão teísta de Deus, como tinham todos os judeus da época. Certamente o tinha, e Deus para Paulo era um ser que habitava no alto, no céu. Ele escreveu: "Se fostes ressuscitados juntamente com Cristo, buscai as coisas lá do alto, onde Cristo vive, assentado à direita de Deus" (Cl 3,1). Ele conta também uma experiência mística de alguém que foi "arrebatado até o terceiro céu" (II Cor 12,2-5). O que estou afirmando é que a linguagem da encarnação e da trindade de um teísmo mais avançado ainda não havia sido incorporada a Jesus, embora a experiência de Deus já lhe tivesse sido atribuída. Meu argumento é que, se essa linguagem teísta não estava originalmente com Jesus, significa que era temporal, portanto não eterna. E Paulo é a primeira testemunha canônica a apoiar essa visão, juntamente com o documento Q e Tomás – para aqueles que aceitam a veracidade destes –, na formação de um testemunho diferente.

Na época em que Marcos escreveu seus textos (65 a 75 d.C.), já se iniciava a interpretação teísta de Jesus, embora ainda não fosse dominante, nem sequer nesse primeiro Evangelho. Marcos abre sua história com a assertiva de que aquele é o "Princípio do Evangelho de Jesus Cristo, Filho de Deus" (1,1), e faz com que Deus ratifique essa definição com uma voz celeste no relato do batismo de Jesus (cf. 1,11). Mas a história de Marcos trata do espírito de Deus derramado em Jesus, designando-o como Deus-presente, um ser humano impregnado do espírito de Deus, e não uma divindade teísta mascarada de ser humano.

Entretanto, aparecem algumas histórias de milagres no texto de Marcos. Jesus é capaz de curar os enfermos, incluindo os aleijados (cf. 1,40-2,12) e os cegos (cf. 8,22-26), além de expulsar demônios (cf. 1,21-28). Ele não relata casos específicos de cura de surdos, mas registra que isso ocorreu (cf. 7,32 e 37), o que é confirmado nos Evangelhos posteriores (cf. Mt 11,5 e Lc 7,22). Em Marcos, Jesus é também retratado como possuidor de poderes sobre as forças da natureza (cf. 6,45-53). Ele alimentou multidões com uma mera porção de cinco pães e dois peixes (cf. 6,30-44), por exemplo.

Mas devemos observar que em Marcos não há história de nascimento milagroso, e a mãe de Jesus é retratada de forma até um pouco negativa, pois ela acompanha os irmãos de Jesus quando vão prendê-lo (cf. 3,20-35 e 6,1-6); essas duas passagens transmitem a idéia de que os membros da família de Jesus o consideravam mentalmente perturbado e que ele se tornara um constrangimento para seu clã. Convenhamos que essa não seria a atitude de uma mãe virgem que tivesse recebido a visita de um anjo para informá-la que seria portadora do filho de Deus (cf. Lc 1,26-35). Claramente Marcos não conhecia a tradição do nascimento milagroso, e para ele esse não seria um ingrediente necessário na constatação da experiência do Deus-presente, que ele percebia como o real significado de Jesus de Nazaré. Ele atribui a Pedro a confissão de que Jesus é o Cristo, o Messias, o Deus-presente (cf. 8,27-30).

Marcos também incorpora alguns símbolos do pensamento apocalíptico judaico à história da crucificação de Jesus. A escuridão que cobriu a terra, o símbolo dos três dias e a Páscoa no primeiro dia da semana são bastante utilizados pelos escritores da literatura apocalíptica.[17]

É estranho notar, entretanto, que no relato de Marcos sobre a ressurreição há um mínimo de sobrenaturalidade, e essa foi a primeira narrativa bíblica desse evento. O Jesus ressuscitado, por exemplo, não consta em seu texto. Em vez disso há a história das mulheres que visitaram o túmulo na madrugada do primeiro dia da semana, seguida da cena do túmulo vazio e da palavra do mensageiro, ainda não descrito como anjo, que conta às mulheres sobre a ressurreição de Jesus e lhes pede para irem contar aos discípulos e a Pedro que Jesus iria antes deles para a Galiléia, onde os encontraria (cf. 16,1-8). Marcos diz que, em vez de repassar o recado, elas fugiram possuídas de temor e "nada disseram a ninguém" (16,8). E é nesse tom que termina o Evangelho de Marcos.

Posteriormente os cristãos acharam esse desenlace tão desconcertante, à luz do surgimento da onda de imagens sobrenaturais e teístas, que compuseram novos desenlaces para o que consideraram um Evangelho *incompleto*. Esses desenlaces – um mais longo e outro mais resumido – foram incorporados à Bíblia na versão de King James e ao rodapé de outros textos.[18] Estudiosos do Novo Testamento, entretanto, não têm dúvida de que a autenticidade do Evangelho de Marcos atual termina no versículo 8 do capítulo 16, mas não são unânimes em afirmar que a *intenção* de Marcos era terminar nesse ponto, e alguns chegam a especular que o final original tenha se perdido. Pessoalmente suponho que Marcos concluiu mesmo seu livro no versículo 8 do capítulo 16, porque ainda não havia captado plenamente as definições teístas de Deus que começavam a envolver a história de Jesus.

Na verdade, creio que ainda se detecta em Marcos a influência dos cultos praticados nas sinagogas judaicas. Isso significa que muitas histórias que aparentemente refletem um entendimento teísta e sobrenatural de Jesus são de fato a tentativa de Marcos de interpretar Jesus nos termos dos símbolos tradicionais da fé judaica.

Paulo se referiu a Jesus como "nosso cordeiro pascal" (I Cor 5,7), fazendo uma analogia com o animal sacrificado no ritual judaico da comemoração pascal. Marcos torna essa referência mais explícita quando conta a história da morte de Jesus nos termos da Páscoa judaica (cf. 14,1-15,42). Quando encadeamos cronologicamente a história da morte de Jesus com o sacrifício do cordeiro pascal e voltamos para trás no Evangelho de Marcos, sobre o resto do calendário litúrgico judaico, descobrimos uma espantosa confluência de semelhanças. Começa a evidenciar-se que Marcos estabeleceu uma correlação entre sua narração da história da vida de Jesus e as celebrações litúrgicas do judaísmo do primeiro século.

Por exemplo, a história da transfiguração de Jesus é colocada por Marcos (cf. 9,2-8) no momento do calendário litúrgico em que os judeus comemoravam a Festa das Luzes. Nessa festa, os judeus celebram o tempo em que a luz de Deus foi restaurada no Templo. Agora, diz Marcos, com o Templo destruído (como ocorreu no ano 70 d.C.),[19] temos em Jesus o novo templo, o novo ponto de encontro entre Deus e a vida humana. Em sua narração da transfiguração, a luz de Deus é derramada não sobre o Templo, mas sobre Jesus, no momento em que os dois pilares da adoração judaica – Moisés, o pai da lei, e Elias, o pai dos profetas – se tornam testemunhas da supremacia de Jesus (cf. 9,2-8).

Retrocedendo mais um pouco no calendário judaico, chegamos à Festa dos Tabernáculos, a comemoração da colheita, que durava oito dias. Exatamente nesse ponto do Evangelho, Marcos retrata Jesus contando parábolas sobre a colheita, revelando poder divino sobre a natureza (cf. 4,1-41), com material suficiente para cobrir os oito dias.

Continuando nessa correlação, voltemos ainda mais um pouco e encontramos o Yom Kippur, o Dia do Perdão. Exatamente nesse ponto Jesus é retratado por Marcos curando os enfermos, curando os paralíticos pelo perdão dos seus pecados, convidando o impuro cobrador de impostos, Levi, ao discipulado e falando sobre o jejum (cf. 1,21 e 2,22). Naquela época acreditava-se que a doença era causada por pecados, portanto a purgação no Dia do Perdão restauraria a saúde das vítimas. Expulsar demônios também era tarefa divina de Jesus, já que o reino de Deus iniciava sua entrada na história através dele, e as forças demoníacas eram inimigas do reino. Demônios eram a interpretação sobrenatural do primeiro século para anormalidades como epilepsia, doenças mentais, surdez e mudez. Essa série de episódios claramente tinha um sabor de Yom Kippur.

Finalmente, ainda voltando para trás no pergaminho de Marcos, descobrimos que ele inicia sua história de Jesus na época do Ano-Novo judaico, o Rosh Hashanah. Esse certamente seria um ponto de partida apropriado caso o Evangelho de Marcos tivesse sido escrito com o objetivo de fornecer leituras cristãs para aumentar ou enriquecer as celebrações das principais festas do ano litúrgico judeu na sinagoga, do Ano-Novo à Páscoa. O Rosh Hashanah chamava o povo ao arrependimento pela expectativa da proximidade do reino de Deus; Marcos coloca essa mensagem na boca de João Batista, associando-o às conhecidas palavras litúrgicas utilizadas nas celebrações do Ano-Novo na sinagoga: "Preparai o caminho do Senhor, endireitai suas veredas" (Mc 1,1-11). Esse tema é enfatizado em Mateus, em que João proclama a mensagem essencial do Rosh Hashanah: "Arrependei-vos, porque está próximo o reino dos céus" (Mt 3,2).

Se pudermos estabelecer que o ano litúrgico judaico, pelo menos do Rosh Hashanah (Ano-Novo) à Páscoa (a história da libertação), tenha sido o princípio organizador e, portanto, o esquema básico do Evangelho de Marcos, a conclusão lógica é que o primeiro Evangelho a ser escrito foi designado a contar a história de Jesus de forma que pudesse ser lida nas celebrações sabáticas de adoração corporativa na sinagoga, culminando com a narrativa da ressurreição, que coincidia com o sábado posterior à Páscoa. Dessa forma, fica demonstrado que o Evangelho de Marcos não é uma biografia, como supõe a maioria das pessoas, mas um texto litúrgico que posteriormente foi mal interpretado como uma biografia histórica.

No Rosh Hashanah, os judeus, à medida que oravam pela vinda do reino de Deus, também ensaiavam os sinais que acompanhariam esse evento. Esses sinais tinham origem primeiramente no capítulo 35 de Isaías, leitura comum durante esse festival. Naquela passagem o profeta escreve que na chegada do reino de Deus os cegos verão, os surdos ouvirão (cf. 35,5), os coxos andarão e os mudos falarão (cf. 35,6). Certamente pode-se argumentar que, sob a influência dos escritos de Marcos, João Batista tornou-se o *shofar* humano, a trombeta de Deus, tocada no Rosh Hashanah para reunir o povo e anunciar o despontar do reino de Deus. Jesus foi considerado o instrumento para trazer o reino e os primeiros frutos desse reino, portanto sua vida fora marcada pelos sinais da presença do reino. Assim o Evangelho de Marcos foi interpretado literalmente por leitores posteriores que não compreendiam a utilização dos símbolos judaicos. Em vez de esses episódios milagrosos serem vistos como sinais do reino de Deus atribuídos a Jesus, eles foram entendidos como uma invasão do Deus teísta no percurso da história humana; conseqüentemente, Jesus foi interpretado como a encarnação de um poder teísta sobrenatural. Ele era taumaturgo, diziam, e demonstrava seu poder sobrenatural curando os enfermos, cegos e surdos.

A meu ver, essas histórias de cura, como utilizadas por Marcos, não eram narrativas de milagres, como os povos ocidentais as têm tradicionalmente interpretado, mas apenas a forma teológica que Marcos encontrou de atribuir à vida de Jesus os sinais da presença do reino de Deus. A transformação da interpretação teológica em milagres literais não foi exatamente uma conquista teísta, embora tenha se prestado a isso posteriormente.

Portanto, as primeiras testemunhas de Jesus – Paulo, talvez Q, Tomás e até Marcos – retratam um Jesus cuja vida ainda não tinha sido enquadrada no molde teísta, embora fosse visto como Deus-presente, uma vida através da qual o reino de Deus se introduz na história humana. É nele e através dele que Deus se torna visível. Essa é a experiência que precisamos abraçar. Jesus foi uma vida humana através da qual as pessoas experienciaram a presença de Deus, e essa experiência é documentada antes do tempo em que as explicações teístas lhe foram acrescentadas. Essas explicações podem ser postas de lado, como de fato têm sido em nossa geração, mas a experiência permanece intacta. Temos que percorrer um fio interpretativo delicado para separar a experiência da explicação. Mas um Cristo vivo, visto como origem de um novo cristianismo para um novo mundo, exige que o façamos.

Vale lembrar que Marcos termina sua história da crucificação com as palavras do centurião: "Verdadeiramente, este homem era Filho de Deus" (cf. 15,39). Desvencilhando Jesus dos conceitos moribundos do teísmo, talvez possamos ratificar essa frase em nossos dias com poder renovado e autêntico. Pelo menos vale notar que, nos registros mais antigos de nossa história de fé, Jesus não é vítima de uma distorção teísta total. Essa distorção não tardou, como veremos adiante, mas não é original; foi acrescentada a um retrato anterior de Jesus. Por ter sido acrescentada, também pode ser retirada: a interpretação teísta de Jesus não precisa ser eterna. O teísmo pode morrer.

De qualquer modo, algo nesse Jesus fez com que fosse essencial que em sua época a linguagem teísta fosse utilizada para explicá-lo. Esse "algo", esse Deus-presente, é o que buscamos. Esse "algo" precede a dominação teísta e por isso mesmo talvez não tenha que morrer junto com o teísmo quando este entrar em colapso. Por enquanto, registremos e arquivemos esse *insight*, ao qual retornaremos no capítulo VIII, completando essa análise bíblica.

VI

ASSISTINDO À CAPTURA DO CRISTIANISMO PELO TEÍSMO

A fé vivente parece ter sido transformada num credo em que devemos acreditar; devoção a Cristo em cristologia; esperança ardente pela vinda do reino numa doutrina de imortalidade e deificação; profecia em exegese técnica e aprendizagem teológica; os ministérios do espírito em clero; os irmãos (e irmãs) em leigos tutelados; milagres e curas milagrosas desapareceram completamente ou são atributos sacerdotais; orações fervorosas tornaram-se hinos e litanias; o espírito tornou-se lei e compulsão.[1]

ADOLF HARNACK
Historiador eclesiástico

Chegando à nona década da era cristã, ou seja, mais de cinqüenta anos após a vida terrena de Jesus, surge o Evangelho de Mateus, e possivelmente o de Lucas, na arena cristã. O livro de Mateus data dos primeiros anos da década de 80 d.C., e o de Lucas data do final da mesma década ou princípio da seguinte. Ambos os textos acrescentam muito à interpretação teísta de Jesus de Nazaré.

Mateus foi o primeiro escritor cristão a relatar a história miraculosa do nascimento de Jesus. Ele realça a narrativa com uma sinalização espetacular do universo: uma estrela luminosa que viaja pelo céu tão lentamente que guia seus seguidores a seu destino (cf. 2,1-12). Mateus usa citações das Escrituras judaicas para indicar que os fatos descritos não são acidentais, mas ocorreram de acordo com o plano divino, conforme revelado na história sagrada do povo hebreu (cf. 2,6,15,17,23). Ele descreve Deus como revelador de verdades divinas, que inclusive faz declarações comprobatórias a José durante um sonho (cf. 1,23).

O Jesus descrito por Mateus não é mais perfeitamente humano. Seu pai é o Espírito Santo, e sua mãe, uma virgem (cf. 1,18), apesar de Mateus não divulgar exatamente como o Espírito Santo a teria engravidado. A prova oferecida para esse ato divino é um versículo de Isaías (cf. 7,14), que ele interpreta como tendo sido uma virgem de nome Maria que conceberia e daria à luz um filho chamado Jesus, que seria Emanuel, que quer dizer "Deus conosco" (cf. Mt 1,23).[2] Essa narrativa foi um passo gigantesco para retratar Jesus, cujo nascimento deixou de ser realmente humano e passou a ser a encarnação da divindade teísta. Mateus reforça essa posição com o relato citado anteriormente sobre a estrela miraculosa que possibilitou que os magos não-judeus encontrassem o bebê em Belém para dar-lhe presentes. Esses presentes auxiliaram os leitores ou ouvintes de Mateus a interpretar Jesus conforme ele pretendia: ouro, o presente para um rei; incenso, o presente para uma divindade; e mirra, para simbolizar uma vida de sofrimento e morte (cf. 2,11).

Após os eventos ligados ao nascimento de Jesus, Mateus, em seu relato do batismo, segue o modelo de Marcos, em que Deus o declara seu filho, embora essa declaração tenha menos importância para Mateus do que para Marcos, pois segue a concepção da virgem (cf. Mt 3,17).

Ao expandir a breve história da tentação escrita por Marcos, Mateus descreve Jesus em combate com o diabo, que é especificamente tentador. Tanto Jesus como Satanás citam as Escrituras para justificar seus argumentos (cf. 4,1-11).

Considerando-se verdadeira a teoria da formação lecionária do Evangelho de Marcos, como foi explicada no capítulo anterior, ele teria deixado leituras apenas para o período do ano litúrgico entre o Rosh

Hashanah e a Páscoa. Mateus então resolveu expandir a narrativa de Marcos para abranger todo o calendário judeu com leituras cristãs. A crucificação claramente correspondia ao sacrifício da Páscoa; daí, assim como Marcos, Mateus fechou seu relato com a história da ressurreição, que acontecera no domingo após a Páscoa judaica. Isso significa que Mateus teve que começar seu relato do Evangelho no segundo sabá ou domingo após a Páscoa, o que transferiria o começo para início de abril, ou cinco meses e meio antes do Rosh Hashanah. Com isso, Mateus teria que prover leituras cristãs para todos os sabás ou domingos durante a longa lacuna – de meados de abril ao final de setembro – no Evangelho de Marcos. Ele teria que expandir as breves narrativas de Marcos ou preencher seu Evangelho com histórias originais, além de cobrir o grande festival judaico Shavuot, ou Pentecostes, que caía no período omitido por Marcos. Essa teoria tem base no texto, e é provável que tenha sido exatamente isso que Mateus fez.

Pentecostes, que literalmente quer dizer "cinqüenta dias após a Páscoa", era originalmente um dia santo cananeu que marcava a primeira colheita de trigo. Os judeus o adotaram dando-lhe uma nova conotação, especificamente judaica, celebrando o presente maior que Deus lhes tinha concedido – a Torá, ou seja, a lei. Portanto, o Pentecostes era uma forma de eles relembrarem Moisés no monte Sinai e também uma celebração litúrgica que durava 24 horas. O salmo 119, hino de louvor pela excelência da lei, foi escrito para ser usado nessa longa cerimônia de vigília, daí a razão de ser tão extenso. Ele começa com uma introdução, seguida por oito partes – cada uma deveria ser lida num período de três horas, durante as 24 horas de celebração. A tarefa de Mateus foi criar um episódio da vida de Jesus que se encaixasse como leitura cristã apropriada para o Pentecostes judaico. É fascinante observar como ele realiza essa façanha.

Na narrativa do Pentecostes de Mateus, Jesus, assim como Moisés, sobe num alto monte. Lá ele começa a dar uma nova interpretação à Torá. Ela começa com frases curtas, enérgicas e fáceis de lembrar, conhecidas hoje como os Dez Mandamentos. Mateus, em sua reinterpretação, faz um paralelo com Jesus, iniciando com as frases curtas, enérgicas e fáceis de lembrar que hoje conhecemos como Beatitudes (cf. 5,1-10). O salmo 119 abre com dois versículos iniciados com a palavra "bem-aventurados". Claramente essa foi a fonte de inspiração para as oito Beatitudes que também se iniciam com a palavra "bem-aventurados".

Uma análise desse trecho de Mateus, que se tornou conhecido como Sermão da Montanha, revela que ele é estruturado na forma de um comentário de oito partes sobre as Beatitudes, trabalhadas de trás para frente, da oitava para a primeira,[3] o que evidencia que ele seguiu o perfil do salmo 119. Como esse salmo fornecia um segmento para cada unidade da vigília judaica de 24 horas, assim também Mateus fornece um lecionário cristão para cada um dos oito segmentos de algo que estava evoluindo para se tornar uma vigília cristã de 24 horas. Em todo o Sermão da Montanha, Mateus retrata Jesus reinterpretando Moisés: "Ouviste o que foi dito aos antigos", é a voz de Moisés; "Eu porém vos digo", essa é a voz de Jesus (5,21,27).

Portanto, fica claro que há considerável suporte textual para a teoria de que Mateus continua e amplia o modelo de Marcos, colocando ao fundo da história de Jesus o calendário de festas e jejuns do ano litúrgico judaico. É óbvio, entretanto, que Mateus também enaltece o sentido do poder milagroso de Jesus à medida que desenvolve sua história.

Já que para Mateus a entrada de Jesus no mundo é tida como milagrosa, então os eventos finais de sua vida também teriam que ser milagrosos. Quando reconhecemos que Mateus tinha o livro de Marcos à frente enquanto escrevia, fica fácil mostrar exatamente onde ocorrem os acréscimos à história original. Por exemplo, Mateus inclui um tremor de terra à história da crucificação de Jesus, acompanhado daquele episódio meio esquisito em que se abriram os sepulcros e muitos corpos de santos, mortos há muito tempo, ressuscitaram e entraram na cidade de Jerusalém, onde foram vistos por muitos (cf. 27,51-53). Essa narrativa peculiar não é repetida em parte alguma da Bíblia.

Mateus também acrescentou um terremoto à história da ressurreição (cf. 28,2), e, na seqüência, um ser angelical, sobrenatural, em vestes reluzentes, evolui do mensageiro que fora descrito por Marcos como não-sobrenatural e simplesmente vestido de branco (compare Mt 28,3 com Mc 16,5). Em Marcos, as mulheres ponderaram sobre como conseguiriam remover a pedra do túmulo, mas, ao chegar, descobriram que já havia sido removida (Mc 16,3-4). Como isso aconteceu não é revelado. Entretanto, Mateus não deixa nenhum mistério sem solução: o anjo o fez, ele alega. Após retirar a pedra, esse ser sobrenatural assentou-se sobre ela para anunciar a ressurreição (cf. Mt 28,2-6). As mulheres na versão de Mateus são mais fiéis: fazem o que lhes fora instruído e vão rapidamente contar aos discípulos que ainda não estão presentes no túmulo (cf. Mt 28,7s). Marcos havia dado a entender que já estariam na Galiléia (cf. Mc 16,7 e 14,28). Mateus deixa ambivalente esse detalhe.

Mateus permite que as mulheres vejam Cristo no jardim, como uma espécie de recompensa por sua fidelidade (cf. Mt 28,9s), apesar de Marcos ter dito que elas não o viram (cf. Mc 16,8). Lucas, que escreveu posteriormente e, como Mateus, tinha Marcos à frente, também afirma que as mulheres não viram o Senhor ressurrecto (cf. Lc 24,5-11). Portanto, se buscamos *história*, o testemunho de Mateus sobre o fato de as mulheres terem visto o Cristo ressurrecto é um relato minoritário, mesmo no Novo Testamento.

Todavia, em Mateus as mulheres reconhecem Jesus e abraçaram-lhe os pés (cf. 28,9). Como pés não podem ser abraçados se não forem físicos, admito que esse é o primeiro lugar no Novo Testamento a assumir que a ressurreição de Jesus foi de um corpo fisicamente ressurrecto, um corpo que anteriormente estivera morto. Apesar de ser significativa a evidência contra a autenticidade dessa história de as mulheres terem tocado em Jesus, é nessa passagem questionável que a fisicidade do corpo ressurrecto de Jesus entra na tradição cristã – uma fisicidade destinada a crescer e se tornar mais e mais milagrosa com o passar dos anos.

Entretanto, mesmo essa versão controversa da ressurreição física só entrou na tradição após a nona década, quando o surgimento do cristianismo já contava mais de meio século. A Páscoa certamente propulsionou a existência da Igreja cristã, mas levou mais de cinqüenta anos para amarrar aquela incrível explosão de energia ao relato da ressurreição física e corporal de Jesus. Esse é o *insight* que precisamos ouvir e abraçar.

Esse é o *insight* que nos impele a perguntar: "Aquela fonte original de vida e poder era conectada a quê?" A assertiva fundamentalista de que era presa à ressurreição física de Jesus simplesmente não é verídica. O poder sobrenatural encarnado, como forma de interpretar a presença de Deus na pessoa de Jesus, claramente não fez parte da história original de Jesus.

Permita-me repetir o que é quase um mantra deste livro: se pudermos demonstrar que esse revestimento teísta de sobrenaturalidade sobre Jesus não é original, então claramente não poderá ser eterno; e se foi acrescentado à história de Jesus e posteriormente à história do cristianismo, certamente poderá ser removido dessa mesma história sem destruir a essência dela. A interpretação teísta não é a essência da experiência da ressurreição – é uma explicação posterior da essência daquela experiência. Portanto, ela não é eterna, não capta nem esgota o significado de Jesus. Há uma explosão de liberdade cheia de esperança no processo interpretativo quando alcançamos essa percepção.

Mateus, em sua segunda história da aparição do Cristo ressurrecto (cf. 28,16-20), diz que foram os discípulos escolhidos de Jesus que o viram – essa é a primeira e única vez que isso acontece em Mateus. No entanto, a ressurreição é retratada de forma bem diferente entre a segunda narrativa e a primeira: na segunda, Jesus não é apenas um corpo ressuscitado que sai caminhando do sepulcro, mas o glorificado Senhor do céu e da terra que vem vestido de toda a autoridade de Filho do Homem, andando sobre as nuvens celestiais. Ele exclama que lhe foi entregue toda a autoridade no céu e na terra e dá uma incumbência aos discípulos que haviam subido ao topo do monte para estar próximos dele no local indicado: eles devem pregar o Evangelho a todas as nações, fazer discípulos e batizá-los. Ele até utiliza a fórmula trinitária do Pai, Filho e Espírito Santo, e arroga-se o nome de Emanuel, afirmando que o Deus que agora é parte da identidade de Jesus permanecerá com eles até a consumação dos tempos. Isto é o mais próximo que Mateus chega na elucidação de um conceito do Espírito Santo: o Deus-presente encontrado nesse Cristo estará com eles para sempre.

É interessante observar que esse quadro da aparição do Jesus ressuscitado aos discípulos, pintado por Mateus, o retrata habitando na presença celestial de Deus, embora a história da ascensão de Jesus ainda não houvesse sido contada. Há em Mateus, portanto, uma insinuação – amenizada, é claro, pelo relato da aparição às mulheres – que dá a entender que Mateus via a ressurreição da mesma forma que Paulo: como um ato de elevar Jesus da morte para o significado do Deus vivo, não um ato de ressuscitá-lo de volta à vida física da história humana. Deus elevou Jesus à presença divina, tornando-o parte daquilo que Deus é, portanto eternamente disponível, ao nosso alcance, assim como é o próprio Deus. A identidade teísta que o retrataria como encarnação de uma divindade externa sobrenatural estava evoluindo, mas ainda não estava completa. Contudo, Mateus deu um bom empurrão nesse processo.

Quando o *corpus* de Lucas, que abrange tanto o Evangelho de Lucas quanto o livro de Atos dos Apóstolos, apareceu no período entre os anos 88 e 95, várias novas dimensões foram acrescentadas à tradição em desenvolvimento.[4]

Lucas incorpora à sua narrativa a história do nascimento pela virgem contada por Mateus, mas com mudanças dramáticas. Em Lucas o anjo aparece pessoalmente a Maria para anunciar o nascimento da santa criança (cf. 1,26-38). Em Mateus esse anúncio foi feito a José, mas em sonho, o que é um pouco menos sobrenatural (cf. Mt. 1,18-25). Não há estrela nem magos em Lucas. Esses símbolos são substituídos por um anjo e uma hoste celestial e um grupo de pobres pastores (cf. Lc 2,8-14). Uma humilde manjedoura e a criança envolta em faixas tornam-se a interpretação simbólica da história de Lucas, em lugar dos presentes mais nobres trazidos pelos reis magos de Mateus (cf. Lc 2,7,12,16).

Embora Lucas conte a história da concepção através da virgem, ele não a vincula ao texto de Isaías (cf. 7,14) utilizado por Mateus como comprobatório. Talvez Lucas reconhecesse que o contexto desse versículo – Deus promete um sinal ao rei de Judá, garantindo que sua nação não seria derrotada pelos exércitos da Síria e de Israel que rondavam Jerusalém na época do oitavo século de confronto – era praticamente irrelevante ao nascimento de um bebê oitocentos anos mais tarde. Então Lucas abafa um pouco a história do nascimento através da virgem e, no episódio da visita ao Templo durante a infância de Jesus, até mostra Maria dizendo a ele: "Teu pai [José] e eu estávamos aflitos a tua procura" (2,48). Todavia, Lucas – escrevendo para um público menos rígido em relação ao judaísmo e mais aberto à participação dos gentios na sinagoga – não tem receios de dar a Jesus um perfil divino em roupagens humanas.

Em Lucas, Jesus ressuscita um morto em Naim, na pessoa do filho de uma viúva (cf. 7,11-18). Diferentemente da história que Marcos conta de Talita, que também fora ressuscitada – sendo que o próprio Jesus afirmou que ela apenas dormia (cf. Mc 5,35-43) –, essa passagem de Lucas não deixa dúvida de que o filho da viúva estivesse morto: Jesus o levantou do esquife durante o enterro, em meio à multidão.

A versão de Lucas da ressurreição reforça dramaticamente a fisicidade do corpo ressurrecto de Jesus. Lucas também separa a ressurreição da ascensão, que se tornam eventos isolados, separados por um período de tempo. Para ele, Jesus ressuscitou do túmulo retornando à vida neste mundo (cf. 24,1-43). Então, em ato posterior, ele ascende à presença de Deus no céu. À medida que se desdobra a narrativa da ressurreição, a próxima história que Lucas conta é a dos dois discípulos que caminhavam para Emaús e lamentavam os acontecimentos da crucificação. Os dois são alcançados por Jesus, que os acompanha na viagem. O texto dá a entender que Jesus se materializou do nada (cf. 24,13-35) e que não só anda com eles, mas também fala; expõe-lhes o que constava nas Escrituras, a necessidade de seu sofrimento e a expectativa de sua ressurreição. No momento em que Jesus é reconhecido ao partir o pão, Lucas conta que ele se desmaterializa ou simplesmente desaparece da presença deles.

Em seguida, Lucas conta que Jesus aparece em Jerusalém a Pedro (cf. 24,34) e depois aos discípulos (cf. 24,36). Lá ele pede algo para comer, demonstrando que tinha um sistema gastrointestinal em funcionamento e provando que não era um fantasma (cf. 24,41). Ele convida os discípulos a lhe tocarem o corpo físico e os instrui mais uma vez sobre o significado das Escrituras (cf. 24,39,44-49). Só então é que se retira, ascendendo aos céus (cf. 24,51).

ASSISTINDO À CAPTURA DO CRISTIANISMO PELO TEÍSMO

Quando Lucas reconta essa mesma história em Atos 1, fica claro que Jesus partiu para retornar ao lar celestial, que na mente de Lucas se situa um pouco acima do céu. Com esse enaltecimento da identidade de Jesus, representando uma divindade visitante em forma humana, não é de estranhar que esse Jesus esteja agora equipado de poderes sobrenaturais. Em Lucas, os milagres eram práticas naturais de Jesus. A percepção teísta de Deus – isto é, Deus como ser externo, sobrenatural e invasivo – é claramente a definição de Deus pela qual Lucas interpreta Jesus.

Lucas, assim como Mateus, utiliza como princípio organizador de seu Evangelho o perfil litúrgico da sinagoga, baseado em Marcos. Entretanto, como a comunidade cristã de Lucas está mais próxima à diáspora e tem maior contato com os gentios, eventos como a vigília de 24 horas para marcar a observância judaica do Pentecostes e a observância de oito dias para celebração do Tabernáculo são concentrados num único sabá/domingo.[5] Já que a vida litúrgica da Igreja de Lucas não precisa de uma longa história do tipo do Sermão da Montanha para cobrir a vigília do Pentecostes, ele espalha a coletânea de material didático do Sermão da Montanha de Mateus em todo o seu texto, sendo a maior parte dos ensinamentos transmitida num planalto, em vez de na montanha (cf. 6,17-49 e 12,33-36).

Lucas também muda dramaticamente a natureza do Pentecostes. Ao contar esse episódio no livro de Atos, demonstra claramente estar sob a influência de Paulo, que disse: "Agora, libertados da lei, estamos mortos para aquilo a que estávamos sujeitos, de modo que não servimos mais sob a antiga lei escrita, mas em nova vida do espírito" (Rm 7,6). Como dissemos anteriormente, os judeus viam o Pentecostes como a celebração da maior dádiva recebida de Deus: a Torá. Paulo, por outro lado, via a maior dádiva de Deus não na Torá, mas no Espírito Santo. Para Lucas, portanto – influenciado nesse ponto por Paulo –, o Pentecostes tornou-se a ocasião em que os cristãos celebram o dom do Espírito Santo. Assim, ele escreve em Atos: "Ao cumprir-se o dia de Pentecostes, estavam todos reunidos no mesmo lugar" (2,1-4), e o Espírito desceu sobre eles como vento e línguas de fogo. Vemos aqui elementos tirados conscientemente por Lucas da história

119

da ascensão de Elias e da transmissão do espírito deste a seu sucessor, Eliseu (cf. II Rs 2).

Então Lucas relata o dom do Espírito Santo prometido por Jesus e a expansão do poder da comunidade cristã, demonstrando que aqueles fiéis, cheios do Espírito, podiam falar em qualquer língua que seus ouvintes entenderiam. As divisões da Torre de Babel (Gn 11,1-9) são superadas, e o Espírito cria uma comunidade inclusiva. Essa história dramática revela claramente como Lucas reinterpreta a Festa de Pentecostes judaica. No ponto de seu Evangelho em que precisa de uma única leitura para o sabá/domingo mais próximo ao Pentecostes, ele utiliza a história de João Batista como prenúncio de sua narrativa do Pentecostes, em Atos. João batizou com água, ele conta, mas virá aquele "que é mais poderoso do que eu e batizará com o Espírito Santo e com fogo" (cf. At 3,15-17). Com isso, Lucas fazia com que João Batista previsse a mudança de interpretação do Pentecostes que desenvolveria em Atos 2.

Lucas, assim como Marcos e Mateus, manteve dessa forma a estrutura do calendário litúrgico, apesar de se dirigir a uma comunidade mista, composta de judeus e gentios. Entretanto, ele afrouxa consideravelmente essa estrutura e realça dramaticamente a imagem de Jesus como encarnação do Deus teísta, descrevendo-o como divindade visitante em forma humana.

A campanha para a interpretação sobrenatural e teísta de Jesus continua a todo vapor no último Evangelho canônico da Bíblia, que chamamos João. Sua forma final foi escrita entre os anos 95 e 100 da era cristã, e o texto desse evangelista leva a interpretação teísta de Jesus a outro nível.

É interessante observar que João dispensa a história do nascimento pela virgem como explicação da presença de Deus encontrada em Jesus, e até se refere a Jesus por duas vezes como filho de José (cf. Jo 1,45 e 6,42). Ele substitui essa história por um preâmbulo, afirmando que a preexistência de Jesus é a forma correta de entender seus poderes sobrenaturais (cf. 1,1-11). Jesus foi o Verbo, diz João, o Logos divino, que estava com Deus desde o início da criação. Ele foi de fato a palavra de Deus pronunciada na criação: "Haja luz". E, em resposta ao comando do Logos, houve luz (cf. Gn 1,3). Esse Logos, explica João, simplesmente tomou a forma carnal para habitar entre nós. "Veio para o que era seu, e os seus não o receberam" (Jo 1,11).

Em todo o *corpus* do quarto Evangelho, a identidade forjada entre Jesus e Deus é afirmada repetidamente. "Eu e o Pai somos um" (10,30); "Quem me vê a mim, vê o Pai" (14,9); "Porque vou para o Pai" (16,10); "Glorifica-me, ó Pai, com a glória que tive junto de Ti, antes que houvesse mundo" (17,5). O Jesus de João realiza coisas milagrosas, como transformar água em vinho (cf. 2,1-11), curar o homem cego de nascença (cf. 9,1-41) e ressuscitar Lázaro, que já estava morto e enterrado havia quatro dias (cf. 11,1-53).

João também faz seu Jesus declarar o nome "Eu sou", revelado como o nome do próprio Deus no episódio da sarça ardente no livro do Êxodo (3,14). Diz ainda coisas incríveis, como "Antes que Abraão existisse, eu sou" (Jo 8,58) e "Quando levantardes o Filho do Homem, então sabereis que eu sou" (8,28).[6] João coloca na boca de Jesus, sempre que possível, a frase "Eu sou". Somente em João, Jesus afirma: "Eu sou o pão da vida" (6,35); "Eu sou a luz do mundo" (8,12); "Eu sou a porta" (10,9); "Eu sou o bom pastor" (10,11); "Eu sou a verdadeira videira" (15,1); e "Eu sou o caminho" (14,6). Não há dúvida de que, na mente do quarto evangelista, Jesus é a encarnação humana do grande "Eu sou", o Deus dos judeus.

João também acrescenta alguma linguagem pascal à narrativa do milagre da multiplicação dos pães. Na liturgia pascal judaica, após o sacrifício do cordeiro, seu sangue era cerimoniosamente colocado nos portais dos lares judaicos para impedir a entrada do anjo da morte, e sua carne era assada; todos comiam e festejavam o que depois seria denominado cordeiro de Deus. João, que não conta o episódio da última ceia em seu Evangelho, coloca todo o ensinamento da eucaristia ao falar da alimentação da multidão. O Cristo joanino declara: "Se não comerdes da carne do Filho do Homem e não beberdes do seu sangue, não tereis vida em vós mesmos" (6,53).

João também identifica Jesus no início como o cordeiro do Yom Kippur. Na exclamação "Eis o Cordeiro de Deus, que tira os pecados do mundo", as palavras específicas do Yom Kippur são colocadas na boca de João Batista quando Jesus aparece em cena (cf. 1,29,36). Essa ligação entre Jesus e a liturgia do Yom Kippur já havia sido feita pelo autor da Epístola aos Hebreus. Conhecendo esses textos ou não, o quarto evangelista trabalha no mesmo sentido, afirmando que Jesus é o cordeiro imaculado, sem nenhum de seus ossos quebrado (cf. 19,31-37), e, como o cordeiro de Yom Kippur, tornou-se oferenda paga a Deus pelos pecados do mundo. Em outra imagem do Yom Kippur, Jesus torna-se o bode expiatório sobre o qual todos os pecados são descarregados, portanto ele carrega sozinho os pecados do mundo (cf. 1,29).

João atribui a Maria Madalena um papel importante em sua história. Ela foi a principal enlutada a retornar ao túmulo (cf. 20,1-18), uma fiel confidente de Pedro e do discípulo querido (cf. 20,2) e testemunha ocular do Senhor ressuscitado. Ela foi a única pessoa que viu Jesus antes da ascensão e foi repreendida por ele: "Não me detenhas, porque ainda não subi para meu Pai" (20,17).

Ao contar a história da ressurreição de Jesus, João utiliza os plenos poderes sobrenaturais do Deus teísta encarnado. O Jesus ressurrecto aparece em lugares cujas portas e janelas estão trancadas (cf. 20,19-23); ele não precisa de acesso, pois passa através das paredes. Também lhe é atribuído um corpo físico ressuscitado, de modo que ele oferece as mãos cravadas e o lado ferido pela lança para que Tomé o toque (cf. 20,27). Apesar disso, é interessante observar a sugestão de João de que a visão dos discípulos em Jerusalém, e posteriormente na Galiléia, seria uma manifestação celestial do Jesus já ascendido. Ele enfatiza ainda que o propósito principal da partida de Jesus foi enviar o Espírito Santo, o consolador, para guiá-los a toda a verdade (cf. 16,1-15).

Conforme demonstrado neste capítulo e no anterior, podemos constatar claramente o progresso no desenvolvimento da natureza sobrenatural de Cristo, à medida que seguimos a evolução das primeiras escrituras cristãs. Paulo preparou o terreno para esse progresso com a passagem de sua primeira afirmação de que, "em Cristo, Deus se reconcilia com o mundo" (II Cor 5,19) até a interpretação posterior, em que Deus declara que Jesus é seu filho segundo o espírito de santidade na hora da ressurreição (cf. Rm 1,1-4). Em seguida, Marcos declara que Deus fizera Jesus o Filho de Deus no batismo, e não na ressurreição (cf. Mc 1,1-11). Depois Mateus e Lucas mudaram o momento decisivo do reconhecimento de Jesus como divindade para sua concepção (cf. Mt 1-2 e Lc 1-2). Finalmente, a idéia da encarnação do Verbo ou Logos preexistente emergiu no retrato feito por João do significado da vida de Jesus.

A cada passo evolutivo, a humanidade de Jesus se apagava, enquanto sua divindade era enaltecida. Seu aprisionamento pela definição divina prevalecente tornava-se cada vez mais aceito: era o Deus encarnado, o homem divino, a divindade visitante que veio para este planeta em virtude do milagre do nascimento através de uma virgem e partiu pelo milagre da ascensão cósmica. Nesse período realizou uma série de feitos divinos; ele foi a forma humana de Deus, interpretado teisticamente – isto é, Deus é um ser de poderes sobrenaturais que vive acima do céu e ocasionalmente invade o mundo para cumprir a vontade divina. Em Jesus, esse Deus teísta viveu entre nós e superou a queda da raça humana.

Após completar a tarefa sobrenatural do salvamento e ter retornado a seu *habitat* em lugar externo, na companhia de Deus, Jesus deixou implantada, argumentava-se, uma estrutura pela qual a graça salvífica de Deus poderia continuar a operar. Foi estabelecida a hierarquia, que foi iniciada pelos apóstolos e atravessou os tempos, através de ordenações válidas e tangíveis na qual a autoridade dos apóstolos foi passada de geração a geração. Essa autoridade garantia a verdade infalível da fé recebida e de seus canais válidos, conhecidos como sacramentos, através dos quais o Deus teísta continuaria agindo para trazer a graça ao povo de Deus.

Após muito debate nos primeiros séculos da vida do cristianismo, a captura do sistema de fé pelo teísmo foi completada. A encarnação foi definida. Jesus foi o Deus-homem – perfeito na divindade, perfeito na humanidade. Mas era uma lógica estranha que servia de apoio a essa conclusão. Como poderia um ser humano ter o Espírito Santo como pai e ainda ser plenamente humano? Como poderia o Logos preexistente ser encarnado em Jesus de Nazaré e ainda ser plenamente humano? À medida que a doutrina se expandia até se tornar dogma, essas questões foram simplesmente ignoradas. O teísmo triunfou. Jesus de Nazaré foi revestido da armadura do teísmo.

À medida que a teologia se desenvolvia no Ocidente, Jesus se tornava primeiramente o Filho divino de Deus, depois a encarnação do Santo Deus e finalmente a segunda pessoa da Trindade eterna de três pessoas em um só Deus. Esse Deus teísta ainda regia o mundo, enviava o sol e a chuva, fazia algumas interferências para curar uma doença aqui ou acolá e levava determinado exército à vitória. No caso de qualquer desafio a esse sistema teológico tão precisamente definido, o resultado era a excomunhão. E se a ofensa fosse mais severa, a condenação era a morte na fogueira, em chamas lentas o suficiente para que graciosamente permitissem tempo para o arrependimento, antes de a vida se extinguir. Em nome da segurança, todas as dúvidas eram reprimidas, e qualquer ambivalência, negada.

O teísmo capturou Jesus e o enfaixou em vestimentas de sobrenaturalidade. Ele se tornou o guarda-fogo contra o qual as chamas da histeria, nascidas do trauma da autoconsciência, foram abafadas. Ele era Deus em forma humana. Ele fundou a Igreja. Ele ditou as Escrituras. Ele tinha o poder. Ele fazia os milagres. Tratava-se de um sistema bem-feito e de enorme poder, que fora imposto dogmaticamente, interpretado teisticamente e que conseguia acalmar a dor e o trauma da autoconsciência e o choque da não-existência.

Quando a Igreja precisava incorporar uma nova verdade, simplesmente proclamava um novo dogma. O papa tornou-se infalível no século XIX para dar sustentação a sua autoridade, que perdia força devido ao Iluminismo. A virgindade de Maria foi redefinida e desenvolvida com novas proclamações através dos séculos. Primeiro ela se tornou virgem permanente, o que significa que seria necessário achar outra explicação para o irmão de Jesus, Tiago, mencionado em Gálatas, e seus irmãos Tiago, José, Simão e Judas, assim como suas irmãs (cujos nomes não são citados), todos mencionados em Marcos. Em seguida Maria se tornou virgem pós-parto – isto é, Jesus nasceu sem romper o santo hímen. Dois textos bíblicos foram utilizados para advogar essa proposição. No primeiro, o profeta Ezequiel teria dito: "Esta porta permanecerá fechada, não se abrirá; ninguém entrará por ela, porque o Senhor, Deus de Israel, entrou por ela; por isso permanecerá fechada" (Ez 44,2). No segundo, João falara do aparecimento do Jesus ressurrecto dentro de uma sala trancada (cf. Jo 20,19-23). Se o Senhor era capaz de passar pelos portões fechados de uma cidade e pelas paredes de uma sala trancada, virgindade pós-parto não representava um problema – Jesus também passaria pelo hímen de sua mãe sem rompê-lo. ,

Depois disso foi dito que Maria engravidara imaculadamente, uma doutrina desenvolvida posteriormente, com o objetivo de contrapor a falha teológica revelada quando a ciência descobriu que a herança do código genético não vem exclusivamente do homem, portanto a mulher também transmitiria o pecado original aos filhos. Assim, para manter Jesus sem pecado, sua mãe teve que conceber de maneira imaculada. E, finalmente, foi atribuída a Maria a assunção corporal ao céu. Essa doutrina foi declarada em 1950, na aurora da era espacial.

Ficamos a pensar em quantas defesas mais terão de ser levantadas para manter intacto o guarda-fogo teísta contra a histeria. Ficamos a imaginar quanto tempo levará até que o sistema todo desmorone. O modelo de Deus nascido da ansiedade humana não era original do cristianismo, mas foi vitorioso no cristianismo. Agora o cristianismo conseguirá se livrar das correntes do teísmo? A história cristã foi tão entranhada na definição teísta de Deus que o colapso desta ameaça puxar o gatilho do colapso da outra.

Esse é o dilema da Igreja cristã, pois o teísmo está morrendo – talvez de fato já esteja morto. Poderá então o cristianismo continuar vivo sendo compreendido teisticamente? Pessoalmente acho que não. Mas como seria um cristianismo não-teísta? Essa é a pergunta que está diante da Igreja cristã na alvorada do novo mundo.

VII

MUDANDO O MITO CRISTÃO BÁSICO

Gracioso Deus, quando dermos importância demais àquilo que a ti pouco importa, perdoa-nos.

REVERENDÍSSIMO JOHN ELBRIDGE HINES
Frase usada como abertura para os sermões desse bispo,
que presidiu a Igreja Episcopal de 1964 a 1973

Um notável *cartoon*, cujas origens esqueci na passagem do tempo, fornece o texto para dar início à próxima fase desta pesquisa.
Nesse *cartoon* um sofisticado tipo urbano nova-iorquino está em seu Mercedes, estacionado à beira de uma estrada em área rural, estudando com seus óculos um mapa. Um morador local, vestido de macacão, camisa de flanela e chapéu de palha, mastigando um fio de feno, aproxima-se da janela do veículo. Após ouvir as detalhadas explicações do visitante, que tinha esperança de obter uma orientação segura sobre como chegar a seu destino, ele responde, perplexo: "Senhor, partindo daqui é impossível chegar a esse lugar".

Será esse o grande problema do apologista cristão sério da atualidade? Não há uma maneira de entrar no mundo pós-moderno do terceiro milênio vestindo as roupagens teológicas pré-modernas dos ensinamentos cristãos tradicionais? Se não pudermos encontrar uma maneira, o cristianismo como nós o conhecemos está destinado a acabar. Entretanto, se existe um caminho, ele com certeza será tão tortuoso, exigirá tantos retornos para desfazer acomodações feitas ao panorama de uma visão do mundo que não existe mais, que muitos cristãos nem serão capazes de reconhecê-lo como direcionamento cristão. A estrada por onde esses fiéis em exílio[1] precisarão viajar terá uma aparência tão diferente que os tradicionalistas não enxergarão qualquer continuidade. Será despida de todas aquelas coisas literais que no passado deram ao cristianismo seu significado primário. A pergunta, portanto, é boa: Conseguiremos chegar ao lugar para onde precisamos ir, se temos que começar de onde estamos agora?

Até este ponto deste livro, viajamos através das origens da história cristã para construir uma base de onde lançaremos essa nova proposta. É importante documentar o fato de que o cristianismo, no começo, foi pré-teísta e só mais tarde, depois de lento desenvolvimento, foi tragado pelos conceitos teístas, juntamente com seu Senhor. Esse fato, enraizado no passado do cristianismo, é um *insight* crucial e essencial, tenho certeza, para a construção do cristianismo futuro. A maneira de realizar a tarefa de libertar a verdade essencial do cristianismo das distorções passadas, para que possa sobreviver no mundo de amanhã, é retornar ao ponto de partida e começar de novo. Não há como chegar lá, partindo daqui, sem retornar a nossas raízes.

Claramente houve uma profunda experiência que fez com que a interpretação teísta de Deus fosse colocada sobre Jesus. Qual teria sido? Se conseguirmos descobrir essa experiência, poderemos recriar seu poder ou entrar nela de outra forma? Sobra alguma coisa de valor na figura de Jesus, uma vez retirado o contexto sobrenatural? Se a resposta for positiva, o que será? Poderemos encontrar uma forma de assegurar que a experiência de Cristo em si é essencial, mas que a tradição das explicações de Cristo é secundária e dispensável? Terá aquela instituição chamada Igreja a capacidade, mesmo contra sua vontade, de abrir mão de todas aquelas coisas nas quais residiu sua reivindicação de poder, para que possa manter o tesouro de sua afirmação original de que, de alguma forma, Deus estava em Cristo? Essas são perguntas formidáveis, até temerosas, mas enfrentá-las é pré-requisito para a reforma que está diante de nós.

Infelizmente as respostas a essas perguntas não serão claras até que o processo já esteja bem mais avançado. Não há qualquer segurança que nos permita arriscar essa viagem com confiança. De fato, a reforma que proponho *poderá até destruir* o cristianismo, e esse é um risco enorme. O risco maior que me motiva, entretanto, é compreender que uma recusa a entrar nessa reforma *certamente destruirá* o cristianismo. Embora trilhar essa rota que proponho traga o risco de não conseguirmos chegar a um cristianismo que sobreviva no futuro, não vejo outra alternativa senão iniciar a viagem.

Neste capítulo, portanto, tentarei andar sobre o fio da navalha: terei que remover as interpretações que foram feitas sobre Jesus de Nazaré – as quais exigem que ele seja visto como manifestação humana da divindade teísta –, mas fazê-lo sem perder a essência do que tenho chamado de experiência de Cristo. Terei prazer em renunciar às interpretações teístas de nosso passado religioso se puder continuar a descobrir a experiência de Cristo como uma realidade atemporal, embora eu esteja profundamente ciente de que essa renúncia erradicará a forma básica pela qual Jesus foi tradicionalmente entendido através de toda a história do cristianismo. Trará dor e temor a muitas pessoas simples que, apesar da fidelidade e da fé naquilo que percebem como verdade, não se engajaram no estudo secular e teológico dos últimos duzentos anos. Provocará a ira daqueles que sentem sua fé e, talvez mais importante, seu poder ameaçados por minha análise e minhas propostas.

Mas, se o teísmo está morrendo, a sobrecarga teísta acrescentada ao cristianismo tem de ser estilhaçada. Somente quando forem removidos os últimos resquícios teístas é que chegaremos ao ponto de onde poderemos começar outra vez. Para avançar, portanto, temos que dispensar o entendimento tradicional de formulações doutrinárias como a encarnação e a redenção, rejeitando-as como veículos que não são mais capazes de interpretar a experiência original. Podemos fazer isso, entretanto, sem rejeitar o significado que esses fundamentos doutrinários buscaram transmitir? Muitas pessoas não enxergarão essa distinção. Devo lembrar que essas doutrinas, consideradas essenciais e até fundamentais pelos cristãos, não estão *erradas*; o problema é que se tornaram inadequadas como veículos explicativos, devido à expansão do conhecimento.

A doutrina da encarnação, da forma como é normalmente retratada, presume que um Deus externo encarnou em Jesus de Nazaré. Esse conceito foi colocado por diversos autores das Escrituras, em narrativas que explicavam exatamente como essa divindade externa realizara sua entrada na história humana. A necessidade de tal esclarecimento explica como a passagem milagrosa do nascimento através da virgem veio a se tornar parte da história cristã.

Mas, uma vez que esse Deus teísta encarnou sua presença divina na história humana dessa forma, tornou-se necessária uma narrativa para sua saída. Pois um Deus teísta, que por definição é externo à vida humana, não poderia permanecer nela para sempre. Esse Deus invade nossa história apenas por uma temporada ou para realizar um propósito específico, então desenvolveu-se uma narrativa descrevendo a ascensão cósmica dessa divindade encarnada para servir de passagem em seu retorno ao divino.

Já tentamos demonstrar o fato de que nem a história milagrosa da entrada nem a da saída parecem fazer parte da proclamação cristã inicial – obviamente representam uma evolução posterior das tradições. Mas agora temos que enfrentar o fato de que ambas as narrativas foram reveladas literalmente sem sentido diante do novo conhecimento. Refiro-me não só ao conhecimento sobre as Escrituras que já percorremos no que diz respeito à história do nascimento, mas também à expansão do conhecimento humano sobre o funcionamento do mundo – conhecimento histórico e científico que hoje não permite que pessoas com senso crítico cogitem semelhantes conceitos.

Por exemplo, pesquisas já demonstraram que o sistema de datas utilizado nos relatos bíblicos natalinos não funciona. Tanto Mateus (cf. 2,1) quanto Lucas (cf. 1,5) afirmam que Jesus nasceu quando Herodes era rei da Judéia. Em seguida Lucas diz que o nascimento de Cristo ocorreu durante o período em que Quirinos era governador da Síria (cf. 2,1-8). Por documentos seculares, entretanto, sabemos que

130

MUDANDO O MITO CRISTÃO BÁSICO

Herodes morreu no ano 4 a.C. e que Quirinos só foi governador da Síria no inverno de 6 a 7 d.C., quando Jesus já teria 10 ou 11 anos.

Outros detalhes também são contraditórios. Mateus acreditava que a família de Maria e José morava numa casa em Belém, sobre a qual brilhou a luz da estrela (cf. 2,9). Lucas acreditava que a família morava na Galiléia, na cidade de Nazaré (cf. 2,1-8). Por trás dessa contradição há duas partes da tradição inicial que não se reconciliam. Uma diz respeito ao fato de Jesus ter sido chamado de Galileu e Nazareno. A outra tem a ver com a expectativa messiânica de que o Cristo prometido seria herdeiro de Davi, portanto nascido na cidade de Davi – isto é, em Belém, na Judéia. A evidente origem galiléia de Jesus aparentemente foi motivo de constrangimento e vergonha para os primeiros cristãos. Nazaré, como cidade, foi de fato vítima de humor grosseiro, que se refletiu nos Evangelhos. João, por exemplo, diz que "nada de bom poderia sair de Nazaré" (Jo 1,46).

Quando as narrativas natalinas entraram na tradição das Escrituras, esses dois pontos de origem conflitantes colidiram. Cada um dos dois autores tratou do problema de forma diferente. Lucas assumiu as origens de Jesus na Galiléia, entretanto, por causa do censo, colocou a família em Belém, na cidade de Davi, na época do nascimento do Messias (Lc 2,1-5). Mateus, contudo, assumiu que Jesus nascera em Belém, e teve, portanto, que desenvolver a história de maneira que Jesus ainda jovem se mudasse para Nazaré, onde deveria ter crescido, justificando assim a ligação com a Galiléia de sua narrativa. Dessa forma Mateus contou a história de José, que, temendo o irmão de Herodes (então no poder) e atendendo às instruções divinas recebidas através de um sonho, fugiu para a Galiléia e acabou se estabelecendo em Nazaré (Mt 2,19-23).

Mas, por mais devastadoras que essas informações sejam para a causa da ortodoxia tradicional, o problema mais profundo a ser enfrentado pela história do nascimento através da virgem é que ela reflete uma compreensão pré-moderna do processo de procriação humana. Essa compreensão, devido ao progresso da genética, da biologia e dos sistemas de reprodução, jamais poderia ser aceita por pessoas com certo nível de educação nos tempos atuais, a não ser que

131

elas fechassem a mente a uma vasta gama de dados. Os primeiros cristãos simplesmente não entendiam o papel da mulher na reprodução. Eles não raciocinavam tendo como base dados científicos, mas apenas usando analogias tiradas da vida corriqueira. Sabiam que um fazendeiro plantava a semente no solo e que a mãe terra a nutria até a maturidade. Essa foi a analogia que deu origem à forma de reprodução humana entendida pelos antigos judeus. Presumia-se que a vida de qualquer recém-nascido residia na semente masculina. A contribuição da mulher, assim como a da mãe terra, era apenas prover um útero acolhedor para nutri-lo; ela não acrescentaria nada àquela nova vida.

Nossa linguagem até recentemente ainda refletia essa mentalidade. Minha avó dizia: "Carreguei os três filhos de meu marido", como se ela fosse apenas um receptáculo passivo. Ainda falamos dessa maneira a respeito dos cavalos de corrida. Dizemos: "O vencedor do Kentucky Derby foi Secretariat, procriado por Bold Ruler em Something Royal [que é o nome da égua]". O emprego do termo "em" reflete essa amostra antiga de ignorância humana e, suponho, de preconceito masculino.

Em vista desse conceito da reprodução, quando se desejava atribuir origens divinas a algum personagem, na mitologia antiga, não era necessário retirar a maternidade humana da equação, já que ela não contribuía para a vida a não ser com o calor do útero. Para assegurar uma origem divina, bastava substituir o pai humano por algum agente divino. Todas as histórias de nascimento através de uma virgem – e havia muitas no mundo antigo – faziam essa substituição paternal. No caso de Jesus, o agente masculino foi o Espírito Santo.

Entretanto, no início do século XVIII, foi finalmente estabelecida empiricamente uma hipótese funcional: a mulher fornece um óvulo, que contribui com 50% do código genético de todos os recém-nascidos. A mulher, portanto, é co-criadora de toda criança, em igualdade de proporção com o homem. Desse momento de revelação científica em diante, a tradição do nascimento através da virgem não mais poderia ser pensada como a produção de uma criança divina em forma humana. O máximo que essa revelação da genética poderia produzir seria uma estranha criatura, metade humana e metade divina. Esse

MUDANDO O MITO CRISTÃO BÁSICO

certamente não tem sido o intuito do cristianismo. A mitologia está repleta de criaturas de quatro pernas com cabeça humana e de sereias com corpo de peixe e cabeça de mulher. Essas criaturas são consideradas monstros, nem humanos nem animais. Da mesma forma, a narrativa do nascimento pela virgem, entendida literalmente, produziria uma criatura meio humana e meio divina, não aquela através da qual a plenitude de Deus poderia ser encontrada, na própria plenitude de sua humanidade. Uma interpretação literal do nascimento pela virgem inviabiliza não só a cristologia tradicional, mas também outros conceitos, como o da encarnação.

Assim, o avanço do conhecimento sobre a reprodução suprimiu a literalidade biológica da narrativa milagrosa que se coloca à frente da história do cristianismo, como forma de explicar de que modo o Deus teísta entrou na história da humanidade. Essa história desmoronou como justificativa válida da experiência do encontro com Deus, presente na pessoa de Jesus. Também deve ser descartada como biologia literal; é, portanto, inadequada à teologia. Negar esse fato seria aceitar que Deus, entendido teisticamente, interveio milagrosamente e realizou um ato que rompeu todos os limites de nosso conhecimento sobre as funções reprodutivas do universo.

A história que se conta da morte de Jesus, para explicar a retirada teísta, também não teve melhor resultado. Perceber que a ascensão não é parte da história original do cristianismo, mas foi acrescentada à tradição na nona década da era cristã, é apenas o primeiro passo na abordagem do problema da ascensão literal.

Lucas escreveu seu relato da ascensão de Jesus tendo como pano de fundo a convicção geral de que o universo consistia de uma estrutura em três camadas. O céu, na mente do povo do primeiro século, localizava-se acima da atmosfera – um céu para o qual jamais alguém havia voado e do qual se acreditava que estrelas poderiam litcralmente cair sobre a terra. Para se chegar ao céu onde Deus habitava, seria necessário simplesmente subir, como Jesus fez na história da ascensão. Mas quando Copérnico e Galileu desafiaram a legitimidade do universo de três camadas, anularam e inviabilizaram essa possibilidade.

Desde o tempo de Copérnico e Galileu caminhamos muito, mas, mesmo entrando na era espacial, sempre nos movemos na direção que eles estabeleceram. Nosso conhecimento nos diz que a ascensão de Jesus, entendida literalmente, não é possível. De fato, sabemos hoje que, se subirmos o suficiente em direção ao céu, entraremos em órbita em vez de chegar a algum destino celestial – ou ainda que, se escaparmos da força gravitacional, cairemos nas profundezas de um universo tão vasto que seremos incapazes de abraçar sua magnitude. Nenhuma dessas duas imagens – entrar em órbita ou cair na desolação do espaço infinito – nos edifica espiritualmente. Portanto, a estrutura teísta em torno da doutrina da encarnação se tornou simplesmente inoperante nos dois lados – a divina entrada e a divina retirada. Ficamos a imaginar por quanto tempo a doutrina perdurará, uma vez que suas bases foram erradicadas.

A doutrina da expiação também constitui um problema. A expiação presume a exatidão do mito cristão primário. De acordo com esse mito, no início Deus criou o mundo completo e perfeito. Ao concluir o processo, declarou que toda criação estava finalizada e era boa e descansou, estabelecendo assim o sabá. Deus então colocou, naquele mundo perfeito, um homem perfeito e uma mulher perfeita, para que vivessem num perfeito Jardim do Éden. Segundo esse mito primário, o casal perfeito desobedeceu ao comando de Deus e caiu em pecado, corrompendo assim toda a criação. Toda vida humana daí por diante se tornou desesperadamente imperfeita: os seres humanos seriam para sempre punidos com a morte, incapazes de se libertar do pecado no qual haviam caído, nem de restaurar sua relação com Deus, nem de se salvar. Mesmo quando as pessoas finalmente pararam de pensar em Adão e Eva como se os dois fossem literalmente o primeiro homem e a primeira mulher, ainda se dizia que o mito dessa história captava o significado essencial da vida humana. Somos todos pecadores, caídos, desesperadamente perdidos: essa é a definição da vida humana sobre a qual a história cristã tradicional está fundamentada. É uma definição estranha e, em última análise, destrutiva.

Suponhamos que os pais de uma criança, tentando aprimorar suas qualidades paternas, adquirissem um livro sobre educação infantil que os instruísse a repetir diariamente para a criança que ela era uma pecadora miserável. Que efeito isso causaria na vida dela? "Você está

MUDANDO O MITO CRISTÃO BÁSICO

irremediavelmente perdida", o livro recomendaria; ou ainda: "Você é incapaz de fazer alguma coisa por seu destino. Você não é digna nem de apanhar as migalhas sob a mesa da família!" Isso produziria um adulto são? Obviamente não! Entretanto, essa é a mensagem que ouvimos nas igrejas ano após ano através dos séculos e que é proclamada como "a palavra de Deus" nos púlpitos, nas orações, nas Escrituras e nos hinos.

O debate inicial na história do cristianismo foi sobre a questão da "queda" incorporada no pecado de Adão e Eva e sobre a possibilidade de ela nos deixar parcialmente defeituosos ou totalmente depravados. Em ambos os casos, o Deus teísta teria que assumir o papel de salvador e redentor para resolver esse problema. Essas eram as pressuposições por trás da doutrina tradicional da expiação, que propõe que Deus entrou na vida humana por intermédio da pessoa de Jesus para salvar os pecadores caídos. Entretanto, aqueles caídos a quem Jesus veio salvar não se impressionaram com essa oferta, conta-nos a história, e o prenderam e crucificaram. O Evangelho de João relata que ele "veio para os que eram seus, e os seus não o receberam" (1,11). Portanto, Jesus tornou-se a vítima designada para os pecados de todos, homens e mulheres caídos, absorvendo todo o mal proveniente deles, aceitando o castigo em seu lugar, pagando o preço dos pecados dos outros e triunfando sobre a dor da morte na ressurreição.

Através desse processo, a humanidade foi restaurada ao estado de perfeição original, recriando a imagem quebrada de Deus e permitindo a nós, seres humanos, voltar a ser as pessoas que foram planejadas por ele em sua intenção original, no ato da criação. Esse foi o mito interpretativo sobre o qual o cristianismo foi construído.

A Igreja, que naquela época diziam ser fundada por esse Jesus, passou a proclamar a Boa-Nova da salvação em Cristo Jesus e depois a se organizar para que cada recém-nascido recebesse o batismo ainda na infância e fosse purificado da mancha do pecado original, que marcava toda vida humana. O batismo incluiria a criança no ato redentor de Jesus. Não ser batizado, portanto, significava estar perdido e sem esperança para sempre.

Em seguida a Igreja estruturou seu ato litúrgico primordial de forma que fosse recriada a história do sacrifício de Jesus na cruz – sacri-

135

fício esse que pagava o preço exigido pelo pecado, possibilitando assim que pessoas de todas as gerações se apropriassem da salvação operada por Cristo. Aquela liturgia denominava-se "o sacrifício da missa" ou "eucaristia", termo que significa a ação de graças pelo ato de salvação da redenção. E assim os cristãos têm-se reunido através dos séculos na ceia do Senhor, não apenas para recordar, mas também para entrar nesse significado de sacrifício atemporal da cruz.

Os problemas desse modo de interpretar a expiação são múltiplos. Primeiramente, se for considerado um retrato fiel da situação humana – o que aliás acontece nas Igrejas cristãs mundo afora –, apresenta-nos uma estranha imagem de Deus. Mostra-nos uma divindade que age como autoridade suprema do Oriente Médio e não consegue perdoar até que sua dignidade ofendida seja reparada. Essa divindade não se move para abraçar as criaturas caídas de Deus sem o sacrifício de um ser humano: o sacrifício de sangue que Jesus concedeu de bom grado. Uma história de salvação que depende de um sacrifício humano como exigência divina soa bastante estranha aos ouvidos modernos.

Em segundo lugar, essa interpretação litúrgica da morte de Jesus resultou num fetiche do cristianismo em relação ao sangue salvador de Jesus. Nos segmentos protestantes evangélicos da Igreja, hinos são cantados ao admirável caráter terapêutico do sangue de Jesus. Os fiéis cantam sobre serem "lavados pelo sangue" ou "salvos pelo sangue" de Jesus. Cantam inclusive sobre a "fonte de sangue" fornecida por Jesus, na qual se banham até que seus pecados sejam removidos completamente. Sempre achei essas imagens repugnantes.

A vertente católica da Igreja talvez seja um pouco mais sofisticada, mas nem por isso menos grotesca nas imagens. Nessa tradição, os fiéis participam do sacrifício de Jesus através do sacramento, literalmente comendo seu corpo e bebendo seu sangue. Canibalismo litúrgico ligeiramente disfarçado também é pouco atraente à geração atual.

O problema mais profundo surgido da doutrina da expiação, entretanto, não é nenhum desses citados, mas o simples fato de que somos homens e mulheres pós-darwinianos e, como tal, possuímos visões bem diferentes sobre as origens da vida humana; é obvio que o ponto de vista darwiniano prevaleceu na vida de nossa civilização, e não o mito tradicional cristão.

Segundo a teoria de Darwin, jamais houve uma criação perfeita e completa. O universo ainda não está terminado: ele continua a evoluir e a se expandir. Novas galáxias continuam se formando. O mundo pós-darwiniano também reconhece que nunca houve homem nem mulher perfeitos que tivessem caído em pecado num ato de desobediência. Esse relato não é verdadeiro, nem histórica nem metaforicamente. Seres humanos são criaturas *emergentes*, são um trabalho em progresso. Nem perfeitos nem caídos – são simplesmente *incompletos*.

Essas criaturas certamente não precisam ser socorridas por um sacrifício humano nem salvas de uma queda que nunca ocorreu, nem mesmo mitologicamente. Elas não podem ser restauradas para voltar a ser algo que nunca foram. Seres humanos precisam, em vez disso, ser habilitados a penetrar e captar a plenitude de sua humanidade. Precisam dos meios de navegar para além de seus limites tradicionais. O *Homo sapiens* é o vencedor da luta da evolução. Nossa humanidade foi moldada não por uma queda mítica, mas por uma batalha muito real pela sobrevivência. Sobrevivemos a nossa história biológica por nossa perspicácia e nosso egocentrismo radical.

O mal que somos predispostos a praticar não é uma ilustração de nossa natureza caída, mas uma manifestação de nossa dedicação a nos colocarmos em primeiro lugar, pois é isso que nossa história evolutiva tem exigido de nós. Assim, o sacrifício redentor de Jesus na cruz é uma cura divina para um problema humano postulado por uma interpretação anterior, mas que de nossa perspectiva contemporânea não existe atualmente nem nunca existiu.

Então, onde ficamos? Já que o diagnóstico (a natureza humana pecadora) foi errado, a cura prescrita (a redenção) também não pode estar certa. Quando isso é compreendido, toda a superestrutura sacramental e eclesiástica, que foi baseada num falso diagnóstico, começa a entrar em colapso. O batismo, como sacramento designado a lavar os efeitos de uma queda relacionada ao pecado que jamais ocorreu, não tem sentido. A eucaristia, como reconstituição do sacrifício designado a restaurar a vida humana e fazê-la retornar a algo que nunca foi, torna-se bobagem teológica. A própria linha vital do significado encontrado nesses dois tradicionais símbolos cristãos foi rompida.

Isso nos impele a algo que, para os fiéis tradicionais, é um conceito devastador – ou seja, os princípios doutrinários da fé cristã foram construídos em função de uma condição humana que simplesmente não é verdadeira. Não houve uma criação boa seguida de uma queda no pecado que necessitasse de socorro divino. Houve, e há, apenas a vida emergente, que busca sobreviver a qualquer custo, no anseio de ser chamada para além de seus limites e ser acrescida de algo a mais.

O que se torna evidente é o fato de esses princípios doutrinários capturarem a vida de Jesus dentro dos símbolos de um teísmo que está morrendo. O Deus externo, que invadia a história humana para salvar o pecador caído e devolvê-lo ao propósito original divino da criação, não sintoniza mais com a realidade da experiência humana. Essa descontinuidade entre a mensagem tradicional cristã e o mundo em que essa mensagem é proclamada é largamente reconhecida hoje, pelo menos subconscientemente. É visível na indisposição das principais Igrejas para praticar qualquer coisa que não seja cantar seus velhos hinos, cada vez mais alto, em ataque àqueles "humanistas seculares" que deixaram de saudar seus conceitos irrelevantes. Mas a própria histeria dessas Igrejas revela seu reconhecimento subconsciente de que os valores que preconizam não são mais sustentáveis; e, quando a gritaria se acalmar, os navios fundamentalistas também afundarão nas vastas águas da modernidade.

Observamos essa mesma descontinuidade no rápido declínio das Igrejas principais, que atualmente seriam mais bem designadas como "secundárias".[2] Membros dessas congregações sentem a dissonância entre o que assumem como verdade da vida e o que ouvem em suas Igrejas, mas não sabem como abordar essa dissonância de forma apropriada. Então essas Igrejas ou evitam essas questões ou buscam outras razões de existência. Se isso não der certo, elas simplesmente se dissolvem no esquecimento. Esse tem sido o destino de muitas congregações atualmente. A maioria das Igrejas morre de tédio muito antes de morrer por controvérsias. Elas se recusam a correr o risco de morrer para se engajar na busca da verdade.

Seu falecimento está caracterizado pelo fato de haver um aparente anseio ou sede espiritual, largamente difundido pelo mundo neste momento. Ao mesmo tempo, há uma crescente relutância, por parte daqueles que ainda buscam a Deus, em adotar a idéia de que a Igreja cristã institucional ainda seja um lugar adequado para a realização de suas buscas. Para um vasto número de pessoas modernas, incluindo religiosos modernos, a Igreja é uma opção cada vez menos viável.

Então o cristianismo se situa hoje nessa fronteira. Continuar a fazer o que sempre foi feito no passado é deixar de reconhecer que os símbolos pré-modernos não funcionam no mundo pós-moderno. Não fazer nada é votar pela morte. Buscar uma nova maneira, totalmente diferente, de contar a história de Cristo – se isso for possível – é nossa única opção. A Igreja cristã está, nos primeiros anos deste novo milênio, à beira da extinção ou de um começo radicalmente novo. Nenhuma outra alternativa se apresenta como possibilidade.

Esse é, fazendo um breve esboço, o problema enfrentado hoje pela Igreja cristã. A visão é tão penosa que não é de admirar que as pessoas recuem ou fatalmente se recusem a contemplá-la. Isso exige que nós, cristãos, coloquemos nossas interpretações teístas de Deus, de Cristo e da vida humana nas lixeiras de nosso mundo atual – ou talvez fosse mais apropriado colocá-las nos museus de antiguidade como *primeiro* passo em direção a uma reforma radical.

Apesar de muitos considerarem até mesmo esse primeiro passo tão ameaçador que se torna impossível realizá-lo, o tempo demonstrará que ele é apenas o começo. Enfim, a reforma exigirá a reafirmação, com novas categorias de pensamento, de tudo aquilo em que acreditávamos. O sucesso dessa reforma estará em nossa habilidade de salvar Jesus do teísmo sem destruir o poder do significado que foi encontrado em sua vida – um significado que as pessoas de alguma forma entendiam ser "de Deus". Uma vez feita a separação entre as explicações teístas e a experiência primordial de Cristo, poderemos fazer as perguntas que provavelmente nos levarão a um novo lugar – como "Quem ou o que é Deus?", "Quem é o Jesus no qual Paulo afirmava estar Deus?", "Quem é Deus e quem é o Jesus que os primeiros cristãos asseguravam ser, de várias maneiras, unido ao próprio Deus?".

Não é a variedade das explicações antigas que nos perturba ou cativa hoje. Sabemos que *toda* explicação se torna inoperante com o passar do tempo. É a própria experiência, que inicialmente demandou essas explicações, que agora implora ser reexaminada. O que significa ter uma experiência de Deus? O que foi a experiência de Cristo para os discípulos e para outras pessoas que o conheceram? Como podemos, você e eu, tocá-la, nos apropriar dela e entrar nela hoje, dois mil anos depois?

Se você se dispôs a caminhar comigo até este ponto, talvez então esteja pronto para dar o próximo passo. Temos que conseguir nos deslocar para além daquilo que tradicionalmente alegamos ser Jesus. Essa, agora, se torna nossa tarefa.

VIII

JESUS ALÉM DA ENCARNAÇÃO: UMA DIVINDADE NÃO-TEÍSTA

"Ame seus inimigos" é provavelmente a coisa mais radical que Jesus disse, a não ser, é claro, que consideremos a parábola do bom samaritano. Nela, a advertência é permitir que seus inimigos o amem.[1]

ROBERT W. FUNK
Diretor do Seminário de Jesus

Jesus. "Como soa doce esse nome ao ouvido do fiel!", proclama um de nossos hinos tradicionais. Quando fui consagrado bispo, em 1976, entramos na catedral cantando "Ao nome de Jesus, todo joelho fará reverência".

Não há em minha memória um momento no qual Jesus não tenha sido importante para mim. Fui batizado na infância, adquirindo nesse processo pessoas chamadas "padrinhos", que me pareciam devidamente importantes. Tinha grande prazer em ir à escola dominical, onde aprendia sobre Jesus. Cantava no coral de meninos, servia como acólito e fui atuante em meu grupo de jovens, porque os adultos em minha vida diziam que Jesus estava presente em todas essas atividades. Quando criança, usei uma cruz pendurada no pescoço: era o símbolo dele, me disseram, que me marcava como "pertencente" a ele.

Na vida adulta, minha intenção afirmada tem sido servir a esse Jesus. Estudei-o, escrevi e preguei sobre ele. Tenho investigado sua vida, seu significado e seu poder em livros e palestras. Não encaro essa tarefa de redefinir Jesus com leveza nem facilidade. Ele sempre foi parte integrante de minha vida como figura central de minha história de fé. Portanto, é justo dizer que, ao abordar esse assunto, não me considero apenas um espectador objetivo. Jesus foi importante demais em minha jornada de vida para justificar tal alegação. Aliás, ainda é.

Entretanto, por minha própria integridade, tenho que tentar encontrar a resposta à pergunta que o Novo Testamento atribui a Jesus: "Quem dizes que eu sou?" Conta-se que Pedro respondeu: "Tu és o Cristo, o filho do Deus vivo" (Mt 16,15-16). Ainda é possível usar essas mesmas palavras? Elas têm alguma flexibilidade? Alguma abertura a novos significados? Se estiverem presas a seu passado teísta, em significados pelos quais têm sido tradicionalmente entendidas, então precisaremos descartá-las por sua insignificância.

Seria honesto arrancar essas palavras daquele passado e abri-las a novos significados? Acredito que sim. Palavras mudam. Percepções da realidade, e até de Deus, mudam. Explicações distorcem a verdade com o passar do tempo. Então a pergunta real a que devemos responder é: Conseguiremos capturar a essência desse Jesus em palavras que transcendam os modelos do passado, mas que ainda sejam capazes de afirmar – e de convidar meu mundo a afirmar – a experiência de Cristo? Ou seja, uma vez anulado o conceito do teísmo, esse Jesus ainda poderá constituir uma experiência de Deus para nós? Ainda poderá ser uma porta pela qual chegamos à expressão do sagrado? As respostas a essas perguntas determinarão com clareza se aquilo que buscamos é uma reforma autêntica do cristianismo ou se estamos iludidos e, a partir do temor reprimido, tentando esconder ou mascarar a morte do cristianismo. Os riscos, portanto, são grandes ao iniciar este capítulo.

Se o teísmo não existe mais, poderá o nome de Jesus continuar soando doce aos ouvidos dos fiéis, levando nossos joelhos a se dobrarem em reverência? Se não podemos mais falar de Jesus como encarnação literal da divindade teísta, nem como a segunda pessoa literal da divina Trindade, o que poderemos dizer a seu respeito que seja real e que ainda o ligue à experiência que está por trás das reivindicações tradicionais cristãs? Que outras palavras poderemos usar para nos juntar a Paulo em seu clamor extasiado: "Deus estava em Cristo"?

Quando começo a explorar a vida desse Jesus desvinculado da estrutura teísta do cristianismo passado, fico energizado e até encantado ao ver emergir uma visão inteiramente nova. O que vejo é um novo retrato de Jesus. Ele foi mais profunda e plenamente vivo que qualquer outra pessoa que conheci em minha vida, na história ou na literatura. Vejo-o apontando para algo que ele denomina "reino" de Deus, onde novas possibilidades exigem nossa consideração.[2] Vejo-o retratado como aquele que constantemente desmontava as barreiras que separam as pessoas umas das outras. Vejo-o convidando seus seguidores a juntar-se a ele para caminharem sem temor para além daqueles limites de segurança que sempre proíbem, bloqueiam ou negam nosso acesso a uma humanidade mais profunda. Talvez, sobretudo, ele seja para mim um eliminador de fronteiras, que me permite visualizar a possibilidade de minha própria humanidade atravessar minhas barreiras humanas para alcançar a divindade que sua vida revela, que de fato nós, cristãos, dizemos que ele possui.

Vejo Jesus como aquele que chama a todos que o cercam para caminhar para além de seus temores tribais. No tempo de Jesus, o povo judeu organizava a vida para ter o mínimo contato social possível com os gentios. A barreira era enorme. Os judeus julgavam-se separados dos gentios pela circuncisão, ordenada pela Torá, e pelo regime da alimentação *kosher*. Seu *status* "separado" era assumido por ordem de Deus. Entretanto, Jesus é retratado como uma pessoa que convidava os outros a deixarem de lado seus medos tribais e xenófobos e darem um passo além dessa fronteira. Parece lhes dizer que uma nova humanidade habita do outro lado desses temores. Ouço seus primeiros seguidores, como Paulo, que, inspirado por esse Jesus, anunciou que em Cristo "não há judeu nem grego" (Gl 3,28). Noto que o autor do primeiro Evangelho a ser escrito, Marcos, teve a audácia de colocar um centurião gentio ao pé da cruz para interpretar o significado da vida, dizendo: "Verdadeiramente, este homem era filho de Deus"

(Mc 15,39). Leio Mateus, cujo Evangelho é o mais judeu de todos, e vejo que ele começa a história de Jesus colocando uma estrela no céu, onde será visível a todos os povos da terra, incluindo, é claro, os gentios. Prossegue dizendo que aquela estrela atraiu o mundo gentio, representado pelos magos, que vieram prestar homenagem a um Cristo universal (cf. Mt 2,2). Agora vejo com novos olhos o poder presente na conclusão de sua história, quando esse mesmo Mateus diz que o Cristo ressuscitado pede uma única coisa aos discípulos. São as palavras que chamamos "a grande missão": "Ide a todas as nações" – isto é, ide para onde moram os gentios – e proclamem o amor de Deus por eles (cf. Mt 28,19). O cristianismo, em suas origens, foi clara e intencionalmente designado a ser radical, a ser transformador, a quebrar as barreiras dos sistemas religiosos, a ser construído sobre uma mensagem evangelística identificada com Jesus e proclamada arrebatadoramente através do próprio ser da vida dele. Na experiência de Cristo, judeus e gentios não poderiam mais ficar uns contra os outros. Nem poderia qualquer outra fronteira tribal continuar a limitar a humanidade de quem quer que fosse.

Lucas, que provavelmente nasceu gentio – embora um gentio partidário do judaísmo, que certamente freqüentou a sinagoga por tempo suficiente para que os modelos litúrgicos judaicos moldassem sua vida –, continuou a desenvolver essa quebra de fronteiras universal. Refiro-me ao fato de Lucas ter alterado significativamente a genealogia de Jesus apresentada por Mateus, pois ela voltava apenas até Abraão, pai da nação judaica. Lucas queria que o mundo inteiro fosse incluído em seus símbolos, então retrocedeu até Adão, o pai simbólico de toda a raça humana. Sua mensagem clara era que os gentios também faziam parte do plano da salvação. Depois Lucas contou a história de como o movimento cristão seguiu da Galiléia a Jerusalém e depois a Roma – isto é, das margens ao coração do mundo judaico, e depois para além daquela barreira terrível, até o verdadeiro centro do mundo gentio. Essa foi e continua sendo uma mensagem radical. Não é de admirar que Jesus tenha provocado a hostilidade que o levou à morte, já que deixou claro que não permitiria concessões a essa visão.

Fronteiras tribais são poderosos divisores da vida humana. Elas dão origem aos mais desumanos comportamentos da humanidade. Entretanto, no retrato bíblico de Jesus, o vemos relativizando essas linhas divisórias e convidando as pessoas a entrar na experiência da humanidade não-tribal. Creio que esse é um passo importante para transpormos nosso sistema de segurança evolucionário, refletindo um chamado para que nos tornemos algo que nós, seres humanos, jamais fomos. É um convite para entrarmos na nova existência sobre a qual Tillich escreve – uma humanidade sem barreiras, uma humanidade sem reivindicações defensivas por causa de temores tribais, uma humanidade transformada, tão plena e tão livre que a presença de Deus se torna perceptível dentro dela.

A Bíblia também retrata Jesus como aquele que vai além das barreiras do preconceito humano. O símbolo máximo do preconceito no judaísmo do primeiro século foi o samaritano. A própria identidade e a segurança dos judeus eram revestidas da idéia de que eles tinham a raça pura e eram os verdadeiros eleitos. A seus olhos, os samaritanos eram heréticos de raça mestiça, dignos unicamente do desprezo. No tempo de Jesus, o preconceito contra os samaritanos tinha alcançado o nível emocional profundo de um ódio visceral. Quando judeus peregrinos viajavam da Galiléia para Jerusalém, faziam o percurso mais longo à custa do próprio conforto, atravessando o rio Jordão ao leste, passando pelo deserto e depois voltando a atravessar o Jordão, para então entrar em Jerusalém — tudo isso para não respirar os ares samaritanos pelo caminho.

O preconceito amarra a vida humana de tal forma que diminui nossa própria humanidade. Quanto mais preconceitos temos, menos humanos somos. Portanto, o preconceito é uma técnica de sobrevivência exigida pelo egocentrismo de nossa reação à incerteza da autoconsciência. Mas Jesus é mostrado nos Evangelhos como alguém que relativizava essa habitual paixão negativa. Lucas conta a história de um samaritano, um dos dez leprosos curados por Jesus, que teve o discernimento espiritual de saber de quem viera sua cura e de retornar para agradecer, reconhecendo aquela fonte de vida (cf. Lc 17,16). Para enfatizar ainda mais a história, os outros leprosos – provavelmente judeus verdadeiros e fiéis – não retornaram. Essa foi uma narrativa desafiadora, que não deve ter agradado os ouvintes da época.

Na parábola do bom samaritano, o evangelista cita a história contada por Jesus sobre um homem que viajava de Jerusalém a Jericó e foi assaltado por ladrões, que bateram nele e o deixaram ensangüentado e inconsciente à beira do caminho. A Torá, a lei de Deus pela qual os judeus juravam pautar a vida, exigia que as necessidades humanas tivessem prioridade sobre qualquer outra questão. Entretanto, nessa história, Jesus conta que um levita – oficial reconhecido do Templo, que certamente era ciente das exigências da lei de demonstrar compaixão pelos necessitados – passou pelo outro lado da via, ignorando o homem ferido. Em seguida veio um sacerdote, homem santo de Israel, ordenado após reconhecida proficiência no estudo da Torá. Ele também viu a vítima. Talvez para justificar sua atitude, que contraria a conduta estabelecida pelo texto sagrado, o qual prega a compaixão, mas está de acordo com o texto que proíbe alguém de tocar um corpo morto, ele se absteve até mesmo de parar para investigar e passou pelo outro lado da rua. Jesus continua, dizendo que depois apareceu um herético de raça mestiça, viajando por aquele caminho. Ele não era instruído na lei, portanto talvez ignorasse as exigências da Torá. Mas viu um ser humano necessitado e agiu imediatamente. Aproximou-se, derramou óleo sobre as feridas, cobriu-as, depois deu vinho e água à vítima e a levou em seu próprio jumento até a hospedaria, onde pagou a estadia, alimentação e cuidados até que ele estivesse completamente curado.

Jesus diz, em sua dramática conclusão, que essa história significa que quem faz o exigido pela Torá é mais profundamente filho de Abraão do que o levita ou o sacerdote que, embora externamente fossem pessoas de convicções religiosas, não atenderam às necessidades humanas acima de todas as outras considerações. Jesus virou de cabeça para baixo os valores de sua época segundo os quais o povo vivia. Essa parábola era um desafio ao preconceito característico do judaísmo no primeiro século e convidava as pessoas a dar um passo além dos preconceitos distorcidos, fossem quais fossem, e entrar numa nova humanidade, que não necessitaria mais do abuso contra uma vítima para que alguém afirmasse o próprio valor. Jesus pintou o retrato de uma nova humanidade e convidou as pessoas a experimentá-la: uma humanidade que surge além das fronteiras de nossos preconceitos.

Nessas histórias, através das quais esses antigos escritores lutavam para capturar o significado da experiência de Cristo, Jesus é mostrado como a presença de Deus, que chama seus seguidores a nos tornarmos mais plenamente humanos e a abrirmos as fendas escuras de nossa alma, onde se escondem nossos preconceitos – o lugar onde confinamos os samaritanos de nossa era. Cada um de nós carrega um preconceito característico no coração. Para alguns, ele pode estar ligado à cor da pele que difere da nossa; para outros, à forma de adorar a Deus que achamos estranha; ou ainda à orientação sexual que seja diferente da nossa ou pelo menos da maioria. Para sermos discípulos de Jesus, somos forçados a atender a seu chamado para abandonar todos os nossos estereótipos fatais baseados em diferenças externas e caminhar para além de nossos temores distorcidos, entrando numa nova humanidade livre de preconceitos. É uma outra versão do convite de Tillich à nova existência, a uma humanidade sem barreiras, sem as deturpantes correntes do preconceito humano.

O retrato da vida de Jesus nos Evangelhos parece também chamar aqueles que seriam seus discípulos a deixar de lado toda distinção de gênero e sexo. Ele nos desafia a ver a humanidade em primeiro lugar e depois observar as diferenças – como masculino e feminino, *gay* e hétero, branco e de cor – tornarem-se apenas categorias nas quais a humanidade se divide. Essas divisões não refletem fragmentação e pecado, como sempre sugeriu nossa retórica do passado, mas a incrível riqueza do significado da plenitude humana. O retrato de Jesus desenhado pelos escritores bíblicos mostra-o violando as barreiras sexuais da época, não somente uma, mas repetidas vezes. O Evangelho de João, por exemplo, diz que Jesus travou conversa com uma mulher na fonte, numa significativa discussão litúrgica e teológica (cf. 4,7-30), embora os homens judeus não conversassem com mulheres em lugares públicos. Jesus claramente teve discípulas mulheres, lideradas pela destemida Madalena, que foi obviamente uma pessoa-chave nas atividades dele, apesar de a Igreja ter mais tarde jogado no lixo sua reputação, transformando-a numa prostituta, mesmo sem haver qualquer evidência em que se pudesse basear esse ato de assassinar o caráter dela. Isso não foi nada além de uma tentativa patriarcal dramática de suprimir a forte presença física de Madalena na vida de Jesus, conforme indicam as leituras de apropriados textos bíblicos.[3]

Também precisa ser claramente citado que, apesar do estardalhaço homofóbico que acontece dentro da Igreja cristã atualmente, Jesus não pronunciou uma palavra sequer sobre homossexualidade em qualquer dos Evangelhos. Por essa razão, nenhum texto dos Evangelhos pode ser utilizado nessa arena de debate eclesial. Contudo, os registros desse Jesus que defendia os membros marginalizados de sua sociedade e as vítimas de preconceito sexual são claros. Se ele tivesse o conhecimento que temos hoje sobre a natureza e a origem da homossexualidade, não há dúvidas sobre a posição que tomaria ou sobre o lado em que estaria o amoroso Jesus de Nazaré. Preconceito, seja baseado num sentimento de superioridade de gênero ou nas diferenças de orientação sexual, é mais uma barreira à plena humanidade. Jesus atravessa essa barreira tão prontamente como todas as outras. Ele nos chama mais uma vez a um novo ser, a entrar numa humanidade sem barreiras, sem os estereótipos defensivos que aplicamos à questão da sexualidade humana. Ele é um Deus presente, que relativiza todas as barreiras que bloqueiam nossa plenitude e, por conseqüência, nossa habilidade de sermos portadores de Deus para os outros.

O retrato bíblico de Jesus até convida e dá poderes a seus seguidores para caminharmos além de nossas diferenças religiosas – diferenças nas quais temos consistente e falsamente investido algo da supremacia de Deus. Além dessas diferenças, somos desafiados a deixar de pensar nas pessoas como ritualisticamente puras ou impuras, batizadas ou não batizadas, certas ou erradas, ortodoxas ou heterodoxas, cristãs, judaicas, muçulmanas, budistas ou hindus. A vida de Jesus é revelada estendendo-se sempre àqueles que seu próprio sistema religioso rejeitava. Ele abraçou os leprosos, cuja carne em decomposição era considerada intocável por sua tradição religiosa. Ele permitiu o toque da mulher com sangramento menstrual crônico, que pelas leis religiosas de sua tradição era declarada corruptora e impura. Ele deixou de lado o regulamento do sabá quando este conflitava com as necessidades humanas. Ele convidou Levi, um judeu que servia aos romanos como coletor de impostos, considerado impuro de acordo com a lei ritual judaica, para participar de sua intimidade como um de seus Doze. Ele se recusou a condenar a mulher adúltera, como ditava a Torá.

Todo povo busca o caminho da plenitude para uma nova humanidade. Essa foi a mensagem de Jesus. Seu propósito aparentemente era habilitar as pessoas a captarem e entrarem nessa plenitude e a tornarem-se essa nova humanidade.

Jesus entendia, como todos nós mais cedo ou mais tarde entenderemos, que Deus não pode ser confinado nos limites de nossos sistemas religiosos. Quando reivindicamos a verdade máxima para nossa versão de Deus, nossa revelação, nossa Igreja, nossa fonte de autoridade, ou mesmo para nossos líderes eclesiásticos, estamos de fato construindo outro muro de proteção em volta de nossa insegurança. O Deus além do teísmo não pode ser limitado por credos humanos. Essa percepção nos permitirá caminhar para um futuro ecumênico tão dramaticamente diferente que será chocante. Conseguiremos enxergar a Base da Existência em Moisés, Maomé, Buda e Krishna, tanto como em Jesus. Essa não será uma nova versão do bahaísmo, por mais nobre que seja aquela tentativa de atravessar as fronteiras religiosas. Será, sim, um passo além de todo símbolo religioso. Jesus será a porta de entrada ao sagrado para aqueles de nós que tivermos o privilégio de conhecer seu nome, mas haverá outras portas para outras pessoas. O Deus que é a Base da Existência não pode ser amarrado, nem mesmo por nossas reivindicações religiosas. Uma vez entendido isso, evidencia-se que ninguém deve denegrir as portas pelas quais outras pessoas passam na jornada em busca do santo Deus. Jesus foi e é uma presença de Deus através da qual entramos no reino do divino, um reino que transcende toda fronteira religiosa.

Jesus entendia que o ser humano não é chamado apenas para sobreviver, mas para viajar para dentro da plenitude tanto de nossa própria humanidade como do mistério de Deus. O que a maioria de nós parece não entender é que essas duas viagens são simultâneas e até idênticas. Quando será, eu me pergunto, que aprenderemos que o crucial não é o caminho que percorremos individualmente, mas o destino que buscamos? Sugerir qualquer outra coisa é continuar jogando desatualizados joguinhos religiosos.

Então observem comigo por alguns minutos esse Jesus situado no centro de minha tradição de fé. Mas o façam com olhos que não estejam mais vendados pelos modelos teístas do passado e vislumbrem um novo cenário, além dos moldes teístas que outrora usamos para descrever Jesus, mas não além de um novo entendimento de divindade.

Esse Jesus humano parece possuir a vida tão plenamente que pode doá-la sem medo. A liberdade que marca esse homem é tão assustadora para aqueles que não estão livres – e não conseguem admitir que não estão livres – que eles se levantam na ira de destruir o doador da vida. A cruz, para mim, representa essa destruição que ainda acontece nas disputas religiosas. A cruz não representa um sacrifício necessário a uma divindade sanguinária; ela revela, sim, o retrato final do poder ameaçador do amor presente na vida dessa vítima. Até quando Jesus andou por onde mais tarde se denominaria o caminho da cruz, e mesmo quando a ameaça de morte se tornou a realidade da morte, ainda assim o portador desse dom de vida descobriu que nada poderia destruir definitivamente a vida que ele possuía. Ao sucumbir aos poderes daqueles que não suportavam seu chamado para entrar na nova existência, para captar o novo e radical sentido de liberdade, Jesus ainda foi capaz de doar sua vida. Seu retrato descrito no Evangelho o revela como doador de vida aos outros até enquanto morria.

A vida não pode ser doada até que seja possuída. Entretanto, quando a vida é doada livre e totalmente, o doador não é diminuído. De fato, a doação descrita na pessoa de Jesus resultou na explosão de uma humanidade nova e radicalmente diferente, num mundo que ainda estava preso à mentalidade de sobrevivência de nosso passado evolutivo. Percebe-se algo novo na história de Jesus, algo profundamente comovente. À medida que esse poder nos toca e nos traz vida nova, somos levados a reconhecer que "Deus está presente nessa vida nova" e contemplamos essa fonte, essa revelação, essa presença de Deus, esse Jesus, com uma espécie de alegria e admiração. Jesus, portanto, primeiro nos revela a fonte da vida e depois nos habilita a adentrá-la.

Em seguida observamos que a presença do amor sem barreiras que encontramos na vida de Jesus nos transmite algo de expansivo e criativo. É como se nós, seres humanos, crescêssemos ao conhecer o amor. O amor está presente de forma embriônica em todos os aspectos da vida. É perceptível na proteção das espécies subumanas à sua cria, na lambida do felino adulto ao limpar o pêlo do gatinho, no vôo da ave para pegar alimento para os indefesos ocupantes do ninho, ou no acasalamento dos pombos que se unem até o fim da vida. Mas esse tipo de amor-doação é mais profundamente visível na experiência humana, em que pode ser alcançado conscientemente, escolhido livremente e apropriado plenamente. A ausência de amor na infância do ser humano é tão letal quanto a presença de uma doença fatal. A presença de amor é a fonte da vida e do crescimento.

O amor se manifesta na disposição humana de se aventurar além das fronteiras da segurança, no risco de perder-se e até no desejo de explorar as fendas do desconhecido. O amor cria estabilidade, mas não estagnação. O amor nos chama a existir, expande nossa vida ao fluir através de nós. Se o amor for bloqueado, ele morre. O amor tem de ser compartilhado, senão deixa de ser amor. O amor nos une em comunidades cada vez maiores. O amor nos liberta das definições pejorativas que resultam em exclusão. O amor transcende as barreiras, une e atrai. O amor intensifica a vida.

Portanto, quando surge na história um ser humano com uma habilidade de amar como nunca fora vista antes, quando essa vida nos chama a uma nova unidade humana e se recusa a ser amarrada pelas regras originadas de nosso temor e incompletude, então, inevitavelmente, olhamos para essa vida com admiração, talvez até com adoração. O amor é uma presença e um poder capazes de nos afastar dos temores tribais – pois abraça judeus e gentios – e de nossos medos preconceituosos, pois abraça quem quer que seja nosso samaritano. O amor não tem povo escolhido, pois isso implicaria o fato de alguns deixarem de ser escolhidos. O amor não tem malícia, não busca vingança, não fica de guarda em nenhuma entrada.

Uma vida definida pelo amor não procurará se proteger nem se justificar. Estará satisfeita em ser simplesmente como é e em se doar sem restrições. Se for negado, o amor abraça o negador. Se for traído, o amor abraça o traidor. Se for renunciado, o amor abraça o renunciador. Se for torturado, o amor abraça o torturador. Se for crucificado, o amor abraça os assassinos. O amor nunca julga. O amor simplesmente anuncia que nem a pessoa que você é nem os atos que tenha cometido podem levantar uma barreira que não possa ser superada pelo poder dessa presença invencível.

Se a vida é sagrada e se o amor gera e intensifica a vida, conclui-se que o amor também é sagrado. Portanto sou levado a sugerir que o amor e Deus não podem ser separados e que compartilhar o amor nada mais é que compartilhar Deus. Permanecer no amor é permanecer em Deus, doar amor é doar Deus. É por isso que, ao vermos uma vida que ama em abundância, podemos dizer daquela pessoa: "Deus está presente naquela vida". Essa é uma parte do que significa para mim um Jesus não-teísta, mas ainda centrado em Deus.

O amor toca algo externo. Ao experimentá-lo, somos fisgados por seu poder. O amor nos eleva para além de nossa busca pela sobrevivência. O amor nos permite transcender nossos limites. O amor nos liberta para que possamos nos doar.

A vida humana não necessita de um socorro divino. O que precisamos, sim, é de vida, tão aberta, tão livre, tão plena e tão cheia de amor que, ao vivenciá-la, somos envolvidos pela realidade do amor, somos abertos para a fonte do amor e entramos na forte presença do amor. Essa vida então se torna nossa porta de entrada ao infinito e inesgotável poder do amor. Chamo esse amor de "Deus" e o vejo em Jesus de Nazaré. De repente me sinto chamado a uma nova forma de ser, uma humanidade sem fronteiras, e me torno pleno em sua presença. Afirmo então que Deus estava em Cristo. Portanto, Jesus revela a fonte do amor e depois nos chama para experimentá-lo.

Em seguida, sou forçado a reconhecer que vida e amor são manifestações de algo que só podemos descrever com aquela palavra de Tillich: existência. Nem vida nem amor ocorrem separados do existir. Existir é um conceito estranho de entender, e nosso vocabulário luta para defini-lo. Falamos de uma pessoa que tem presença. Não conseguimos definir esse conceito com precisão, mas sabemos que é o oposto da ausência, embora nunca digamos que alguém tem ausência. Respondemos positivamente à propaganda de recrutamento do exército porque toca algo profundo dentro de nós: "Seja tudo que puder. Entre para o exército". Imortalizamos a frase de Shakespeare na qual Hamlet conduz seu debate interior: "To be or not to be" [ser ou não ser, existir ou não existir].

Existência é uma qualidade que reconhecemos quando a vemos, e conhecemos sua ausência quando a sentimos. Falamos na necessidade de os políticos "se definirem" para projetarem sua existência essencial. Quando alguém está na posse de sua existência, tem liberdade. "A coragem de ser" é como Tillich denominou essa liberdade.[4] A pessoa que tem "a coragem de existir" não é enaltecida pelos elogios nem diminuída pelas críticas. Existir não é algo que fazemos – é o que somos.

Portanto, quando entra na história a vida humana que chamamos Jesus – aquele que aparenta possuir a própria Existência –, essa pessoa é inicialmente considerada memorável. Essa pessoa, dizemos, possui muito poder. Quando o ser dessa pessoa se revela tão real que enaltece o ser daqueles que a cercam, então ela é vista como um facilitador da vida, uma fonte de existência para os outros. O ato de existir está sempre além da pessoa que o manifesta. Não se origina em nenhum de nós, simplesmente flui através de nós. É como um dom que chega para nós, não é nossa propriedade. Assim como a vida, é encontrado em toda ordem da criação. Estamos enraizados nele, fundamentados nele, somos recipientes dele e portadores dele para os outros. Ele nos relaciona com algo além de nós mesmos, com aquilo que os filósofos e teólogos denominaram, através dos séculos, A Base da Existência. Seguindo o exemplo de Tillich, uso esse termo como outro nome para Deus, um Deus reconhecido não como pessoa, mas como fonte de personificação, o Deus definido numa citação atribuída a Paulo no livro de Atos como aquela presença ou poder em que "vivemos, nos movemos e existimos" (cf. 17,28).

Da mesma maneira que consigo ver vida e amor em Jesus de Nazaré, agora também consigo enxergar nele esse ato de existir, que vejo quando a multidão gritava hosanas e jogava folhagens, dando-lhe boas-vindas em Jerusalém (cf. Mc 11,1-11). Houve uma enorme adulação naquela cena; e a exaltação humana tem poder de sedução, é um doce narcótico, quase irresistível à maioria dos seres humanos, incluindo grande parte das personalidades públicas. Mas Jesus conhecia a si mesmo. Jesus possuía tão profundamente seu próprio existir que isso não lhe subiu à cabeça, e seu existir não foi comprometido nem pela aclamação do povo.

Também vejo em Jesus esse ato de existir quando ele foi vítima da crucificação. Quando as pessoas são tratadas deslealmente, quando a vida está sendo tirada brutal e injustamente, a necessidade de sobreviver quase sempre se sobrepõe a tudo. A reação típica humana nessas circunstâncias é pedir socorro, implorar, lutar, chorar, se queixar ou até xingar – qualquer coisa que possa oferecer alguma chance de sobrevivência. Mas vejamos mais uma vez o retrato de Jesus proclamado pelos Evangelhos, em que, em vez de tudo isso, somos apresentados àquele cuja afirmação do existir é tão profunda que pode até doá-lo livremente. Ele pode se submeter ao destino cruel. Ele pode gastar sua energia no ato de afirmar a existência dos outros. E, para aqueles que perpetraram esse crime contra Jesus, é dito que ele deu o dom do perdão (cf. Lc 23,24). Para aqueles que compartilharam seu destino, é dito que ele deu o dom da segurança (cf. Lc 23,39-43). Para aqueles que se lamentavam por perdê-lo, é dito que ele deu o dom do conforto (cf. Lc 23,28-31). Para seus inimigos, aqueles que se regozijaram com sua morte, é dito que ele não deu o dom da resistência, mas o da silenciosa resignação (cf. Lc 23,46).

Importa se esses são retratos literalmente precisos dos acontecimentos exatos que ocorreram naqueles dias, entre o que posteriormente denominamos Domingo de Ramos e Sexta-Feira Santa? Acho que não. Aliás, argumentei, num livro que escrevi anteriormente,[5] que até mesmo a história da Paixão de Jesus – desde o Domingo de Ramos até a cruz – não é a história literal, mas uma tentativa ilustrada de narrar o drama da crucificação no pano de fundo de textos como Zacarias 9,14, Salmo 22 e Isaías 53. Essas histórias da Semana Santa são interpretativas, formas de recontá-las liturgicamente, e não memórias de testemunhas oculares. Os evangelistas fizeram um retrato sem usar uma máquina fotográfica. Eles buscavam capturar, em suas histórias interpretativas, a essência do ser desse Jesus.

O existir em Jesus chamava aqueles que estavam a sua volta para uma individuação nova e mais profunda. Aqueles que o negaram foram chamados para a liderança. Covardes que o desertaram e fugiram foram chamados para o heroísmo. Judeus, presos em seu tribalismo, foram chamados para a inclusão. Mulheres foram chamadas para a humanidade plena e para o discipulado pleno. Pessoas temerosas foram chamadas para viver corajosamente. Excluídos foram chamados para a dignidade humana. Jesus, desse modo, revela a Base da Existência e depois nos chama para experimentá-la.

Chegamos, portanto, a uma nova maneira de falar nesse Cristo. Por favor, leiam cuidadosa e atentamente. Palavras religiosas muitas vezes são mal interpretadas, porque evocam emoções poderosas. Quero trilhar aqui uma estreita linha de distinção teológica – talvez até mais importante que isso, uma estreita linha de percepção e verdade.

Será correto identificar o Jesus humano com a Base da Existência? Não, essa não é a forma como eu o colocaria. Entretanto podemos dizer, creio eu, que percebemos a Base da Existência através desse Jesus. Podemos chamar Jesus de Fonte da Vida? Não, eu também não faria essa identificação. Mas podemos, creio eu, tocar na própria profundidade da vida através desse Jesus. Será Jesus a suprema Fonte do Amor? Não, não podemos lhe atribuir isso. Mas podemos, acredito, experimentar a qualidade incondicional do amor através dele. Podemos dizer então que o agente intermediário é a própria mensagem? Não. Isso, creio eu, seria afirmar mais do que devemos. Contudo, o agente intermediário é o canal através do qual a mensagem é recebida. Jesus é a palavra de Deus, e não Deus. Esse é o argumento do quarto evangelista, embora ele seja considerado o que reivindica com maior força a divindade de Jesus.

Mas experimentalmente note que não há diferença essencial entre Deus e a palavra de Deus, nem entre a Base da Existência e a existência de Jesus, entre a Fonte do Amor e o amor de Jesus, e entre a Fonte de Vida e a vida de Jesus. Então, no êxtase da experiência de Cristo, na transformação e expansão de nossa humanidade, no momento em que o amor nos chama para além de toda barreira que fora designada a proteger e, portanto, frustrar nossa humanidade, ouvimos primeiro a pergunta feita há tanto tempo: "Quem achas que eu sou?" Então respondemos com um novo entendimento, empregando inclusive as palavras da Antiguidade: "Tu és o Cristo, Filho do Deus vivo" (Mt 16,16). Daí podemos afirmar, juntamente com o quarto evangelista, que aqueles de nós que viram Jesus, viram também Deus (cf. Jo 12,45). Finalmente podemos assegurar que aquele a quem chamamos Deus – definido teisticamente em tempos passados e entendido em nossa tradição e preconceito patriarcal como Pai criador – e o significado essencial encontrado nesse Jesus são uma coisa só, uma mesma realidade. Portanto podemos escutar de uma nova maneira Jesus dizendo: "Eu e o Pai somos Um" (Jo 10,30).

Atrevo-me a sugerir que essa conclusão, se compreendida corretamente, é poderosamente ortodoxa em sua essência, embora longe da antiga mitologia. Ela não define mais Deus como um ser sobrenatural externo, que foi encarnado no Jesus humano através de um nascimento milagroso. Não retrata mais Jesus como aquele que realizou coisas extraordinárias, possíveis de serem feitas somente por Deus, incluindo o ato de sair vivo, andando fisicamente do túmulo, três dias após a morte, e depois desafiar a gravidade para retornar ao lar celestial numa ascensão cósmica, uma vez concluída sua missão. Podemos deixar de lado de uma vez por todas essa estrutura teísta moribunda sem ter de abandonar a experiência que a gerou. Nossa esperança por reforma e por uma nova vida está nessa simples distinção.

Deus é a Fonte da Vida que é exaltada quando vivemos plenamente. Deus é a Fonte do Amor que é exaltada quando amamos em abundância. Deus é a Base da Existência que é exaltada quando temos a coragem de existir. Jesus é o Deus presente, uma porta de entrada, um canal aberto. A plenitude de sua vida revela a Fonte da Vida, a abundância de seu amor revela a Fonte do Amor, e a existência de sua vida revela a Base de Toda Existência. É por isso que Jesus continua firme no centro de minha vida religiosa. É também por isso que continuo a chamá-lo "meu Senhor" e a me considerar cristão. Mas sou um cristão que não vive mais dentro das amarras exclusivas de meu passado teísta.

156

Permita-me ampliar as fronteiras mais uma vez. Na medida em que Buda, Moisés, Elias, Isaías, Krishna, Maomé, Confúcio, Julian de Norwich, Catarina de Gênova, Hildegard von Bingen, Rosa Parks, Florence Nightingale, Mahatma Gandhi, Martin Buber, Thich Nhat Hanh, Dag Hammarskjöld ou qualquer outra pessoa santa traz vida, amor e existência para outrem, então na mesma medida aquela pessoa é para mim a palavra de Deus encarnada. Nenhuma cerca pode ser colocada em volta do Existir de Deus. A sugestão de que Jesus seria de um tipo diferente de substância e assim seria diverso de todos os outros seres humanos – em espécie, e não em grau de intensidade, – terá de ser abandonada definitivamente. Daí então certamente começará a nascer a concepção de que perceber Jesus como diferente dos outros somente em grau de intensidade é abrir todas as pessoas para o potencial encontrado na figura de Cristo. É fazer um convite para que todos dêem um passo e entrem no poder da vida em plenitude, do amor abundante e da coragem de ser tudo aquilo que qualquer um de nós podemos ser – uma existência pessoal, plena, livre, em expansão, participante de uma humanidade sem fronteiras.

Afinal, as pessoas religiosas terão um caminho, um meio de honrar as vidas sagradas em todas as tradições, pois naquelas vidas percebe-se vida, experimenta-se o amor e o próprio existir é enaltecido. Portanto, a presença de Deus como Fonte de Vida, Fonte de Amor e Base da Existência poderá ser vista, registrada e honrada nessas pessoas, embora possa ser necessário expandir esse símbolo além dos limites que reconhecemos atualmente em nossas próprias tradições religiosas. Teremos que aprender a acolher e até celebrar aquelas diferenças sem usá-las como fronteiras nem permitir que se tornem essenciais. Jesus sempre será para mim o padrão com o qual medirei o Deus presente em qualquer pessoa. Não há outra forma de vê-lo. Nesse sentido, e somente nesse, ele continua sendo para mim o caminho, a verdade e a vida, a porta pela qual posso entrar na santidade de Deus. O Deus que adoro, todavia, estará disponível em muitas portas. Afirmar qualquer outra coisa é permanecer vítima do teísmo. O Deus que é vida, amor e o próprio existir não pode ser engessado nos limites de minha tradição. Deus está além de Jesus, mas Jesus participou da Existência de Deus e é meu caminho para Deus. Essas são as asserções que farão parte do cristianismo de amanhã. Tenho esperanças de que esse cristianismo venha a nascer e, com ele, um convite seja oferecido a todas as pessoas, para que entrem em sua própria humanidade de forma tão profunda que encontrarão nela uma porta para Deus. Pois é isso que a Igreja do futuro deverá proclamar se quiser viver e, creio eu, se quiser ser fiel ao Deus encontrado na pessoa de Jesus.

IX

O PECADO ORIGINAL ESTÁ FORA, A REALIDADE DO MAL ESTÁ DENTRO

Entramos num mundo arruinado, estraçalhado e pecador – essa é uma certeza. Mas não entramos como manchas na existência nem como criaturas pecadoras; nós irrompemos no mundo como "bênçãos originais". [...] Místicos centrados na criação sempre iniciaram sua teologia pela bênção original, e não pelo pecado original.[1]

MATTHEW FOX
Sacerdote e escritor

Já apresentamos a figura de Cristo sob uma nova luz. Pessoalmente, vejo-o como um retrato de divindade no qual inevitavelmente é derramada uma humanidade plena, e não como encarnação de uma divindade externa sobrenatural que cumpre uma missão de socorro. Nos capítulos anteriores coloquei diante dos leitores essa perspectiva radicalmente diferente. Tenho consciência, pelas discussões que já tive com algumas pessoas sobre essa nova perspectiva, que sofrerei acusações vindas de duas frentes.

Primeiro, haverá aqueles tradicionalistas que ouvirão em minha proposta de Cristo os ecos do liberalismo protestante do século XIX, que reduziu Jesus ao papel de mestre e bom exemplo. Argumentarão, e acredito que com razão, que não há poder significativo em tal definição. Um bom exemplo pode ser admirável, mas não me habilita a seguir a vida exemplar. De fato, bons exemplos parecem exacerbar a tendência humana de se sentir inadequada. Jamais conheci uma criança cujo comportamento tenha melhorado dramaticamente pelos incentivos dos pais, quando estes perguntam: "Por que você não tenta ser como seu irmão ou irmã mais velha?" Essa abordagem não reconhece o poder destrutivo da comparação presente em nossa humanidade orientada pela sobrevivência.

Mas a essa primeira acusação respondo que não estou retratando Jesus simplesmente como mestre e exemplo a ser seguido. Considero o ensino o componente mais pobre de meu entendimento da função de Cristo. Então essa crítica me parece surgir de uma profunda e significativa, talvez até intencional, deturpação do que estou tentando desenvolver. Jesus para mim é muito mais que apenas um exemplo.

Minha visão primária de Cristo é que ele é uma fonte de poder divino que me chama para além de minhas fronteiras. Quando tenho coragem de aceitar seu convite, entro em outra dimensão da humanidade, que me abre portas novas e atraentes. Sou atraído por essa experiência cada vez mais para as profundezas da vida. O que vejo em Cristo não é um exemplo a ser seguido, é uma visão que nos compele. Risco e recompensa são equilibrados, formando um poderoso sentimento de motivação.

Contudo, é nesse ponto que espero encontrar a segunda crítica, que alegará que eu não entendi bem a realidade do mal humano. Essa é uma acusação dirigida freqüentemente aos que se arriscam além do socorro e da culpa. Concordo com quem diz que o ponto mais fraco do pensamento teológico liberal é o fato de minimizar a aptidão humana para o mal. Não quero ser culpado disso. Quero assegurar que o Cristo que encontrei e sobre o qual falo e escrevo está apropriadamente comprometido com a vida como ela é, e não como poderíamos desejar que ela fosse.

Se eu tivesse qualquer ilusão de ter lidado adequadamente com essa questão, teria sido levado ao desengano por uma carta que recebi enquanto escrevia este livro. O autor da carta era um pastor luterano que assistiu a uma palestra que proferi na região Centro-Oeste dos Estados Unidos. Nessa palestra tentei estabelecer os alicerces dessa nova percepção de Cristo. O pastor, entretanto, não se convenceu. Sua carta enunciou o ponto fraco que, em sua opinião, eu precisaria corrigir para apresentar meu ponto de vista adequadamente. Estas foram suas palavras:

> Você está sugerindo que o mal não é real? Que não tenha existência própria? Tenho a impressão que você não leva a sério a realidade do mal. A velha história, que você parece ansioso para rejeitar, dizia que o mal era tão real e tão profundo que só Deus poderia arrancá-lo. A mesma história afirmava que até para Deus isso foi difícil, carecendo da morte do Filho divino. Você pode até ter dispensado essa história por julgá-la um pensamento mitológico e teísta, mas aparentemente dispensou junto a realidade do mal humano. Não creio que a vida humana possa ser definida adequadamente até que seja enfrentado o mal humano.

Essa crítica válida e bem colocada me obrigou a me alongar mais na resposta. De fato, exigiu um retorno ao tema do mal, mesmo após o capítulo sobre Cristo. Ficou claro que eu não me havia aprofundado o suficiente nesse assunto. Talvez precisasse abordar o mal por uma perspectiva totalmente nova, para que esse homem (assim como os leitores que compartilhem da mesma preocupação) possa ouvir uma resposta. Se pretendo desenvolver um novo cristianismo para um novo mundo – um cristianismo que seja tanto íntegro quanto autêntico –, esse esclarecimento será um passo importante.

Está na hora, estou convencido, de levar o cristianismo para além daquela definição historicamente imprecisa e psicologicamente prejudicial da humanidade que resultou na constante depreciação da vida humana como impotente, depravada, pecadora e necessitada da salvação divina. A sugestão feita pela maior parte da teologia cristã do passado de que todo bebê nasce com a mancha do pecado original, distorcendo assim sua virtude, é abominável em minha opinião. Admito apenas que os bebês nascem com um alto-falante de um lado e a ausência do senso de responsabilidade do outro. Mas considero ambas as características moralmente neutras!

Atualmente considero a interpretação tradicional cristã da queda da humanidade, contada na narrativa do Jardim do Éden, como o exemplo principal do pensamento negativo distorcido. Prefiro ver a maravilha da humanidade e celebrar o incrível dom da vida autoconsciente que emergiu de nosso ancestral mais antigo, que era nada mais, nada menos que um pedacinho de protoplasma constituindo uma célula no meio do mar. Desperdiçar minha energia concentrando-me na suposta perdição, na depravação moral ou na desesperança dos seres humanos, inconseqüentemente denominados pecadores pelo cristianismo tradicional, é deixar de apreciar o produto mais incrível de toda a criação: a mente humana. Quando vejo tudo o que os seres humanos realizaram, desde grandes obras de arte a magníficas sinfonias, das maravilhas arquitetônicas aos surpreendentes avanços médicos e cirúrgicos, fico maravilhado com a vida humana. Uma religião baseada em denegrir a humanidade, para mim, não faz sentido.

Em 1999 recebi o prêmio de Humanista do Ano da sede nova-iorquina de uma organização humanitária. Imediatamente alguns de meus críticos eclesiásticos começaram o ataque, alegando que essa designação indicava que eu não seria realmente cristão, mas, como suspeitavam havia tempos, um humanista. Na cabeça deles, ser humanista e ser cristão eram coisas independentes e exclusivas. Fiquei espantado por essa retórica, porque revelava que para eles um cristão era alguém definido por uma visão negativa da humanidade. Em resposta a essa crítica, argumentei que eles haviam entendido errado: insisti que o contrário de um humanista não é um cristão, mas um anti-humanista, ou alguém desumano. Nenhuma dessas duas categorias descreveria com propriedade minha filosofia pessoal nem a vida cristã. Em minha opinião, meus críticos não haviam entendido que o cristianismo se iniciou com a reivindicação de que a realidade de Deus foi experimentada através da vida de um ser humano específico. Essa é uma reivindicação grandiosa e estimulante. Poderá a humanidade ser tão ruim, pergunto eu, se é através dela que Deus é revelado? A própria formulação desse debate é sintoma do baixo nível ao qual o cristianismo caiu atualmente.

Na mente de meus críticos tradicionalistas, o oposto de humanismo é sobrenaturalismo. Já que o cristianismo tem sido tão meticu-

O PECADO ORIGINAL ESTÁ FORA

losamente identificado com o sobrenaturalismo, a própria palavra *humanismo* tornou-se sinônimo de algo ruim. Certamente nos hinos e em muitas orações da Igreja cristã, a identificação entre a humanidade e o mal é patente. Para os cristãos tradicionais o humanismo se tornou uma filosofia que prega uma enorme divisão entre o humano e o divino – uma divisão tão larga e tão profunda que chegam a ser considerados opostos. Esses tradicionalistas aparentemente pensam que humanismo significa a elevação da humanidade acima de todo o resto. Eles concluem que eu e outros como eu acreditamos que a humanidade é a realidade mais absoluta e que não há nada além dos limites do humano. Nessa definição do humanismo – a qual certamente não subscrevo –, a verdade de Deus é aparentemente negada.

De alguma forma os cristãos tradicionais acreditam que denegrir a humanidade e qualificá-la como arruinada, caída, má e pecadora faz com que a realidade do Deus teísta, externo à vida, seja mais facilmente aceita. Portanto a defesa do teísmo pela Igreja caracterizou-se em parte pela depreciação da santidade da vida humana. Aqueles que definem Deus em termos sobrenaturais olham para a arena humana e não vêem grandiosidade, vêem apenas o mal. É verdade que não é difícil encontrar o mal na vida humana, mas nem por isso podemos dizer que o mal é a principal característica que define nossa humanidade.

Contudo, se o cristianismo do futuro não levar o mal a sério, ou se não conseguir explicar adequadamente suas origens nem reconhecer sua profundidade, então também não conseguirá interpretar a vida humana. Pois o mal certamente faz parte de nossa história, assim como o bem – em minha opinião, eles são intimamente ligados. Assim como a autoconsciência e o teísmo, o mal e o bem são gêmeos (embora talvez não sejam siameses, como no primeiro caso), nascidos da mesma fonte, com as sementes de um presentes nas sementes do outro.

Para focalizar essa discussão, torna-se necessário primeiramente observar o mal de maneira mais clara. Somente quando abraçarmos plenamente esse aspecto de nossa humanidade é que poderemos olhar para além dele e enxergar o significado da glória humana. Minha primeira preocupação nessa tentativa será compreender por que a identificação da Igreja com o pecado original, e com aquilo que deno-

163

minamos "a queda", tem tanto poder. A própria presença dessa preocupação indica que, quando investigamos a natureza da maldade humana, estamos atingindo algo real e profundo na psique humana. Portanto tentaremos primeiramente descrever o mal, e só depois buscaremos entendê-lo.

O mal é percebido inicialmente pelo reconhecimento, que todos aparentemente sentimos, de que a vida não está completa, de que algo está faltando. Qualquer que seja essa coisa que falta, sua ausência nos impele na direção de algum preenchimento, a serviço do qual nossa sobrevivência se torna o bem maior e, conseqüentemente, o valor organizador dominante da vida humana. Praticamente todos os mitos religiosos são criados com a finalidade de achar o sentido dessa busca por preenchimento. Os mitos vêm e vão, mas a sensação que o ser humano sente de estar incompleto, que os origina, ainda clama por ser explorada e compreendida.

Desde que me aposentei, tenho me empenhado em visitar igrejas diferentes em várias partes de meu país e do mundo, sempre buscando entender o que é que atrai e reúne as pessoas em suas comunidades de adoração. Quase sempre o motivo é o reconhecimento dessa característica humana de sentir-se incompleto. Em Hollywood, Califórnia, visitei uma Igreja presbiteriana em que acontecia uma espécie de confissão durante o tempo da oração. Um jovem escritor, filho de um pregador pentecostal, deu graças em voz alta "pelas coisas excitantes que aconteceram durante a semana" em sua vida pessoal. Algo havia acontecido, aparentemente, que o fez sentir-se um pouco mais pleno. Fiquei sabendo depois que um *script* no qual trabalhava havia bastante tempo fora aceito. Ele sentia que Deus havia de alguma forma lhe trazido a um novo sentido de plenitude, pelo menos naquela semana. Depois um membro do coral orou, agradecendo a Deus por ter ficado com ele quando obviamente ele não merecia seu amor divino. E finalmente um idoso falou a respeito de sua luta pessoal contra o álcool. A congregação claramente se divertia, de forma carinhosa, enquanto ele mesmo ridicularizava suas experiências passadas no alcoolismo. Ele convidava ao riso falando de coisas que na época devem ter sido trágicas. A idéia de um homem adulto embriagado, estirado dentro de um metrô, torcendo para estar acordado no momento em que o metrô chegasse à estação em que precisava descer, pode, pelo visto, ser contada de forma engraçada. Depois ele falou sobre como Deus o havia tocado e sobre o significado daquela igreja em sua vida.

Cada uma dessas pessoas dava o testemunho de uma sensação de vida incompleta, mas que de alguma forma a experiência de Deus aliviara. Mas como é que essa incompletude se transforma em mal? Ainda mais importante, como esse sentido de incompletude se manifesta como mal? Esse é o próximo estágio de minha exploração. Começo com o reconhecimento de que as coisas mais cruéis que nós, seres humanos, fazemos uns com os outros são subprodutos diretos de nossa luta para sobreviver ao processo evolutivo, e são esses atos que nos levam à compreensão distorcida de que vencer é o caminho para o preenchimento. O profundo compromisso que temos com a identidade tribal e o imenso esforço que empregamos em ganhar para nossa tribo o poder necessário para sermos vencedores, e não perdedores, alimentam a natureza competitiva de todos os nossos relacionamentos com outros povos mundo afora.

Portanto nossa primeira visão do mal é encontrada na crueldade de uma pessoa contra outra no jogo competitivo que chamamos vida. Gostamos de pensar que esses atos maus não são naturais, mas sim o resultado de nossa queda. Entretanto, até mesmo essas crueldades são subprodutos diretos de nossa luta evolutiva pela sobrevivência e, portanto, perfeitamente naturais a nossa humanidade autoconsciente. Essa força competitiva inata na busca pela sobrevivência também explica a capacidade militar que os seres humanos desenvolvem quando outros métodos de competição menos drásticos não funcionam. O poder irracional que leva até mesmo países pequenos e pobres a investir impropriamente em equipamento bélico é incompreensível à parte dessa necessidade tribal de sobrevivência. Essa necessidade também justifica sistemas sociais como a escravidão, a segregação e o *apartheid*, impostos com força militar aos membros tribais perdedores dessas lutas.

Como uma criança que cresceu no Sul dos Estados Unidos, conheci cedo o forte vigor militar na vida de minha região. Esse compromisso militar, cujas origens datam de antes da guerra civil americana, nasceu de um temor tribal devastador. O militarismo até hoje marca o perfil emocional e intelectual da maioria de nossos políticos do Sul. Essa predisposição para fazer da prontidão militar uma virtude é a razão da construção de tantas bases militares nessa região. Escolas preparatórias militares ponteiam o panorama da região Sul e instituições como o Virginia Military Institute (VMI) e o Citadel (na Carolina do Sul) são tidas em alta estima romântica em toda a região.

Para entender o que criou esse excesso de vigor militar, precisamos olhar para a história da escravidão. Ela começou com os frutos das conquistas militares, em que os escravos eram, com efeito, os prisioneiros de guerra. Da mesma forma, quando acabou a escravidão, a segregação nos Estados Unidos e o *apartheid* na África do Sul – ambos nada mais que filhos bastardos da escravidão – continuaram sendo impostos com força militar superior. Manter sistemas sociais tão hostis requer força militar ou paramilitar permanente. Portanto, o preparo militar se tornou uma virtude na luta pela sobrevivência, e sua justificação foi rapidamente apoiada com a volta à religião tribal. Fontes de peso, como a Bíblia, foram usadas para demonstrar que a escravidão, a segregação e o *apartheid* eram condizentes com a vontade de Deus e, portanto, merecidos por suas vítimas. Dessa forma, o mal que surge em nossa vida como a instituição da escravidão, da segregação e do *apartheid*, além do racismo declarado que gera essas práticas, pode ser visto como manifestação de uma humanidade incompleta impulsionada pelo valor primário da sobrevivência.

A opressão das mulheres no mundo patriarcal também pode ser vista como uma tática de sobrevivência. Os homens, no período patriarcal da história humana – que ainda não terminou –, tinham o poder de definir e restringir o papel da mulher. Elas teriam que cuidar do fogão, servir aos homens sexualmente, dar à luz, educar as crianças, alimentá-las, inicialmente no peito e depois com os produtos do cultivo e da colheita, e assim manter a vida da tribo. A sobrevivência tribal dependia de a mulher realizar essas funções, e elas se submetiam a essa imposição dos homens. Para reforçar essa técnica de sobrevivência, estereótipos sexuais tanto masculinos como femininos foram instituídos com o auxílio da sustentação divina, expressa nas Escrituras

O PECADO ORIGINAL ESTÁ FORA

sagradas como a interpretação da tribo da "vontade revelada de Deus" na criação. Essas definições eram reforçadas ainda mais pelos tabus tribais. O mal que advém do preconceito chauvinista masculino, portanto, também parte da incompletude de nossa luta humana pela sobrevivência.

À medida que a raça humana se desenvolvia, pessoas homossexuais, uma minoria identificável e impotente, eram consideradas diferentes o suficiente para ameaçarem a sobrevivência tribal. Elas aparentemente não se interessavam, por exemplo, pelo padrão habitual de acasalamento e por outras atividades reprodutivas das quais a vida da tribo dependia.

Mas a ameaça era maior do que somente a diferenciação da homossexualidade: sem entender as origens desta, as pessoas temiam que ela se alastrasse, reduzindo cada vez mais o número de pessoas no grupo reprodutivo essencial. Pelo fato de as pessoas de maneira geral estarem aparentemente num espectro de preferência sexual que vai do hétero ao homossexual, em vez de totalmente separadas em maioria heterossexual e minoria homossexual, sempre havia pessoas que, embora definidas como heterossexuais, estariam susceptíveis a fantasias ou às solicitações de outros homossexuais. O temor nos primórdios da humanidade, quando ainda não havia muito esclarecimento, era de que, caso a homossexualidade viesse a ser culturalmente aceita, se tornasse atraente a um número maior de pessoas, ameaçando o casamento, enfraquecendo a sociedade e assim diminuindo o potencial de sobrevivência da tribo. Para fazer frente a essa percepção ameaçadora, atos de hostilidade, pavor e opressão contra os homossexuais foram encorajados. É perigoso ser diferente quando a sobrevivência é a motivação propulsora tribal. Até hoje ouvimos esses argumentos na boca de líderes políticos e religiosos que lutam, em sua ignorância, para justificar sua homofobia gritante. Esse é o motivo pelo qual a repressão, a opressão, o controle, o espancamento e até o homicídio de pessoas diferentes foram, e em muitos lugares ainda são, considerados virtudes tribais.

Em algumas partes da África, até hoje a presença da homossexualidade é rigorosa e histericamente negada, e alguns africanos alegam inclusive que se trata de "doença do homem branco". A percepção da ameaça é tão profunda que admitir a homossexualidade leva à morte ou ao exílio em algumas sociedades africanas. A negação de sua presença é mantida intacta com enorme poder.

A homofobia, portanto, pode ser considerada uma técnica de sobrevivência se compreendida sobre o pano de fundo da mais profunda motivação humana – a sobrevivência, herança de nosso passado evolutivo.

Há, entretanto, uma tradição minoritária diferente, mas bem documentada entre algumas tribos antigas, que indica que a maneira de interpretar a questão da sobrevivência dependia de como cada pessoa entendia a realidade. Nessas tribos os homossexuais, transexuais e aqueles cuja variação na experiência humana os faz conhecidos como transformistas eram todos considerados não uma ameaça à existência, mas um sinal da presença de uma espécie mais elevada de espiritualidade.[2] Nessas tribos, os que aparentemente possuíssem esse dom especial não eram banidos, mortos nem oprimidos, mas designados líderes espirituais e curandeiros da tribo – xamás e pajés. A maioria dessas funções era masculina, pois o *status* da mulher não lhe permitia exercer posições de poder. De qualquer modo, a homossexualidade feminina tardou a ser reconhecida, pois nas sociedades antigas as meninas eram iniciadas sexualmente na puberdade e forçadas a permanecer como objetos sexuais dos homens da tribo, mesmo contra a vontade delas.

Portanto nossa análise até aqui revela que o mal na vida humana, encontrado em manifestações como tribalismo, guerra, conquista, escravidão, *apartheid*, discriminação, designação da mulher como ser de *status* inferior e hostilidade significativa contra homossexuais, pode ser atribuído a nosso passado evolutivo. Enquanto a vida emerge para a autoconsciência, organizamos o mundo inteiro em torno da virtude egocêntrica de nossa própria sobrevivência. Isso nos leva a concluir que esses males específicos da história humana são adequadamente explicados pelo sentido humano da incompletude, enraizado em nossa jornada histórica que vai desde as formas simples até as formas complexas de vida. Eles não são resultado de alguma queda em pecado.

São manifestações de uma humanidade que ainda está em progresso. Mas essas categorias, por maiores que sejam, ainda não esgotam a experiência do mal humano.

Há também alguma coisa má que se manifesta entre os seres humanos quando se envolvem no que poderíamos chamar "o espírito de multidão". Assistir a uma grande multidão levada ao frenesi emocional por causa de algum assunto e em seguida vê-la transformar-se num tumulto violento, destrutivo e assassino é de fato amedrontador. Como exemplo, podemos citar a Noite de Cristal, quando os nazistas começaram a perseguição aos judeus; os grandes grupos de linchamento no antigo Sul dos Estados Unidos; ou ainda as rixas que acontecem ocasionalmente em eventos esportivos. Durante esses episódios, é como se a racionalidade desaparecesse, e um comportamento que jamais seria considerado pelas pessoas individualmente emerge em ações propositais de destruição. Será que isso também pode ser atribuído à busca da sobrevivência nascida em nossa história evolutiva e enraizada em nosso sentimento de frágil incompletude? Acredito que sim, e aqueles que estudam a psicologia coletiva o explicam com propriedade. Trata-se de uma expressão corporativa da necessidade social e individual de poder ou de reconhecimento da integridade de uma causa específica que alcança um limite psicótico. O mal, portanto, ainda assim, é produto de nosso *status* inacabado, legado pelo passado evolutivo.

Em seguida examinemos aquelas coisas que parecem contrárias a nossa humanidade, mas afligem pequenas minorias de seres humanos. Refiro-me a distúrbios psicológicos e comportamentais como cleptomania, claustrofobia, acrofobia (medo de altura), sadismo, masoquismo, agressividade excessiva e até homicida. Podem esses males destrutivos, causadores de tanto sofrimento, ser atribuídos à busca pela completude e à subseqüente instauração da idéia de que a sobrevivência é a maior virtude humana? Mais uma vez, de acordo com os estudiosos das forças humanas interiores, a resposta é sim.

A cleptomania, por exemplo, está enraizada no desejo de possuir coisas, qualquer que seja a forma de adquiri-las, como se fossem acessórios à sobrevivência. Mas há um aspecto irracional no cleptomaníaco pelo fato de não haver relação entre as coisas roubadas e a necessidade de possuí-las. A cleptomania é, portanto, um ato de roubo impróprio e desassociado. Na mesma escala, o roubo – que pode ser considerado uma cleptomania consciente e objetiva – representa uma tentativa de alto risco para alcançar a sobrevivência por parte do praticante, que coloca suas necessidades acima dos interesses da tribo. O roubo pode ser destrutivo para a vida comunitária, mas, diferentemente da cleptomania, não é isento de objetivo. Então, tanto o roubo racional quanto a cleptomania irracional estão baseados na mesma mentalidade de sobrevivência nascida de nossa incompletude e são parte de nossa herança evolutiva.

A claustrofobia e a acrofobia são manifestações neuróticas e às vezes até psicóticas de outros aspectos de nosso desejo de alcançar a sobrevivência. Portanto esses também são sinais de uma humanidade incompleta. A tática de não se enclausurar nem estar cercado, como técnica de sobrevivência, é bem conhecida em situações de perigo. Mas quando a ansiedade em relação a se enclausurar não está conectada a um perigo real e se manifesta em todo local fechado, torna-se claustrofobia, uma desordem mental. Em outras palavras, a claustrofobia emprega uma técnica válida de sobrevivência num contexto impróprio. Da mesma forma, a acrofobia é uma virtude quando apresentada como forma de evitar riscos em prol da sobrevivência tribal, mas é uma neurose quando generalizada e caracterizada pelo temor permanente, mesmo quando não há perigo.

O sadismo é a identificação da sexualidade com a agressividade necessária à sobrevivência e a busca dessa agressividade em si mesma como fonte distorcida de prazer. Um tipo de agressividade mais objetiva e amena se caracteriza pela disposição de agir a favor da sobrevivência mesmo causando sofrimento aos outros. Nessa categoria eu colocaria qualquer coisa que vá desde punições disciplinares até cirurgias.

O masoquismo é a conexão da postura passiva, às vezes necessária à sobrevivência, com o prazer sexual, de modo que a passividade e sua conseqüente subjugação e dor se transformam em virtudes. Essas virtudes são então cultivadas pelo prazer neurótico que fornecem. Formas mais amenas de masoquismo aparecem nas pessoas que cultivam a imagem de vítimas ou perdedoras sem perceber que isso atende a uma carência interior.

A agressividade homicida pode ser uma forma de sadismo, mas pode surgir também de outras realidades até agora não reconhecidas. Estudos recentes de comportamento criminal sugerem que a agressividade nem sempre é de livre escolha – às vezes pode ser resultado de altos níveis de testosterona, o hormônio masculino, ou da presença de um duplo cromossomo Y. Portanto é natural para algumas pessoas e tem o sentido de sobrevivência. Agressividade excessiva é às vezes relacionada com o abuso infantil, pois crianças que sofreram abusos podem se tornar adultos extremamente agressivos e até homicidas, como técnica desproporcional de sobrevivência.

O argumento segundo o qual a vida humana evolutiva é impulsionada por uma mentalidade de sobrevivência que encerra criaturas autoconscientes num egocentrismo radical explica claramente, portanto, muitas coisas que a sociedade tende a classificar como "mal". Isso indica que não somos criaturas caídas, mas incompletas. Também explica atos que pessoas tradicionalmente religiosas têm considerado pecaminosos ou provenientes de nossa natureza caída. Essa análise me dá a liberdade de insistir na possibilidade de identificar a presença do mal real na vida humana como produto da incompletude, em vez de continuar a explicá-lo como causado por nossa queda no pecado – desse modo, ainda me permite uma porta viável para o desenvolvimento de minha nova cristologia. Levo o mal a sério, sim. Simplesmente encontro suas origens num local diferente daquele apontado pelo cristianismo tradicional.

Entretanto continuo a confrontar as coisas da vida humana que não se encaixam, à primeira vista, em minha nova equação. Então sou forçado a observar mais de perto os comportamentos que estão aparentemente em oposição à sobrevivência, ou seja, comportamentos autodestrutivos e viciantes. Devo registrar que não sou uma pessoa alheia nem passiva à questão do vício. Minha vida foi atingida pelo vício do álcool por meio de pessoas muito próximas e queridas, uma das quais foi meu pai. Pessoas viciadas parecem determinadas a destruir tudo o que têm de mais caro. Devido a minha falta de conhecimento sobre o alcoolismo e seu poder, sentia-me inicialmente justificado por culpar e expressar julgamentos moralistas sobre pessoas dependentes, embora meus estudos posteriores viessem a me convencer de que a natureza da dependência exclui escolhas. Certamente a impressão que tenho ao observar o declínio das pessoas dependentes de álcool que conheço é que nenhuma resposta racional é capaz de frear a devastação implacável dessa doença.

A sobrevivência não constitui uma consideração. Assisti impotente e sem esperança enquanto pessoas dependentes que eu conhecia sacrificavam carreira, família, filhos, futuro e reputação para sustentarem sua dependência controladora. Já vi alcoólatras sofrerem dor tão profunda que apenas mais uma dose os aliviaria, mesmo quando era óbvio que fora o mesmo álcool que lhes causara aquela dor. Tenho ouvido promessas e juramentos dessas vítimas do álcool – feitos, reconheço, de boa-fé –, mas entendo, pela longa e amarga experiência, que jamais serão cumpridos.

Aprendi que "mentira" não é a palavra correta para caracterizar essas promessas não cumpridas. Algo de muito mais profundo está em jogo. Havia uma profunda desconexão com a realidade que se escondia em algum lugar no coração daqueles dependentes. Era como se eles estivessem sujeitos a um poder sobre o qual não tinham controle algum. Essas pessoas estavam aprisionadas dentro do que às vezes é interpretado como um espírito demoníaco destrutivo, e nada parecia capaz de alcançá-las, de chamá-las para além de suas fronteiras, para aquela nova humanidade da qual já falamos. Será que nesse nível de nossa humanidade não há a necessidade da intervenção de um poder externo, salvador? Será que, em minha interpretação teológica proposta, eu não joguei fora a única coisa que poderia alcançar essa profundidade destrutiva da humanidade esfacelada? Minha visão do mal precisa ser expandida para abranger esse aspecto.

Acompanhei também outro membro de minha família e muitos outros durante meu ministério na queda sob o peso de doenças mentais que os levaram à morte, aparentemente com a cooperação deles. Mais uma vez, a explicação da busca pela sobrevivência parece inadequada. Hipóteses racionais de que tratamento médico, hospitalização, drogas apropriadas e práticas psicológicas poderiam ajudar o paciente mental foram rejeitadas. Nesses casos, cada paciente opta por viver num mundo secreto, escondido, preferindo a irrealidade à realidade, e até a morte à vida.

É como se eles também estivessem possuídos por algo que os dominava, que vivia através deles e não os libertava. Todos os meus chamados, tanto como parente quanto como pastor, para que dessem um passo além dos temores tribais e das barreiras de proteção e assim abraçassem novas dimensões da humanidade caíam em ouvidos aparentemente moucos ou no mínimo indiferentes. Essas vidas precisavam, tão claramente, ser resgatadas de suas amarras. Abraçar o amor revigorante que meu entendimento cristão sugeria ter-se manifestado na pessoa de Jesus, possibilitando o nascimento de uma plenitude humana, não constituía uma opção para eles. De fato pareciam necessitar da intervenção da divindade teísta, pois, nas palavras de nossa liturgia tradicional, "não tinham dentro de si o poder da auto-ajuda". Meu conceito sobre as causas do mal tem de poder explicar a realidade desse aspecto naquelas vidas. Uma humanidade incompleta impulsionada pela luta pela sobrevivência simplesmente não é suficiente. Novamente, parecia mais uma possessão demoníaca.

Conheci outras pessoas que estavam tão encurvadas e desorientadas por causa das experiências da vida que ficaram para sempre debilitadas mentalmente, e dessa forma também viviam a vida fora do alcance de qualquer cura. Nenhuma exortação para entrar na experiência de Cristo seria capaz de tocar os pontos escuros na alma daqueles seres humanos. Nenhum convite para ir além dos limites de seus temores alcançaria essas vidas. Socorro vindo de fora parecia sua única esperança. E freqüentemente até as portas que davam para qualquer intervenção de socorro estavam fortemente trancadas por dentro. É como se essas pessoas tivessem se identificado com sua "doce enfermidade" e agora vivessem só para destruir a si mesmas e aos outros.

De vez em quando uma dessas vidas distorcidas atinge altas posições de liderança política. Como resultado, o que normalmente é apenas um mal interno individual passa a se externar, atingindo centenas, milhares e às vezes até milhões de vítimas inocentes. Podemos pensar em Nero, imperador de Roma, em Ivan, o Terrível, da Rússia, em Joseph Stálin, em Adolf Hitler e em Idi Amin, de Uganda. O mal interior desses indivíduos, associado ao poder e externado, foi responsável por alguns dos eventos mais negros da história. Em outro nível podemos citar o senador republicano Joseph McCarthy, de Wisconsin, cujas necessidades internas foram projetadas nas décadas de quarenta e cinqüenta sobre aqueles que, em sua visão, ameaçavam sua sobrevivência – os comunistas e simpatizantes. McCarthy visava exterminar todos os que relacionava com seus temores e nesse processo foi responsável pela destruição de muitas carreiras.

Esse tipo de mal não aparece somente nos círculos seculares. No início de minha carreira conheci um líder religioso que começou a se sentir ameaçado à medida que envelhecia. Geralmente a ameaça se identificava com aqueles que discordassem dele. Inicialmente começou a defender veementemente o que ele denominava o "centro teológico" de sua fé. Depois começou a agredir e chamar de herege qualquer pessoa que discordasse de sua auto-imposta definição desse centro. Finalmente identificou seus próprios demônios com os homossexuais e foi ao ataque furioso para destruí-los. Essa vida foi consumida pelo ódio e escreveu o capítulo final do que fora uma brilhante e promissora carreira eclesiástica.

Não adiantaria discutir racionalmente esses assuntos com aquele homem. Ele não estava aberto ao amor, à ajuda, ou a qualquer nova perspectiva. Ele também estava possuído e vivia em profunda dor, sob o feitiço de um poder irracional. Convencido de que sua dor era infligida por fonte externa, ele tinha forte motivação para descobrir e destruir todas as fontes que considerava causadoras de sua dor. Embora baseasse sua retórica nas doces palavras de piedade evangélica e tentasse passar a imagem de defensor das coisas que muitas pessoas valorizam, ele de fato contribuiu para a destruição das coisas que ele mesmo queria salvar. Ele estava "caído", e não livre. Ele não necessitava receber poder, mas precisava ser socorrido de uma maneira que minha visão da origem do mal da humanidade aparentemente não permitia. Minha visão do mal terá que explicar isso.

Também tenho visto esse mal nos jornalistas religiosos cuja paixão não é pela verdade, mas por seus compromissos particulares. São motivados pelo desejo de destruir a quem se opõe a sua versão da verdade, já identificada idolatradamente por eles como a vontade revelada de Deus. Envolvem-se com tanto afinco nessa distorção que não enxergam a destruição que espalham. Eles encorajam o preconceito, aplaudem a ignorância e desvalorizam sua vida e a daqueles que os cercam, enquanto alegam ser servos de Cristo.

Por favor, não me interpretem de forma errada: o mal a que me refiro aqui não deve ser identificado com diferenças de opinião, pontos de vista ou perspectivas. O mundo pode e consegue honrar a integridade de idéias que se opõem na busca de uma verdade que, no final, escapa a todos nós. Falo de algo qualitativamente diferente e que está marcado por palavras demoníacas, atribuídas a Satanás: "Mal, seja o meu bem; escuridão, seja minha luz; mentiras, sejam minha verdade". Suspeito que essa mentalidade jornalística seja semelhante àquilo que levou à caça às bruxas em Salém, Massachusetts, no século XVII. A paixão religiosa descabida de certos moradores de Salém resultou no homicídio de várias pessoas, supostas bruxas e, portanto, porta-vozes de um demônio muito real.

Há ainda mais uma forma de comportamento destrutivo que observei e não consigo explicar, referente à premente necessidade humana de sobreviver. Recordo-me de uma ocasião em que fui convidado para pregar na Igreja Comunitária Metropolitana, em Dallas, Texas, numa congregação cuja maioria era formada por *gays* e lésbicas. O coral masculino The Positive Singers [Os cantores positivos] se apresentou brilhantemente. O nome desse grupo se deve ao fato de que todos os membros são soropositivos, vitimados pelo potente vírus HIV, que aterroriza a comunidade homossexual. De onde vem esse mal? Certamente não pode estar incluído em nossa incompletude humana. Tudo que conheço sobre ciência e medicina me diz que esses jovens adultos *gays* não escolheram sua orientação sexual, entretanto, como ousaram praticar sua existência da forma que para eles é natural, agora vivem uma situação que, em última análise, é uma sentença de morte. Que sentido tem a vida quando a busca natural pela realização e pela plenitude se torna o caminho da morte para algumas pessoas?

Essas são as experiências, as realidades que caracterizam o mal como uma coisa real, mas que não se enquadram facilmente em minha definição, que situa o mal primordialmente na incompletude da humanidade. Tenho que encontrar uma maneira de incorporar a dependência do álcool e das drogas, as desordens mentais, as pessoas que destroem as outras a serviço de suas próprias convicções e aquelas que, buscando o amor da maneira que para elas é natural, encontram a morte. Essas são as questões que me confrontam como observador da vida e me forçam a buscar uma "função-Cristo" que não apenas daria poder a essas pessoas e as convidaria para uma nova humanidade, mas também as salvaria desse tipo de ruína.

Se o mal é uma distorção do amor, então certamente posso dizer que vi o mal e que a história testemunhou o mal nesses lugares. Não falo de pessoas más, mas de pessoas sob um poder mau, sobre o qual elas aparentemente não têm nenhum controle. Parece-me haver aqui a presença de uma dimensão diferente da realidade. Não se pode trazer completude e plenitude para pessoas cuja ruína é tão grande que elas nem reconhecem seu estado. Salvação, nesses casos, não é uma questão de convidar as pessoas para ir além de seus limites e experimentar uma nova humanidade, porque as vítimas desse tipo de ruína são incapazes de reconhecer quanto está torcida sua própria visão da realidade e de compreender que, simplesmente sendo quem são, elas ficam desprotegidas e se tornam vítimas de sua própria busca pela plenitude. Haverá então uma função salvadora localizada no Deus pós-teísta, ou um poder salvador que possa ser identificado com um Cristo que está além do mito teísta da encarnação?

Minha compreensão da vida humana não é mais descrita de forma adequada nem precisa pela história teológica da queda no pecado. É mais exatamente descrita como produto de uma luta pela sobrevivência que deixou as cicatrizes do egocentrismo emplacadas sobre nossa psique. É uma humanidade que requer um poder para elevá-la a um novo existir, além dessas cicatrizes. Creio que essa definição deve agora ser expandida para abraçar esses elementos autodestrutivos, que certamente são uma parte real de nossa humanidade. Como podemos compreender essas coisas que parecem atacar até nossa sobrevivência?

O PECADO ORIGINAL ESTÁ FORA

Esses elementos me forçam a continuar a jornada em minhas pressuposições sobre a vida e os recursos de minha tradição de fé, buscando uma explicação mais completa do que significa sermos humanos e investigando algum aspecto de nossa experiência de Deus que possa abordar e explicar esses aspectos de nossa humanidade.

A primeira coisa que devo dizer é que não tenho respostas definitivas. Talvez algum dia possamos chegar a uma explicação totalmente adequada para o mal, mas ainda não a encontramos. Contudo, temos sim indicações, encontradas nas profundezas de nossa busca interior, que podem oferecer um novo direcionamento. Então vamos a elas.

Carl Jung sugeriu que há uma parte da humanidade de cada pessoa que ele denominou nossa "sombra". Essa sombra foi definida como aquele aspecto de nosso ser que é temido, reprimido, negado, combalido e em alguns casos até transformado para servir o bem-estar pessoal. Entretanto Jung argumentou que nenhuma sombra é curada até que seja trazida para dentro da autoconsciência da pessoa a quem pertence. A cura, para Jung, é alcançada quando abraçamos nossa sombra, quando aceitamos nosso mal. O mal também é parte de Deus, Jung sugere, porque é parte do existir.

Jung chegou ao ponto de dizer que, na esfera dos símbolos, teria havido dois filhos de Deus: Jesus e o Diabo. Em sua maneira de ver, eles não foram seres divididos. Cada um era o verso da moeda do outro. Em seu famoso livro *Resposta a Jó*, Jung discorre sobre a necessidade de haver o Diabo, juntamente com Maria, a mãe de Jesus, e conseqüentemente a incorporação do princípio feminino, assimilado ao céu e reconhecido como parte de Deus. Quando o conceito de Deus refletir não só o masculino e o feminino, mas também Cristo e Satanás, diz Jung, então Deus estará completo.

Até que o mal seja simbolicamente incluído em Deus, ele argumenta, não poderá ser incluído em nós, portanto a plenitude não chegará à vida humana. Se somos feitos à imagem de Deus, então o bem e o mal têm que ser elevados à consciência tanto em Deus como em nós. Essa é a porta de entrada, diz Jung, para a plenitude de nosso ser. Esse conceito foi e continua sendo assustador e não é absorvido facilmente. Entretanto é um conceito, acredito, que implora para ser incorporado ao cristianismo que luta para nascer no século XXI.

177

Esse cristianismo, como já mencionei, tem de retratar uma divindade que está além da definição do teísmo, mas não além da realidade de Deus. Tem de revelar um Cristo que está além da encarnação, mas não além do divino. Tem de refletir a vida como ela é. Portanto o mal precisa ser abraçado e transformado para ser parte de nossa busca pela plenitude.

Assim, esse aspecto perturbador da experiência humana finalmente me obriga a retornar ao papel da comunidade que se chama corpo de Cristo e vive para simbolizar o Reino de Deus. Essa é a esfera de Deus que está nascendo e vivendo como uma presença dentro da história da humanidade.

Essa comunidade tem de ser capaz de incorporar toda a nossa realidade humana. Ela tem de conseguir permitir que Deus e Satanás se reúnam em cada um de nós, tem de permitir que a luz e as trevas se unam. Ela tem de ligar o bem e o mal numa coisa só, unir Cristo ao anticristo, Jesus a Judas, o masculino ao feminino, o heterossexual ao homossexual. Para a história cristã ser completa, o corpo de Cristo – a comunidade dos crentes – tem de fazer o papel redentor de transformação da vida na história humana.

Essa vocação cristã radicalmente nova é iniciada, creio eu, no momento em que o teísmo morre e Deus, como ser externo à vida, desaparece de nossa consciência e vocabulário. Iniciamos a reforma do cristianismo, acredito, ao ir além desse ponto. Mas a reforma não estará completa até que o Diabo, a figura satânica, também morra como elemento externo à vida e assim desapareça de nossa consciência e vocabulário. Essa é a revolução necessária para completar o quadro. A vida humana não é aperfeiçoável: o mal não pode ser removido de nosso existir porque faz parte dele.

Lembremos a parábola do trigo e do joio (cf. Mt 13,24-30), na qual Jesus diz que eles têm que crescer juntos até a colheita. Não podemos remover o joio sem destruir o trigo. O mal, como o joio, faz parte da Base da Existência, da natureza da realidade, do significado de Deus. Meu existir é sempre luz e treva, amor e ódio, Deus e Satanás, vida e morte, ser e não-ser – tudo em tensão dinâmica. Não posso cortar parte do que sou, confessá-la, ser absolvido dela e buscar tentar outra vez.

Não posso alegar que sou criado à imagem de Deus até que assuma, como parte de meu ser, o lado sombrio de minha vida, que reflete o lado sombrio de Deus. É por isso que o mal está sempre presente no sagrado; é por isso que o mal é percebido como incansável e inescapável; é por isso que Jesus e Judas foram simbolicamente presos um ao outro desde o despertar dos tempos. O mito joanino estava correto ao indicar que Jesus foi a palavra preexistente de Deus encarnado na história humana. Essa é uma concepção muito precisa de uma verdade definitiva, mas não está completa. Judas Iscariotes também esteve miticamente presente em Deus no despertar da criação, assim como também foi encarnado no drama encenado na Judéia do primeiro século.

Os temas míticos são entrelaçados repetidas vezes. Deus e Satanás, vida e morte, bem e mal, sacrifício e liberdade, luzes e trevas, Jesus e Judas – todos estão insoluvelmente emaranhados. É impossível entrar no novo existir sem levar junto nossa própria sombra. Muitas vezes, na experiência humana, aqueles que não conseguem lidar com sua sombra no final fazem com que aquela mesma sombra se torne sua realidade de posse. Nossa sombra pode consumir nosso existir, e, quando isso acontece, tornamo-nos pessoas possuídas, dependentes. Isso, portanto, constitui a dimensão que faltava a minha definição do mal. A incompletude é aumentada por uma visão mais plena da complexidade da vida humana. Essa, então, é a parte da vida humana que clama por um ato de socorro, pois a pessoa não tem poder de salvar a si mesma. Entretanto, o Deus teísta que venha a invadir sua vida não é a solução certa para esse socorro. Esse é mais exatamente o papel do povo de Deus.

O papel da Igreja deve ser o de se tornar o lugar onde as partes díspares de nossa humanidade possam ser reunidas e protegidas do perigo de se separarem de novo. A Igreja jamais deve pretender ter a habilidade de separar o bem do mal, nem Deus do pecado.

Então, nesse sentido, é a Igreja, e não a figura de Jesus, que deve executar o papel do salvador, estendendo-se para alcançar os que estão possuídos, seja pelo álcool, pelas drogas, pela doença mental ou pela negatividade obsessiva. Essas coisas são apenas sintomas da necessidade máxima da vida humana de que aconteça um processo de redenção. As pessoas que estão dependentes de qualquer coisa não ficarão livres enquanto não aceitarem o lado sombrio da vida como parte essencial do que são. Esse lado sombrio é finalmente um contraponto perfeito e patente ao nosso ser. O poder de cura capaz de trabalhar nossa sombra não é a absolvição – ou seja, a declaração do perdão por nossos pecados, como se de alguma forma nossos maus atos fossem separados de nosso ser. O poder de cura é o amor que nos aceita como somos, incluindo nossas sombras, afirmando que toda e qualquer parte de nosso ser é feita à imagem de Deus.

Portanto o chamado do Cristo para a vida de discipulado e a mensagem da comunidade libertadora são isto: devemos simplesmente nos apoderar de nosso próprio existir – todo ele, luzes e trevas – e praticar a plenitude. A capacidade de adentrar a plenitude é o ato de adquirir poder – e agora chego à conclusão de que só poderá acontecer numa comunidade à qual pertençam todos os tipos de seres humanos, quaisquer que sejam suas condições. É por isso que uma comunidade denominada Igreja tem de fazer parte do futuro do cristianismo. Seres humanos não conseguem, sozinhos, incorporar a plenitude de tudo o que somos. Isso não ocorre nem no relacionamento intenso de aconselhamento entre paciente e terapeuta. Precisamos construir uma comunidade tão profunda e tão real que bem e mal, Deus e sombras, possam habitar juntos. Pessoas cujo ser parece possuído por algum poder alheio terão que estar presentes nessa comunidade, sendo amadas e valorizadas e fazendo parte do todo.

A tarefa básica de uma comunidade de fé é assistir à criação da plenitude, não da bondade. A razão de ser dessa comunidade é tornar-se o lugar onde cada pessoa possa amadurecer para chegar ao existir. Essa plenitude que buscamos, a completude que só nos chega em comunidade, inclui nossa sombra, que nunca se separa de nosso existir. Algumas pessoas precisam ser resgatadas de sua bondade para se tornarem inteiras, enquanto outras precisam ser resgatadas do mal. Mas ninguém se tornará inteiro ou pleno até que o bem e o mal sejam amarrados dentro de um mesmo ser. Acredito que essa seja a função da comunidade. Essa, creio eu, é a missão da Igreja. Por isso ela é chamada de "o corpo de Cristo".

É neste ponto que me regozijo com a natureza inacabada da evolução. Pois somos luz e sombra. A sombra representa não só nossa força de sobrevivência, mas também nossas distorções, que permitem que a destruição controle algumas partes de nosso existir. Porém os processos da vida continuam e se revelam em pequenas indicações de um novo existir que está sempre lutando para emergir em nossa vida. Esse novo existir é a dimensão de nossa humanidade que escapa da força da sobrevivência e literalmente se doa em prol do bem de outras vidas. Isso não quer dizer uma doação neurótica, um desejo de morte nem um complexo de mártir, mas a manifestação do amor sem ego.

Ele pode ser visto em relacionamentos como aqueles compartilhados pelos apaixonados. Amantes verdadeiros são motivados não pela sobrevivência, mas pelo desejo de servir ao bem-estar do amado. Chegaram ao ponto em que podem viver pelo outro, em que nada consegue distorcer sua capacidade de amar – nem egoísmo, nem possessão demoníaca, nem apego neurótico, nem destruição psicótica. Esse tipo de amor sem egoísmo representa, acredito, o próximo passo no desenvolvimento evolutivo humano. A figura do Cristo para mim é uma imagem, um sinal e de fato uma promessa desse nascimento de uma nova humanidade.

É por isso que ainda ponho minhas esperanças num Deus que está além do teísmo, mas não além do divino, e num Cristo que está além da encarnação, mas cuja humanidade é tão inteira que se dissolve em divindade. Essa é a nova existência para a qual somos destinados e pela qual Deus é visto e experimentado como presença.

X

ALÉM DO EVANGELISMO E MISSÃO MUNDIAL PARA UM UNIVERSALISMO PÓS-TEÍSTA

Uma nação é um grupo de pessoas unidas por uma visão equivocada do passado e um ódio pelos vizinhos.[1]

ERNEST RENAN
Filósofo francês

Quando a divindade teísta do passado é abandonada, as reivindicações de poder feitas em seu nome também têm que ser dispensadas. Os objetivos políticos primordiais a que servem essas reivindicações são permitir que uma determinada instituição afirme que somente ela possui a verdade e sugerir que quem não faz parte dessa comunidade específica de fé está perdido nas trevas de seus próprios erros. Essas reivindicações de poder aumentam a pressão para converter as pessoas a essa instituição, oferecendo, aos pretendentes à conversão, a recompensa de uma salvação indisponível a quem não fosse um "verdadeiro fiel" ou não participasse da "verdadeira Igreja". Para quem se dá ao trabalho de observar, esse sistema deixa claro quem está "dentro" e quem está "fora". Ele produz uma mentalidade que tende a enfocar a mensagem do sistema de fé da instituição até alcançar uma espécie de intensidade incandescente. Ele alimenta uma tradição separatista e sectária que permite que nossa religião nos ministre o sentimento de incompletude. Essas reivindicações exclusivistas feitas em nome de "meu Deus e minha tradição" marcaram todos os sistemas religiosos missionários e expansionistas mundo afora. Todos eles terão que entrar na nova reforma.

Essa mentalidade humana e tribal também transcende ao conteúdo de todo sistema religioso. No judaísmo, essas reivindicações eram incluídas na essência da Torá, os Dez Mandamentos: "Eu sou o Senhor teu Deus que te tirei da terra do Egito, da casa da servidão. Não terás outros deuses diante de mim" (Ex 20,2-3). O castigo prescrito na lei pela adoração a outro Deus que não Javé é a morte (cf. Dt 8,19). No islamismo, essa reivindicação de exclusividade é afirmada no canto sagrado muçulmano: "Há apenas um Deus [Alá], e Maomé é seu profeta". O Alcorão reforça essa posição, justificando atitudes negativas contra pessoas antimuçulmanas, alegando conformidade com a palavra de Deus. Chamam a isso *jihad*.

As reivindicações exclusivistas cristãs têm freqüentemente se baseado no texto do quarto Evangelho, no qual é citado que Jesus disse: "Eu sou o caminho, a verdade e a vida; ninguém vem ao Pai senão por mim" (Jo 14,6). Esse imperialismo e a dor que fluiu desse simples versículo são tão grandes que seria difícil mensurar.

Essa mentalidade novamente se faz presente na assertiva feita pelo lado mais católico do cristianismo de que receber determinados sacramentos é "necessário à salvação". Fora daqueles sacramentos, presumivelmente a pessoa está perdida, destino que obviamente se aplica a todo o mundo não-cristão. O destino de quem não é batizado tem sido debatido nessa tradição em toda a história do cristianismo, mas ninguém advogou, durante esse debate, a inclusão no Reino desses supostos "perdidos". Os vários níveis de exclusão têm constituído os limites da discussão. "Não há salvação fora da Igreja" é outra frase muito usada nesses círculos eclesiásticos. "Igreja", nessa frase, significa claramente a Igreja Católica Romana, não a igreja católica (no sentido universal). É uma asserção de poder.

No lado mais protestante do cristianismo, em que o batismo é freqüentemente adiado para servir de sinal visível da conversão, são feitas outras asserções de exclusividade. A salvação nessa tradição requer "aceitar Jesus como salvador pessoal", por exemplo. O céu é, portanto, reservado para aqueles capazes de assegurar que esse tipo de conversão faz parte de sua história pessoal. Todos os demais estão destinados à perdição.

Os não-batizados e aqueles que não reconhecem Jesus como salvador pessoal enfrentam a penalidade final de passar a eternidade separados de Deus, ou inseridos no inferno. O inferno abrange desde um lugar indeterminado até o local de sofrimento eterno. Protestantes evangélicos ainda cantam hinos designados a colocar o peso dessas almas perdidas sobre a consciência dos verdadeiros fiéis. Eles se perguntam: "Podemos nós, almas iluminadas com a sabedoria celeste, negar a luz da vida àquelas almas ignorantes?"[2] Cristãos também têm visto a Igreja como um exército cuja missão é conquistar o mundo. Hinos populares como "Erga-se o estandarte" e "Siga adiante, ó Rei Eterno; é chegado o dia da Marcha" ilustram bem esse fato. Além disso, é exigido dos crentes que proclamem Cristo pelo mundo inteiro para garantir sua presença entre os escolhidos ou salvos. São exortados a "levantar a bandeira" e a seguir "avante, avante, ó crentes, em nome de Jesus" em mais dois hinos famosos. Todas essas idéias estão enraizadas num teísmo imperialista que foi usado como invólucro do Evangelho, mas elas desaparecerão à medida que o teísmo for morrendo.

Essa é a mentalidade que marcou o cristianismo nos séculos passados e ainda marca a retórica das igrejas conservadoras, tanto católicas como protestantes. Era o dever daqueles cristãos, cuja fé era definida por essa mentalidade, dar o testemunho de Cristo aos não-crentes. Era sua obrigação solene apoiar missionários domésticos ou estrangeiros que levassem a mensagem de Cristo aos "pagãos" (como eram conhecidos os não-cristãos) em nome da Igreja. Deixar de fazê-lo era evidência de que o crente não amava a Cristo o bastante ou não amava suficientemente aos "perdidos".

Em tempos passados, era bastante romanceada essa atividade missionária nos círculos dos cristãos patrocinadores. Missionários em férias deleitavam os crentes com as histórias de seus sucessos e com a estatística das almas ganhas para Cristo. Também passavam o chapéu

UM NOVO CRISTIANISMO PARA UM NOVO MUNDO

para arrecadar apoio a seus esforços nos lugares mais "primitivos" do mundo, como diz a letra de um hino: "Onde os macacos balançam pra lá e pra cá".[3] A recusa de apoio a esses esforços evangelizadores chegou a ser considerada praticamente a negação do próprio cristianismo. Mas, ao se observar a empreitada missionária da Igreja mais de perto e com olhar menos romântico, descobre-se o lado mais negro dessas convicções religiosas, que ainda não foi enfrentado completamente pela Igreja cristã. Contudo, enfrentar esse lado negro é inevitável quando começamos a caminhar além do teísmo para entrar num cenário religioso pós-teísta.

Kenneth Scott Latourette, o mais destacado historiador da expansão cristã, denominou o século XIX "grande século missionário".[4] Mas certamente não nos escapa o fato de que esse também foi o grande século das conquistas coloniais européias. Na busca de recursos naturais do mundo para enriquecer seu patrimônio, os principais poderes europeus dominavam as terras subdesenvolvidas desse planeta, incorporando-as a seus vários impérios ou, no mínimo, a suas "esferas de influência".

Inglaterra, França, Holanda e Espanha foram os conquistadores da América do Norte até que a influência inglesa prevaleceu sobre tudo, exceto Quebec e o México. Espanha e Portugal dividiram a América Central e a América do Sul. Após a Alemanha ter sido expulsa da África, aquele continente se tornou francês ao Norte e na costa Oeste, britânico na África Central e até belga no Congo. Na África do Sul os holandeses e ingleses disputaram o poder até que estes venceram a Guerra dos Boers. Os portugueses mantiveram presença na África em Angola e Moçambique.

A Grã-Bretanha foi o principal poderio no Oriente Médio, ancorado no controle do Canal de Suez. A Ásia foi dividida entre os franceses no Sudeste, os portugueses na Ilha de Macau e os britânicos na Malásia, Cingapura e Hong Kong. Os britânicos também tinham a Austrália e a Nova Zelândia, enquanto os holandeses dominavam as ilhas que atualmente estão tenuemente unidas pela nação da Indonésia. Quando os Estados Unidos entraram no período expansionista dos séculos XIX e XX, a província chamada Louisiana, que era bem

186

maior que aquela que hoje tem esse nome, foi comprada dos franceses e sua população nômade nativa foi dizimada ou cristianizada. Cerca de meio século mais tarde, em 1867, o Alasca foi comprado da Rússia, e depois Porto Rico e as Filipinas foram acrescentados aos troféus da Guerra Hispano-Americana, em 1898. Posteriormente as ilhas do Havaí foram anexadas, e, com o apoio oferecido pelos americanos depois do pedido de independência, o Panamá também passou da Colômbia para nossa "esfera de influência", para que "nosso" canal pudesse ser construído.

Boa parte da justificativa para esses atos de conquistas coloniais era explicada pela retórica da religião. As nações ocidentais não eram conquistadoras hostis, dizia-se; elas estariam levando "a civilização e o cristianismo" aos povos perdidos e incivilizados nessas partes do mundo não-iluminadas. Até o seqüestro e a subseqüente escravidão dos africanos em campos agrícolas no Sul dos Estados Unidos eram justificados por esses motivos virtuosos. O mundo assistiu à estranha anomalia do envio de cristãos missionários para a África a fim de converter os nativos, enquanto esses mesmos nativos eram seqüestrados e escravizados pelas nações habitadas pelos brancos cristãos.

Contudo a verdade é que toda essa atividade missionária, amparada pelo poder político e econômico das nações coloniais, foi relativamente mal-sucedida. Em todo lugar onde havia uma forte tradição religiosa unificada, como por exemplo na Índia, China e Japão, a penetração cristã foi mínima. O islamismo, embora tenha se iniciado bem mais tarde que o cristianismo, rapidamente se estabeleceu como força religiosa significativa, dominando não só o Oriente Médio como o Paquistão e a Indonésia. Abrangeu até as margens da Europa – a Espanha e a área entre a Grécia e a Itália que compreendia Iugoslávia, Macedônia, Croácia e Sérvia. O hinduísmo ainda é a religião dominante no subcontinente asiático, e o budismo, descendente do hinduísmo, domina a China e o sudeste da Ásia até os dias atuais. Os cristãos gozaram de pouquíssimo sucesso missionário nesses lugares, apesar de seus esforços maciços.

A África é o único continente no qual, em última análise, os missionários cristãos obtiveram sucesso, e mesmo assim, com exceção do extremo Sul, o cristianismo teve que competir fortemente com o islamismo. Os motivos desse sucesso relativo foram exclusivos à África e devem-se ao fato de que naquele continente não havia sistema religioso abrangente e unificador. Ao contrário, as práticas religiosas africanas eram locais e animistas. A principal voz missionária na África foram os evangélicos de língua inglesa, que traziam em seu trabalho de conversão uma mentalidade fundamentalista que aparentemente atendia significativamente às necessidades africanas de convicção religiosa. Aquela religião evangélica, filtrada pelo *ethos* africano, tornava os convertidos em moralistas, vitorianos e tão alheios ao desenvolvimento da cultura bíblica quanto seus mentores evangélicos. Essa avaliação foi uma verdade geral, mas não uma realidade universal.

O extremo Sul da África tornou-se fortemente cristão, mas o que aconteceu lá quase não teve influência dos esforços missionários. Na atual República da África do Sul, as energias da sociedade dominante foram drenadas primeiro pelas tensões entre os negros africanos e os brancos europeus, e depois pelas tensões que dividiam os europeus em cristãos ingleses e cristãos holandeses. Quando os holandeses retomaram o poder político que haviam perdido na Guerra dos Boers, foi adotado um programa de separação das raças no sistema do *apartheid*. Esse mal foi até abençoado pela Igreja Holandesa Reformada da África do Sul. Outros cristãos, entretanto, ofereceram a contrapartida e ajudaram a criar um cristianismo nativo e autêntico, que, após muitas gerações, produziria vozes como as de Desmond Tutu, Lawrence Zulu e Nelson Mandela, que tiveram papel importante na derrubada do *apartheid*. As experiências pós-*apartheid*, conduzidas tão bondosamente pelo arcebispo aposentado dom Tutu, marcaram essa terra com espírito único.

No restante da África, entretanto, os cristãos enfrentaram o apelo e o poder do islamismo, enraizado, em parte, na independência do processo colonial. Ele também se sustentava num profeta, Maomé, cuja pele não era branca. Com o passar do tempo, esse espírito anticolonial alcançou os descendentes dos escravos africanos nos Estados Unidos. Renomados esportistas negros, como Cassius Clay e Lew Alcindor, tornaram-se conhecidos por seus nomes muçulmanos – nesse caso,

Mohamed Ali e Kareem Abdul-Jabbar, respectivamente – e assim começaram a dar visibilidade à crescente disponibilidade por parte dos afro-americanos de retornar a um sistema religioso que, a seu ver, era mais inerente a suas raízes ancestrais do que o cristianismo. Nessa altura, o islamismo começou, às vezes de forma muito agressiva, a penetrar significativamente nos Estados Unidos.

Essas informações deixam claro que o objetivo cristão de converter o mundo ao cristianismo foi um fracasso em todo lugar, apesar da persistente retórica missionária. De fato, o percentual de cristãos no mundo inteiro atualmente é menor que no passado.

Constato que esses esforços expansionistas foram falhos desde o início, porque nada mais eram que uma busca mal disfarçada pelo poder nascido do egocentrismo a nós legado pela evolução. Foram estratégias adotadas a serviço de uma divindade teísta tribal que foram confundidas com o imperativo do Evangelho.

Esforços evangelísticos e empreitadas missionárias são, portanto, desacreditados, devido à falta de integridade e à presença de manifestações de hostilidade, apesar de seus aparentemente virtuosos jargões religiosos. Acho que a Igreja cristã deveria abandonar essas táticas daqui para frente por serem indignas da figura de Cristo. Não quero participar de "décadas de evangelismo" nem daquelas eternas tentativas cristãs mal orientadas de converter os judeus. Essas atividades nascem do sentimento de que uma tradição possui o caminho único para Deus e refletem uma mentalidade tribal que não pode fazer parte de nosso mundo pós-teísta.

Thomas Harris, médico americano e estudioso de história social, escreveu há mais de uma geração sobre várias formas de interação humana em seu famoso livro *Eu estou OK, você está OK*. Uma das interações descritas ele denominou "Eu estou OK, você não está OK", que significa que você não estará bem enquanto não se tornar como eu.[5] Certamente podemos reconhecer que essa é a postura encontrada em toda atividade de conversão e empreendimento missionário. Trata-se claramente do caso em que existem posições superiores e inferiores, com um caráter de julgamento, rejeição e hostilidade. Certamente a história de Jesus, como amor de Deus, não pode ser contada em meio a julgamento e hostilidade. Isso permanece verdade, creio eu, apesar de muitas pessoas maravilhosas e sensíveis, com a melhor das intenções, terem se dedicado a trabalhos missionários por toda a história do cristianismo. Hoje temos que considerar essas atividades como relacionadas a rejeição, ilegítimas, negativas e, diríamos ainda, até más.

É fascinante observar que, mesmo sem trazer essas questões à plena consciência, o trabalho missionário estrangeiro das igrejas principais tem sido reduzido a projetos de auto-ajuda de tempo limitado.

Se os cristãos do século XXI tiverem coragem suficiente para deixar aquelas atividades missionárias enraizadas no teísmo pré-moderno morrerem de morte natural, e se eles não chorarem, não se lamentarem nem tentarem aplicar respiração artificial, descobriremos que além de nosso teísmo defensivo existe algo que considero muito mais atraente.

Primeiramente reconhecemos que estamos nos livrando apenas dos instintos de sobrevivência e segurança desenvolvidos por nossos recém-conscientes e temerosos ancestrais. Estamos deixando de lado um conteúdo religioso criado para satisfazer os antigos temores desses ancestrais e para dar um sentido de segurança aos seres humanos. Era um conteúdo que mantinha as pessoas dependentes, infantilizadas e confortáveis na ausência de busca por maturidade. Sendo assim, não atende ao propósito de valorizar nossa humanidade.

O pensamento teísta que sustentava o trabalho de conversão está morto. Nós, cristãos, hoje sabemos que não possuímos a certeza nem a verdade eterna. Sabemos que não possuímos o caminho único para Deus, pois não existe um caminho único.

Se Deus não é um ser, mas a Base de Toda Existência, a fonte da vida e do amor, então certamente ele não pode estar contido em qualquer sistema religioso, nem pode qualquer pessoa continuar a viver como se Deus fosse a divindade tribal particular de sua nação ou grupo. A existência, a vida e o amor transcendem todas as fronteiras. Nenhuma escritura sagrada de qualquer tradição religiosa pode mais pretender que a plenitude de Deus esteja capturada em suas páginas. Propaganda religiosa exclusivista não é mais sustentável. A idéia de que Jesus é o único caminho para se chegar a Deus, ou de que só quem foi lavado no sangue de Cristo estará salvo, tornou-se uma maldição e até um perigo em nosso mundo em retraimento.

Isso não é tudo. Descobrir um Deus além do teísmo é também reconhecer que os credos eclesiásticos jamais capturarão a verdade de Deus – eles podem apenas apontá-la. Isso é verdade, seja no caso do credo original cuja afirmação é formada pelas três palavras "Jesus é Senhor", seja nas versões cada vez mais complexas que chamamos de credo apostólico, credo niceno e credo atanasiano, cada qual marcando uma etapa do desenvolvimento teísta da Igreja cristã. Não pode haver credos ou definições definitivas e limitadoras no cristianismo pósteísta que luta para nascer. Passaremos a ver nosso passado teísta de credos como um estágio que foi necessário atravessarmos. Esse passado não nos prenderá mais quando entrarmos na experiência ilimitada do pós-teísmo.

A mesma coisa se aplica em relação à Bíblia: a nova reforma não requer que os cristãos a abandonem, mas requer que sejam removidas dela as reivindicações tribais e a literalidade que freqüentemente lhe são atribuídas. A Bíblia é uma porta de acesso a Deus. Porém, quando entramos nesse domínio de Deus, descobrimos que todos os retratos descritos e palavras simbólicas na Bíblia precisam ser abertos para que a palavra de Deus nos fale com novos sotaques e nos atraia para novos significados.

Com o passar dos anos e décadas, finalmente começaremos a compreender que nenhum dos sacrifícios exigidos pela morte do teísmo causa a perda da experiência essencial de Deus que os cristãos crêem ter encontrado em Jesus. Ao contrário, eles apenas desafiam a idolatria presente em nossa alegação de que a sagrada, maravilhosa e misteriosa experiência de Deus possa algum dia ser capturada por qualquer sistema religioso humano ou servir às necessidades de poder de qualquer instituição. Desarmar asserções excessivas jamais invalida experiências religiosas pessoais.

Hoje sou, e sempre serei, uma pessoa que chegou à experiência de Deus dentro da religião tribal ocidental conhecida como cristianismo. Esse sistema religioso continuará sendo minha porta de acesso a

Deus. No centro dessa tradição confronto a pessoa de Jesus de Nazaré, na qual as pessoas do primeiro século acreditavam ter experimentado a presença de Deus. A experiência que elas tiveram do divino em Jesus foi o que deu origem às explicações que encontramos hoje, tanto nas Escrituras como nos credos.

Começo aqui, portanto, afirmando a experiência extasiante que foi a primeira resposta a essa presença de Deus chamada Jesus, e depois começo a entender a explicação do autor do quarto Evangelho – sem a necessidade premente de literalizá-la –, que afirma que quem vê a Cristo, vê a Deus (cf. Jo 10,30 e 14,9).

Então esse Cristo continua sendo minha porta de acesso a Deus. Talvez não seja a porta que todos usem e certamente não é a *única* porta, mas é a *minha* porta. No entanto, uma vez que entrei por essa porta, descubro que há uma tradição de fé completa e até infinita a ser explorada, que rompe todos os limites do passado. Não preciso rejeitar essa parte de meu passado religioso; só preciso relativizar as reivindicações exclusivistas.

E assim meu caminho para Deus me permite mergulhar profundamente no conteúdo de minha tradição e até me encoraja a fazer isso. Não posso começar de um lugar onde não esteja; tenho que começar exatamente de onde estou. Então posso escalar as alturas e cavar as profundezas de meu próprio sistema de fé. Abro os símbolos de minha história de fé permitindo que escapem dos moldes da Antiguidade. Deliberadamente me esforço para ir além de minhas escrituras, credos, liturgias, hinos e devoções tradicionais, reconhecendo cada um desses elementos por seu conteúdo explicativo de um determinado tempo e local, mas sem permitir que continuem arrogando-se a capacidade de fazer qualquer coisa além de apontar para uma verdade que não conseguem capturar. Afasto deles qualquer sentido de completude, de imutabilidade, de possibilidades infalíveis, da postura de estarem fechados para novas interpretações, e então busco explorar a experiência que originou a criação desses artefatos.

Passo a perceber quanto o passar do tempo e o percurso pelo qual a fé cristã atravessou a história desfiguraram e distorceram o cristianismo, chegando talvez até a destruir seu significado original. Começo

192

a entender como essas considerações secundárias foram investidas de uma santidade que não merecem. Vejo como as divisões políticas da Europa ocidental encontraram expressão na vida da Igreja. Reconheço que os membros da Igreja têm-se aproveitado historicamente dessas divisões que fazem parte de nossa mentalidade tribal. As diferenças básicas que separam os episcopais (anglicanos), os luteranos, os presbiterianos e os católicos não estariam mais intimamente relacionadas a essa parte da Europa pela qual foi filtrada a versão recebida do cristianismo? Mas não seria também verdade que Jesus nada sabia da Inglaterra, Alemanha, Escandinávia, Escócia, Itália, Irlanda ou Sul da Europa? Minha responsabilidade como cristão no século XXI é separar o joio do trigo de minha tradição para poder descobrir a essência e captar o tesouro de seu *insight* no significado de Deus. Daí então, escapando dos limites de minha própria tradição e rompendo com suas fronteiras nas próprias bases, estarei preparado para compartilhar seu tesouro purificado com o resto do mundo.

Minha esperança é que meus irmãos e irmãs que encontram no judaísmo, islamismo, hinduísmo ou budismo sua porta de entrada, baseados em seu tempo e posição na história, também explorem seus caminhos para Deus de maneira semelhante, até que possam escapar dos limites das tradições em suas bases e, captando a essência dos *insights* de seus sistemas religiosos, venham a compartilhar essa essência comigo e com todo o mundo. Então cada um de nós, agarrados à verdade – a pérola de maior valor, que encontramos nas fontes espirituais em que bebemos –, poderemos transpor as barreiras antes intransponíveis para compartilhar como doadores e receptores as riquezas presentes em toda tradição sacra da humanidade. Um novo dia vai raiar, e Jesus – que cruzou todas as fronteiras tribais de preconceito, de gênero e de religião – será honrado por aqueles que, como seus discípulos, transcenderem as fronteiras até mesmo do sistema religioso que foi criado para honrá-lo.

A realização dessa visão é um sonho que me regozijarei em presenciar. Tenho me preparado para isso, indo além das pretensões imperialistas e dos preconceitos criadores de barreiras de minha tradição, para ir ao encontro de pessoas profundamente espirituais em comunidades de fé diferentes – diferentes não apenas de minha perspectiva anglicana, mas de minha perspectiva como cristão –, pessoas criadas à parte do Jesus que é minha porta de entrada para a santidade de Deus.

Recordo-me de uma conversa que tive em 1974, em Richmond, Virgínia, com o rabino Jack Spiro e com o povo do Templo Beth Ahabah – pessoas maravilhosas que me mostraram uma santidade que fora formada à parte de Jesus, mas não à parte de Deus. Essa é uma distinção que eu não seria capaz de fazer antes daquela experiência. Recordo-me de outro momento, dessa vez em 1984, na pequena cidade de Kottayam, situada no estado de Kerala, na vasta nação indiana, onde tive um diálogo com três estudiosos hindus que me revelaram uma santidade que emergira desse nobre sistema religioso da Índia. Eles não foram formados por aquele a quem chamo de Cristo, mas não há dúvida de que foram formados pelo Deus que encontrei em Cristo. Finalmente, recordo-me do tempo que passei ouvindo, observando e orando num templo budista nos Novos Territórios, na China, em 1988, e do rico diálogo que tive com dois monges budistas – reverendo Kok Kwong e reverendo Yuen Quing – enquanto explorávamos as origens e os objetivos de nossas respectivas tradições de fé e verificávamos os pontos de contato, não tanto nas respostas que oferecíamos, mas nas questões que levantávamos. Kok Kwong e Yuen Quing tinham encontrado meu Cristo unicamente como arma de opressão nas mãos do poder conquistador colonial. Eu queria que eles conhecessem meu Cristo através do suave amor que eu podia lhes oferecer naquele dia. Mas eles claramente conheciam Deus como transcendente, santo e cheio de maravilhas, e aquele Deus habitava obviamente neles e através deles. A presença de Deus assume muitas formas diferentes na história humana.[6]

Num livro recente, meu admirado amigo e colega de sacerdócio Matthew Fox sugeriu um lençol de água como analogia para se pensar em Deus nesse mundo pós-teísta. Para mim, essa imagem é bastante estimulante.[7] O lençol de água flui sob a superfície da terra e praticamente sustenta todo ser vivo. Periodicamente ele é expelido, de maneiras diferentes e em locais distintos, às vezes ocorrendo naturalmente na forma de um riacho ou lago. Esse riacho ou lago pode se tornar a fonte de um rio, ou, se aparecer num ponto deserto e isolado, pode formar um oásis. Às vezes as pessoas cavam poços profundos para usufruir desse tesouro líquido. Alguns desses poços são simples buracos de lama; outros são revestidos e complexos, produzidos conforme a mais moderna tecnologia. Desses poços se servem, às vezes, comunidades inteiras.

As fontes, rios, lagos, oásis e poços são vistos numa larga variedade de descrições explanatórias, surgindo da fé, do conhecimento científico, das culturas, dos valores, das necessidades do povo sustentado pela fonte de água. Mas não importa a variação de sabor que a água possa apresentar de um lugar para outro nem a maneira como ela é utilizada; o importante é que ela ainda provém da mesma fonte e é definitivamente ligada numa unicidade radical. Provavelmente não seja diferente do relacionamento de Deus com as diversas tradições religiosas que buscam interpretar a presença de Deus, experimentada por cada grupo específico de pessoas que vivem numa determinada época e local neste planeta.

Deus, para mim, é a Base da Existência, visível na existência de tudo o que vive; é a fonte do amor encontrado na capacidade de amar que está presente em toda criatura; e é a fonte de vida que chama a todos, em toda parte, para a plenitude da vida. Esse é o Deus que vejo através da lente de minha época e meu local na história, o Deus que creio ter encontrado em Jesus de Nazaré. Por isso ele é meu Senhor. Então, à medida que o teísmo passa ao pós-teísmo, experimentamos o mesmo Deus, mas com o sotaque de um novo século. Creio que essa consciência expandida, essa rejeição ao teísmo, essa abertura ao que está por trás do teísmo, é finalmente uma forma melhor de honrar a Cristo, que é chamado, por nós que buscamos Deus dentro da perspectiva cristã, de Filho de Deus.

XI

COMO FICA A ORAÇÃO?

Não como antigamente me ponho a orar,
Deus. Minha vida não é o que era antes...
Outrora teria pedido cura
agora vou ao médico,
teria permanecido muito tempo ajoelhado, discutindo contigo
desgastando-te. Ouve minha oração, Senhor, ouve
minha oração. Como se fosses surdo, miríades
de mortais têm sustentado seu estridente
grito, explicando teu silêncio por
sua própria inaptidão.

Começa a parecer que oração não é isso.
É a anulação de diferenças,
a consciência de eu estar em ti,
de ti em mim; o emergir
da adolescência da natureza
para a geometria adulta
da mente...
Por circular que nosso caminho
seja, ele não retorna àquele jardim de serpentes
mas segue adiante para a cidade alta
de vidro que é o laboratório do espírito.[1]

R. S. THOMAS
Poeta galês do século XX

Uma notícia nacional veiculada recentemente pela Associated Press[2] contou sobre uma estudante, atleta de uma faculdade – descrita nessa história como uma escola bíblica cristã do Tennessee –, cujas pernas foram amputadas abaixo dos joelhos por causa da doença conhecida como meningite meningocócica. Foi um evento trágico, de partir corações, mas a vida é cheia de tais acontecimentos, e nem todos se tornam primeira página em narrativas da mídia. Esse, entretanto, tocou um acorde diferente e estranho.

O drama único nesse caso específico não foi a tragédia em si, mas a tensão entre a tragédia e o conceito de Deus e fé como entendido e praticado nessa conservadora instituição religiosa. Parece que os estudantes esperavam que as promessas de Deus lidas nas Escrituras fossem entendidas literalmente não apenas por eles próprios, mas, o mais importante, por Deus também. O apóstolo Paulo instruiu seus leitores a "orar sem cessar" (I Ts 5,17), portanto esses adultos novatos fizeram exatamente isto. Ao saber do diagnóstico da doença rara de sua colega, organizaram vigílias de oração contínua que duravam 24 horas todos os dias, para que em nenhum momento do dia ou da noite os portões do céu deixassem de ser bombardeados por um membro do corpo estudantil em prol da amiga em perigo.

Esses jovens crédulos também lembravam uns aos outros que Jesus havia dito "pedi e dar-se-vos-á" (Mt 7,7), então eles pediam, fazendo seu pedido chegar a Deus incansavelmente, constantemente. Se Deus tem a habilidade de ouvir, não há dúvida de que ele ouviu suas intermináveis petições.

Além disso, diziam uns aos outros que seu Cristo lhes havia assegurado nos Evangelhos que "tudo é possível" (Mc 9,23) e que a oração pode produzir milagres, movendo montanhas se necessário for (cf. Mc 11,23 e Mt 17,20). Para eles essa tragédia aparente na vida de sua colega seria um teste para conferir a veracidade dessa assertiva. Estavam, conforme suas próprias palavras, aceitando a literalidade da palavra de Deus e esperavam que Deus fizesse sua parte, o que não era nada mais nem menos que cumprir as divinas promessas das Escrituras. "Deus não mente", asseguravam-se.

Mas, apesar de tudo em que acreditavam e tudo que faziam, a doença progredia insistentemente, apossando-se de seu dramático tributo: essa estudante, moça de 18 anos, destacada jogadora de basquete, foi forçada a se submeter à amputação dupla, perdendo para sempre a habilidade de correr ou jogar seu esporte favorito. O vencedor dessa luta não foi Deus, mas o processo impessoal, amoral, teologicamente neutro de uma bactéria particularmente destrutiva e letal. O foco da história divulgada, portanto, não fora a tragédia que acometera a jovem, mas a decorrente crise de fé que acometia os estudantes em oração. A história era sobre a forma como se reconciliariam os caminhos de Deus com a realidade experimentada por esses sinceros e devotos seres humanos. O clichê dos incrédulos, tão cheio de sátira hostil, que insinua que "nada é mais falível que a oração", foi a experiência que essa comunidade teve de suportar.

Alguns estudantes, de acordo com essa história, defensivamente preservaram a pretensão de sua fé movendo-se da tarefa de orar por coisas específicas para a postura mais passiva e dependente de orar somente para que fosse "feita a tua vontade". Esses estudantes parecem não ter compreendido que essa mudança anulava e inviabilizava as próprias promessas das Escrituras que haviam citado. Contudo, essa é uma conhecida posição de retirada de muitas pessoas religiosas quando a realidade é incapaz de afirmar a piedade. Nessa retirada, aconteça o que acontecer, não importa a proporção da tragédia ou do mal, terá que ser aceita como vontade de Deus. Então a fidelidade requer apenas que as pessoas aceitem como vontade de Deus o que quer que aconteça em sua vida.

Essa postura nos apresenta uma divindade estranha, que deseja coisas como a amputação das pernas de uma jovem e a perda da vida de inúmeros bebês e crianças por morte súbita, leucemia, tiroteios e muitos outros motivos. Essa atitude alternativa submissa, mas deploravelmente inadequada, também nos faz concluir que tanto os que morrem na guerra como os que conseguem sobreviver de alguma forma morrem ou vivem de acordo com a vontade de uma divindade

UM NOVO CRISTIANISMO PARA UM NOVO MUNDO

que controla o mundo. Esse não é um conceito fácil de defender racionalmente. Não parece justo. O Deus teísta indicado nesse contexto aparenta ser manipulador, vingativo e até cruel.

Outros estudantes dessa mesma escola tiveram como preocupação principal a possibilidade de a colega vitimada se virar contra Deus e culpá-lo por seu infortúnio. Se Deus tem o poder de salvar suas pernas e não o fez, então certamente ele é culpado dessa censurável malevolência. Essa conclusão, tão óbvia nesse modo de pensar, representava um risco para sua alma. Caso ela, como vítima, adotasse essa posição, blasfemaria, na cabeça de seus colegas. O grande perigo da blasfêmia é que o blasfemador corre o risco de mais uma vez incorrer na cólera divina. Se Deus na primeira ocasião já lhe havia golpeado com sua ira, que faria se ela lhe retribuísse também com ira? Deus poderia simplesmente atacar outra vez, de forma ainda mais terrível! Esse cenário, contemplado com pavor pelos jovens crentes, nos apresenta o pior e mais imoral quadro do teísmo. Deus agora é retratado como um demônio vingativo.

Outro estudante ofereceu mais uma teoria que revela ainda mais a impropriedade de todo pensamento teísta. A tragédia na vida de sua colega, ele afirmava, simplesmente faz parte de outro plano divino, mais complexo, que Deus preparava para ela. Nem o estudante que dava essa explicação nem a própria vítima podiam enxergar esse plano a partir do local e do tempo em que se encontravam, ele argumentava, mas algum dia, se confiassem profunda e suficientemente em Deus, ele lhes seria revelado. No momento posterior, o propósito dessa tragédia seria totalmente compreendido. A vontade de Deus então seria esclarecida, e as pessoas veriam que aquilo em que acreditavam desde o início ainda era verdade.

A beleza dessa racionalização é que Deus seria finalmente justificado. Então, sugeria esse estudante, a vítima daria graças pela experiência – inicialmente sem razão de ser – de ter sido parte do majestoso plano de Deus. A perda de suas pernas, ele explicava, fora na verdade um marco necessário para sua passagem a uma oportunidade maior que Deus lhe haveria de revelar. Aparentemente Deus precisava de uma jovem adulta sem pernas. Deus ainda seria Deus uma vez

COMO FICA A ORAÇÃO?

terminada a prova, e as perguntas não pronunciadas, mas muito reais, que agora atormentavam a mente daqueles cuja opinião sobre Deus estava sendo testada, seriam satisfatoriamente respondidas sem jamais perturbar suas imagens teístas. Essa também é uma posição religiosa defensiva bem conhecida e utilizada pelos seres humanos há séculos.

As pessoas conseguem aprender a lidar com a tragédia. Algumas que perdem a visão desenvolvem novos níveis sensoriais compensatórios e a percepção intuitiva. A luta heróica de um paraplégico inspira outros a despenderem maiores esforços que beneficiem a qualidade de vida de muitos mais. Algumas pessoas morrem por uma causa nobre ou suportam dignamente o sofrimento ajudando outras a encontrar um sentido de vida mais profundo e um novo compromisso de utilizar o tempo que a vida lhes concede de maneira mais dedicada e menos egocêntrica. Mas podemos perguntar honestamente: Esses benefícios constituem a razão divina do acontecimento de tais tragédias? Há mesmo um plano divino arquitetado por um Deus teísta que tem o mundo inteiro em suas divinas mãos e puxa um cordãozinho aqui e outro ali, mas está sempre no controle total? Será que o motivo da não-revelação do retrato completo desse Deus é fazer com que nós, mortais, tenhamos de confiar na benevolência final dele e aprender a "andar pela fé" – fé na existência de tal plano e fé num Deus que seja realmente da forma como o idealizamos? Ou será que essa fé não passa de um pensamento ilusório teísta, tão falso que deve ser dispensado?

Alguns dos estudantes daquela escola bíblica, colegas da jogadora de basquete, disseram que a experiência de tentar encontrar o sentido dessa tragédia sob a luz de sua visão de Deus permaneceria sempre em sua mente, perduraria entre as memórias mais marcantes do colégio. Aquela experiência galvanizou todo o corpo de estudantes. Orar juntos em plantão, 24 horas por dia, foi um evento dramático e formador de espírito comunitário. Projetos designados a levantar fundos para cobrir as imensas contas médicas incluíam a comunidade inteira e davam aos estudantes um enorme sentido objetivo, uma sensação de que faziam algo útil, de que se colocavam nas fronteiras entre o divino e o humano e de que respiravam uma atmosfera que os projetava até as beiras do mistério da vida encontrado por poucas pessoas na rotina comum.

Essa história, entretanto, levantou para mim uma série de perguntas com as quais regularmente me defronto quando luto para pensar em Deus nos moldes não-teístas, enquanto continuo sendo cristão, orando e adorando. Quando dou palestras públicas com o objetivo de convidar as pessoas para além das fronteiras do teísmo, as primeiras perguntas que me fazem no final geralmente focam mais a questão da oração que qualquer outro assunto. Essas perguntas buscam reter o significado encontrado tanto na oração individual como na coletiva, que fazem parte da liturgia da Igreja. Perguntas sobre a vida após a morte ficam num longínquo segundo lugar. Essa proporção já se tornou uma constante e não me surpreende mais.

De alguma forma, oração e liturgia são os pontos em que o conceito não-teísta se confronta mais claramente com o sistema de segurança religioso construído pelos adoradores do Deus teísta. "A quem oramos?" está no âmago das perguntas feitas pelos que consideram abandonar o teísmo. Um sentimento apertado de solidão é detectado sob a superfície de suas palavras: "Você está dizendo que não há um Deus Pai lá no céu?", dizem ansiosamente. "Se não há um ser sobrenatural fora do mundo, que dirige os assuntos da vida humana de forma intensamente pessoal e responde a nossas orações, de que adianta o cristianismo ou mesmo o Deus cristão?", parecem estar dizendo. Tenho a impressão de que muitos fiéis pensam nas orações como cartas adultas para o Papai Noel. A habilidade de seu Deus de responder a suas orações torna-se, para eles, o ponto em que a fé vive ou morre. Portanto essa foi, e continua sendo, uma pergunta pertinente, que requer uma resposta adequada.

O que significa a oração? A quem oramos? Como funciona a oração? Essas são as formas mais comuns das perguntas sobre a oração. Mas, quando as perguntas são feitas com essas palavras, já trazem em si o efeito de definir a oração dentro dos conceitos tradicionais. As pressuposições por trás dessas perguntas são de que orações consistem em pedidos e intercessões dirigidos à divindade, de que a divindade é externa a esse mundo e de que ela pode intervir para assistir quem estiver orando numa crise pessoal ou na vida social.

Como tal, a oração é descendente direta do comportamento daqueles primeiros ancestrais de nossa humanidade autoconsciente. Traumatizados com o sentido de impotência e desesperança, eles enfrentavam sua ansiedade postulando a existência de um protetor mais poderoso que as forças que os ameaçavam. Assim a oração tem sido tradicionalmente uma tentativa de pedir socorro a esse protetor ou de formar uma aliança com esse ser sobrenatural. Presume-se que este possa fazer mais por nós do que nós mesmos somos capazes de fazer. Conseqüentemente a oração perpetua a ilusão primária do teísmo – ou seja, que não estamos sós, que há um poder pessoal em algum lugar maior que o poder limitado da humanidade e que esse poder pessoal pode efetivamente resolver todos os problemas situados além da competência humana. A oração começou sendo, e continua a ser, uma tentativa primária de exercer controle nas arenas da vida onde nos sentimos fora de controle, ineficazes, fracos, vitimados.

A percepção e a definição tradicionais da oração, em suma, não são nada mais que uma tentativa de controlar o impacto experimentado no trauma da autoconsciência ou no choque da não-existência. Portanto, por favor, reconheça que orar é a maneira de o ser humano jogar o curinga do teísmo. Quando o curinga deixa de funcionar, entretanto, a pessoa que ora é obrigada a descobrir uma forma de viver com a perda do protetor e com a conseqüente inadequação do teísmo. E assim, à medida que o teísmo morre, a compreensão humana do comportamento de Deus começa a ser expressa através de explicações cada vez mais enroladas em si mesmas. Os estudantes da escola bíblica da história contada no início do capítulo usaram cada uma dessas explicações.

O Deus teísta tem de ser protegido da irracionalidade que aparentemente o cerca. Esse Deus tem de ser mostrado como estando no controle, mesmo que as evidências indiquem o contrário. Algum objetivo divino ou benevolente tem de ser descoberto para explicar a irracionalidade da vida ou o sofrimento que se apresenta desmerecido e chocante. Mas essas explicações não servem mais, porque o teísmo está morto.

Doença e tragédia não são punições – são fatos da vida. Vírus atacam. Guerras matam. Tumores se formam. Leucemia atinge as pessoas. Vasos sangüíneos se desgastam e se rompem. Pessoas inocentes são mortas por motoristas embriagados e por psicóticos representando dramas que só fazem sentido em sua mente doentia. Acidentes ocorrem. Álcool distorce. Crianças morrem brincando com armas.

Esses são fatos da existência. Não há nenhum Deus teísta dirigindo esses processos de causa e efeito a quem possamos recorrer. Não há nenhum plano divino que devamos procurar conhecer ou cujo desenrolar devamos aguardar pacientemente. A vida não é assim nem Deus é assim. A crença de que Deus está no leme é apenas a reminiscência moderna de um sistema teísta que nossos antepassados desenvolveram na alvorada da autoconsciência para acalmar a angústia humana e permitir que eles sobrevivessem ao trauma da autoconsciência. Atualmente esse sistema teísta está morrendo a morte lenta da irrelevância. Teísmo é uma verdade que não se saúda mais, mas é também um cobertor de segurança do qual relutamos em nos separar. Como todo cobertor de segurança, o teísmo talvez nos deixe mais capazes de fingir que somos competentes para lidar com a vida. Mas, quando chega a crise, tanto o teísmo como os cobertores de segurança provam ser incapazes de cumprir o que prometem com tanto alarde.

Então isso significa que a oração também deve desaparecer com a morte do teísmo? Acredito que não. Eu mesmo, como cristão pós-teísta, ainda oro. Oro diariamente. Oro como alguém que crê que Deus é real. Oro na confiança de que essa atividade ainda faz contato com o significado. Oro na consciência de um parentesco encontrado entre tudo que vive e especialmente entre aqueles com quem compartilhamos a glória e a angústia da humanidade autoconsciente.

Mas como é que devo orar? A quem devo orar? Não se pode simplesmente afirmar a validade dessa experiência sem maiores explicações.

Inicio minha resposta recomendando que enfrentemos as limitações de nossa linguagem e busquemos primeiro uma nova palavra que descreva a atividade antes denominada *oração*. Faço isso porque a palavra *oração* está tão moldada pelo conceito teísta que se torna praticamente inútil em nosso mundo pós-teísta. Proponho que procuremos substituí-la por palavras que há séculos têm-se identificado com disciplinas místicas de desenvolvimento espiritual – palavras como *meditação* e *contemplação*. Ouço as pessoas falarem atualmente de algo chamado "oração centrada" e se referirem a exercícios de respiração utilizados para aumentar a autopercepção. Essas palavras e conceitos ajudam a começar a tarefa de criar uma nova definição de oração.

Em seguida, busco encontrar alguma experiência em minha própria vida que possa corresponder àquilo que levou nossos ancestrais na fé à atividade que denominavam oração. Descubro nas profundezas de meu ser um desejo espiritual, um anseio interior de ser a pessoa que sou com mais profundidade, com maior capacidade de me doar aos outros. Às vezes esse desejo chega a ser assoberbante. Creio que poderíamos dizer que ele é a própria busca pela existência, que no meu entender é idêntica a nosso desejo de Deus. É aquela inquietação sobre a qual santo Agostinho fala, que não se resolve se não repousarmos em Deus.[3] Essa é uma descrição do desejo, da realidade que me pede uma nova linguagem de oração.

Nessa experiência descubro um novo sentido do que vem a ser plenitude humana. Essa nova humanidade contraria quase completamente a forma de vida que a história evolucionária criou em mim – ou seja, a propensão humana de ter na sobrevivência o bem maior. Minha vida me ensina que, quando posso me doar sem expectativa de compensação nem retorno, não somente experimento a diminuição de minha individuação, mas me torno também um valorizador da vida do outro, expandindo assim o amor presente naquele outro. Sinto que isso me torna nada menos que um agente de Deus.

Por que alguém pensaria que essa não é uma proposta que vale a pena por si só? Por que as pessoas presumem que não há motivação se a bondade não tiver recompensa? Não será essa recompensa apenas uma forma de manter sob controle nossa ansiedade egocêntrica? Será que o bem não tem seu próprio valor? A oração perde todo o valor se não trouxer resultados? Por que não conseguimos abrir mão da necessidade de manipular e controlar Deus através das recompensas? Paulo, quando falou "Orai sem cessar", não estaria se referindo a uma maneira de viver em vez de um ato específico a ser realizado?

Nunca ocorreu aos seguidores do Deus encontrado em Jesus que, quando este prometeu a "segunda vinda", ele poderia estar se referindo à segunda vinda do Deus presente em cada um de nós, em vez de seu próprio retorno mitológico descendo do céu teístico pelas nuvens? Não é o mesmo Deus que estava presente em Jesus que retorna ao nosso mundo em nós e através de nós? Não será a imagem da segunda vinda de Jesus, que tem dominado o pensamento tradicional cristão, simplesmente uma tentativa de resgatar a imagem tradicional messiânica que de fato não se realizou na vida de Jesus – uma imagem que os cristãos foram forçados pela história a relegar à sua segunda vinda? Podemos nos arriscar a abraçar a possibilidade de que nós mesmos somos a segunda vinda do Cristo?[4] Será que a grandiosidade dessa sugestão a faz merecedora de descrédito em nossa mente?

Chegou o tempo em que devemos explorar até as dimensões inusitadas. Essas possibilidades nos oferecem uma nova forma de pensar a respeito da atividade até então chamada de oração e refletir sobre como podemos experimentá-la. Sabemos que a perspectiva teológica que sugere que nossa frágil humanidade necessita sempre de um divino protetor não funciona: ela nos apresenta uma divindade a quem temos que agradar, apaziguar, elogiar e implorar, cujo poder é tão esmagador que somos reduzidos a uma dependência infantil. Contrastemos essa posição com uma perspectiva teológica que afirma o poder de Deus presente no centro de nossa vida – um poder que nos chama a entrar mais profundamente no mistério do existir e em uma humanidade mais plena! Ainda precisamos de uma divindade externa, invasora, que realiza milagres e a quem devemos implorar socorro? Não seria melhor buscar dentro de nós mesmos a presença de Deus, que nos capacitaria a abraçar a fragilidade de nossa humanidade, e ter a audácia de entrar na experiência de viver plenamente, amar abundantemente e alcançar corajosamente a profundidade da existência?

Se rejeitamos a divindade teísta situada além dos céus, aquela que deveria cuidar de nós, temos também de rejeitar a profundidade da vida presente em cada um de nós e na comunidade humana reunida que nos sustenta e nos propulsiona para além de nossos limites? Deus não será essa própria profundidade? À medida que alcançamos a maturidade, começamos a cogitar a possibilidade de que descobrir a plenitude de nosso existir é também descobrir o significado da oração. É nosso próprio ser *compartilhado* que nos une poderosamente numa comunidade humana.

Quando eu era professor em Harvard, um estudante apresentou uma tese que tratava das imensas dificuldades do sistema de saúde disponível para os cidadãos dos Estados Unidos na época.[5] De acordo com sua conclusão, a única coisa que os cristãos poderiam acrescentar ao sistema de saúde em sua forma vigente não era a oração nem a prática do *lobby*, mas o dom da comunidade. À medida que o sistema de saúde se torna mais impessoal, a comunidade tem de estar presente para personalizar a vida do doente. Ninguém deveria estar doente sozinho. Ninguém deveria morrer sozinho. Ninguém deveria buscar soluções de alta tecnologia para problemas médicos sem uma comunidade que fornecesse um ambiente de alto toque de amor.

Não se trata de essas coisas intensamente humanas impedirem a doença, trazerem curas ou adiarem a inevitabilidade da morte, mas, sem dúvida, de elas intensificarem a vida, expandirem o amor e permitirem o surgimento de uma existência mais profunda tanto no doador como no receptor. Entretanto o conceito de que através desse processo advém a cura, como resultado da petição ou da súplica humana, faz de Deus um ser que atende a nossa vontade. Essa é de fato uma estranha idéia. A oração é mais exatamente a atividade que nos capacita a ser doadores e receptores mútuos do significado mais profundo da vida – um significado que chamo de Deus.

Na fase mais tradicional e teísta de minha vida, desenvolvi o hábito de passar as primeiras duas horas do dia – das seis às oito – no escritório de minha casa em oração e estudo. Orava primeiramente por aquelas pessoas mais próximas e queridas, facilmente atravessando a fronteira da morte que hoje me separa de meus pais, de minha primeira esposa, de meu cunhado e de alguns amigos muito chegados. Eu usava vários calendários, ou folhinhas, como o Ciclo Anglicano de Oração, a Relação de Orações da Casa dos Bispos e o Ciclo Diocesano de Oração; todos me ligavam através da oração à comunidade cristã na qual eu vivia.

Em seguida eu passava pelos lugares do mundo onde há mais problemas, orando pela paz e pelo fim do sofrimento nos países em guerra. Confesso que a oração era especialmente significativa para mim quando alguém que eu conhecia bem estava no auge de alguma situação de tormento: Desmond e Leah Tutu na luta pelo fim do *apartheid* na África do Sul, ou Bob e Lance Moody[6] por ocasião do bombardeio contra o prédio governamental em Oklahoma City. Finalmente eu passava pelas coisas que faria naquele dia, focalizando minhas orações nas pessoas e eventos agendados.

Tudo isso estava dentro do contexto do que a Igreja denominava "oração matutina", que incluía a leitura do lecionário das Escrituras, a entoação de cânticos de louvor e outros elementos de adoração. Essa forma de oração também permitia um período para a homilia, que, na privacidade daqueles momentos, converti em disciplina para a leitura sistemática de um livro teológico por ano.[7] Eu pressupunha na época que esse era meu tempo sagrado de encontro diário com Deus. Robert Schüller talvez o denominasse como minha "hora de poder".[8] A imagem que eu tinha era que o poder inflamado por minhas orações fluía em direção a todos os recipientes com os quais me preocupava. Eu estava atendendo às expectativas tanto de minha religião como de minha profissão.

À medida que me movia além do teísmo para um entendimento pós-teísta de Deus, descobri que o compromisso de iniciar meu dia com esse período de duas horas não mudou, mas meu entendimento do que eu estava fazendo, sim – e dramaticamente. Talvez tenha dado um giro de 180 graus. A primeira mudança foi em relação ao que eu pensava ser a parte do dia dedicada à oração, que deixou de se restringir às primeiras duas horas e passou a incluir todo o resto do dia. Minhas ações, meus compromissos com pessoas que enfrentavam problemas concretos – tudo passou a ser, para mim, o verdadeiro momento de oração. Minha oração começou a se identificar com meu viver, meu amar, meu existir, meus encontros, meus confrontos, minhas lutas pela justiça, meu desejo de ser agente da transformação do mundo. Era aí que eu me encontrava e comungava com Deus. Deus não me esperava mais nos lugares silenciosos de retiro – agora ele estava no tumulto de uma vida de muita atividade e, às vezes, preocupação. Deus não estava nas rochas estáveis, mas na rápida correnteza.

Se a oração é o ato de me comprometer com Deus, e se Deus é a fonte da vida, então minha oração se tornou o momento de me comprometer com a vida. O modelo de oração monástica criado por um teísmo que colocava Deus fora da vida – conceito que sugeria que deveríamos nos recolher da vida para orar ou alcançar a santidade – foi virado de cabeça para baixo. A oração tornou-se para mim a forma de viver, amar, lutar e ousar existir. O tempo que passava em meu escritório a cada manhã tornou-se preparação para oração, uma forma de me lembrar de quem realmente sou, de onde Deus está e como pode ser encontrado. Então minhas definições de oração e do que vem a ser a própria vida mudaram totalmente, embora a maneira de organizar minha vida tenha permanecido a mesma. Até hoje, aquele período de duas horas de manhã constitui uma grande parte de quem sou.

Será que aquela atividade de Deus que pratico a cada manhã muda os padrões da história? Já que não penso mais na oração como invocação da presença de uma divindade externa, faria alguma diferença objetiva em meu mundo se eu cessasse essa disciplina de toda uma existência? Bem, não pretendo mais mudar a idéia nem a vontade da divindade teísta. Essa conclusão é clara. Não espero mais que Deus aja na vida humana de forma diferente do curso natural de causa e efeito. Não creio mais que minhas orações mudem o avanço de uma doença, nem a direção de um furacão, nem mesmo detenha a mente de um militar aventureiro. Continuo cético quanto às reivindicações feitas ao longo da história por pessoas religiosas em relação a suas orações. Não nego que amor compartilhado ou expressões de carinho e cuidado geram energia positiva. Não nego que energia positiva tem poder terapêutico e que isso intensifica e aumenta a vida e a existência, assim como energia negativa diminui e drena a vida do próprio existir. Mas não posso pretender nada além disso.

Creio, sim, que meu momento matutino me prepara mais adequadamente para ser portador de Deus – uma fonte de vida, de amor e de existência para os outros. Também atesto que esse momento privado me capacita para realizar tarefas de maneira mais plena, apropriada e completa. Sei que sou modificado, aberto, sensibilizado e fortalecido para agir durante esse tempo reservado diariamente. Mas deixei de considerá-lo tempo de *oração*. Orar para mim é *viver*. Tempo de preparação é o tempo necessário para descobrir quem sou e quem

Deus é dentro de mim, para que eu possa viver minha vida a partir desse conhecimento. É isso que me permite "orar sem cessar" – isto é, viver sem contabilizar os custos nem procurar preservar minhas forças. Como disse anteriormente, hoje considero palavras como *meditação* e *contemplação* – que não sugerem que eu esteja tentando mudar qualquer coisa além de mim mesmo – preferíveis à palavra *oração*, com sua conotação de petição à divindade teísta para que interceda de maneira a forçar uma nova solução para a história, que talvez não fosse possível se tais intercessões não fossem oferecidas.

Quando alguém pressupõe que eu não oro mais, como insistem os críticos religiosos, o que realmente estão querendo dizer é que eu não entendo nem pratico mais a oração da forma como eles o fazem. Não espero mais que uma divindade teísta trabalhe para mim, mas espero passar meus dias trabalhando pela expansão da vida, pela plenitude do amor e pela intensificação do existir. Isto é, espero realizar o trabalho de Deus – um Deus que creio ser real. Não procuro mais definir esse Deus em termos de uma pessoa sobrenatural. Creio, contudo, que experiencio esse Deus quando sou agente da vida, do amor e do existir para alguém. Pois o Deus que venero, que vejo em Jesus de Nazaré, é revelado em cada pessoa. Esse Deus está presente no amor de todos nós. Ele é encontrado no existir de todos nós. Esse Deus me chama constantemente para ser a encarnação de seu amor, uma testemunha da realidade de sua própria vida. Consigo realizar isso trabalhando para aumentar ou intensificar a humanidade de cada pessoa, para libertar a vida presente em cada pessoa, para aumentar o amor disponível a cada pessoa e para celebrar o ser de cada pessoa. É através desses atos que consigo discernir a presença das pegadas divinas e ter a certeza de que Deus esteve nesse lugar antes de mim e, às vezes, por minha causa.

Estou também, por experiência, pronto a confirmar que o poder da oração é muito claro na forma profunda com que de fato meus momentos de meditação e contemplação têm me modificado. Eles têm me ajudado a encarar com mais honestidade quem sou e como posso causar impacto nos outros. Será que isso é de alguma forma diferente da confissão? Apesar disso, nada sobrou daquela imagem de um pecador se arrastando na busca da misericórdia de um juiz divino.

COMO FICA A ORAÇÃO?

Meus tempos de oração e meditação me convenceram de forma radicalmente nova de que não estou só. Ao contrário, estou conectado a uma comunidade que bem poderia ser denominada "a grande nuvem de testemunhas" (Hb 12,1). Tanto amo os outros como sou amado por eles. O doar e o receber amor estão intimamente ligados. Há um poder transformador de vida nessa compreensão e realização. E eu pondero: Será essa experiência de alguma forma diferente do rogo?

Meus momentos matutinos de meditação focada têm me permitido seguidas e repetidas vezes resolver problemas, vencer barreiras, atravessar meus preconceitos e temores e entrar num novo existir, numa humanidade sem fronteiras. E eu pondero: Será que isso é de alguma forma diferente da petição?

Finalmente, encontro uma grande energia nesses períodos preparatórios, pois neles nascem visões que mais tarde, de fato, transformam o mundo à medida que o vivencio. Neles recebo poder para me tornar aquilo que não consegui ser antes e para fazer coisas que jamais consegui anteriormente. Transformar aquilo que sou conseqüentemente transforma aquilo que sou capaz de realizar. Às vezes a mudança é inexpressiva, às vezes imensa – mas sempre ocorre mudança. Fico maravilhado com essa realidade. E eu pondero: Será que isso é de alguma forma diferente de adoração e louvor?

Faço parte desse processo de transformação porque faço parte daquilo que Deus é. Essa é minha conclusão surpreendente. Encarnação não é apenas um fato sobre Jesus, é um símbolo de como Deus, que é a fonte da vida, do amor e do existir, opera. Deus estava em Cristo, reconciliando. Deus está em mim. Deus está em você, reconciliando, curando, restaurando, tornando inteiro. Oração, portanto, é o reconhecimento consciente dessa realidade.

Então eu oro. Oro constantemente, mas oro não-teisticamente. Minha meta na vida é orar sem cessar, o que significa procurar ser a presença de Deus em cada relacionamento vivido. Eu não conseguiria viver dessa forma sem afirmar simultaneamente a viva realidade do Deus a quem sirvo e a necessidade de centrar minha vida nesse Deus e conectá-la a esse Deus, em tudo que sou e faço. Essa é a primeira parte, e a parte pessoal de minha resposta à questão da oração.

211

XII

A ECLÉSIA DO AMANHÃ

A terra inteira deverá ser ressantificada a nossos olhos: a cor santa deverá mudar de roxo celeste para verde terreno. O imperativo de cuidar deve ter precedência sobre lealdades menores e sobre todas as diferenças de raça, nacionalidade, gênero e crenças pessoais. É o tipo de amor que está disposto a sacrificar o interesse pessoal e individual pelo bem maior do todo. [...] Isso requer o tipo de amor de auto-sacrifício que há tanto tempo tem sido afirmado na tradição cristã e simbolizado no caminho da cruz.[1]

LLOYD G. GEERING
Teólogo, Nova Zelândia

Oração não é apenas uma atividade individual. É também um fenômeno corporativo. Adoradores se reúnem em espaços que foram consagrados – tanto oficialmente como pela utilização sagrada e constante – para oferecer suas orações a Deus. Liturgia é o nome que damos às várias formas assumidas por essa atividade corporativa de louvor. Tipicamente as liturgias das igrejas são ainda mais infectadas de imagens teístas do que as orações individuais, e essas imagens perduram em seu contexto corporativo por muito mais tempo do que na individualidade. De fato, o último lugar onde qualquer mudança se faz sentir é nas liturgias corporativas das igrejas bem estabelecidas.

Entretanto, mesmo nelas, a mudança é inevitável. A missa católica abandonou o latim clássico. O Livro de Oração Comum anglicano é periodicamente revisado. Os livros de louvor de todas as outras igrejas litúrgicas estão sempre sofrendo adaptações. Nas "igrejas livres" – aquelas de congregação politicamente constituída – a liturgia é ainda mais receptiva a mudanças, porque é normalmente estruturada pelo pastor residente e assim tende a refletir suas convicções teológicas.

Em meu último livro[2] citei várias mudanças que, embora pouco percebidas pelas congregações, valem ser notadas – como afastar o altar dos santuários para que o celebrante fique de frente para o povo. Essa prática já se tornou quase universal nas igrejas litúrgicas durante os últimos cinqüenta anos. Embora pareça uma diferença mínima e tenha sido defendida pelos proponentes de diversas maneiras, significa para mim um gradual sintoma da morte do teísmo. O sacerdote ou pastor que fica com as costas viradas para o público está se dirigindo ao Deus teísta lá fora, além das nuvens. O sacerdote que fica de frente para o povo está se dirigindo ao Deus presente no meio da criação. Isso significa transição.

Simultaneamente, estão ocorrendo outras mudanças às quais me referi anteriormente – o declínio da prática de ajoelhar-se, por exemplo, as modificações verbais (inclusive nos impressos distribuídos) que possibilitam a utilização de linguagem inclusiva. Há um crescente desconforto relacionado ao uso de vestes majestosas, principalmente pelos bispos, aos títulos paternais utilizados pelo clero e às comitivas de ordens menores necessárias para apoiar o principal líder litúrgico.

Entretanto a linguagem dos hinos, orações e outras partes da liturgia ainda é predominantemente moldada pelos conceitos tradicionais do teísmo remanescente. Na maioria de nossas liturgias, Deus é definido como alguém externo, e como tal é louvado, bajulado, apaziguado, suplicado, rogado e solicitado em palavras tanto faladas como cantadas. O conceito da queda provocada por um pecado original corruptor, citado anteriormente como inválido e desatualizado em nosso mundo pós-darwiniano, ainda permeia as palavras de muitas orações. Recordo-me da oração de um livro de adoração eclesiástica oficial que se referia à vida humana como fraca, sem valor, ignorante e indefesa, tudo no espaço de cinco linhas.

Esse sentido de pecado universal com o qual se presume que todos nascem ainda fundamenta o sacramento do batismo, como mencionei antes. Em revisões recentes da liturgia batismal, as igrejas têm tentado abrandar a retórica excessiva dessa negatividade, mas não a retiraram completamente. Outrora a liturgia renunciava de maneira bem direta ao mundo, à carne e ao Diabo. Agora falamos um pouco mais metaforicamente dos poderes corruptores desse mundo, das forças do mal que nos afastam do amor de Deus e dos desejos pecaminosos da carne. A linguagem da purificação nas águas do batismo, da limpeza de todos os nossos pecados e da ameaça implícita de que fora do batismo não há salvação, todavia, continua presente na maioria das liturgias.

A idéia da morte de Jesus na cruz como sacrifício humano oferecido a Deus e entendido como pagamento ou resgate pelos pecados do mundo ainda se encontra no âmago da celebração da santa comunhão. A mensagem básica presente na reconstituição do sacrifício de Jesus na cruz é que somos incapazes de salvar a nós mesmos, e Jesus o fez em nosso lugar, ao custo da própria vida; devemos ser gratos, porém passivos recipientes desse ato de salvação. Procuramos amenizar a mensagem do sacrifício humano ou do divino abuso infantil encontrados na eucaristia (ou na missa, ou na Santa Ceia), mas ambos estão presentes nas palavras literais utilizadas pelas liturgias, que são no mínimo desagradáveis e no máximo repulsivas.

Freqüentemente me perguntam como consigo continuar participando de eventos litúrgicos em contextos eclesiásticos ao mesmo tempo em que questiono o significado fundamental expresso na linguagem tradicional da liturgia. Essa é uma pergunta justa.

Talvez eu devesse ficar mais incomodado; acato as mudanças à medida que chegam, mas aprendi a não literalizar palavras litúrgicas. Trato-as como poesia, símbolos ou frases iluminadas usados por nossos antepassados na fé para articular seus desejos mais profundos. Vejo as palavras que exaltam o grande poder do Deus teísta como uma forma de articular o chamado humano para ir além de nossas fraquezas e entrar em uma nova humanidade. Vejo as palavras de admissão de culpa pelo fracasso humano não como uma reação de criança travessa

Um novo cristianismo para um novo mundo

diante do julgamento dos pais, mas como um ato de auto-análise: enumeramos nossas falhas para nos conscientizarmos daquelas realidades interiores que nos bloqueiam contra nós mesmos, contra os outros e contra a fonte da própria vida. Vejo louvores e elaboradas saudações oferecidas a Deus como nada mais que atos laudatórios designados a nos convocar para além de nossas fronteiras, para a grandiosidade de ser o corpo de Cristo. Celebro aqueles elementos sacrificiais de nossas liturgias da forma como nossos ancestrais na fé tratavam seus anseios por redenção: uma maneira de superar o sentido de alienação e separação de sua identidade mais profunda como portadores de Deus.

Obviamente, algumas orações são mais primitivas que outras, então tento evitá-las. Também acho alguns hinos mais apelativos que outros e me recuso a cantá-los.[3] Considero algumas liturgias mais sentimentalmente subjetivas e piegas que outras e não as recomendo como dieta constante. Nada disso, entretanto, me impede de louvar. Então, enquanto clamo por reforma radical, continuo adorando sob a disciplina de um livro de oração que ainda reflete, em linguagem aparentemente literal, algumas coisas que não posso afirmar literalmente com integridade pessoal.

Talvez isso seja apenas a esquizofrenia resultante de uma vida inteira de familiaridade com as palavras de antigamente ou de amor a elas. Talvez represente até falta de coragem, mas acho que não. Trato a linguagem de louvor da mesma maneira que a linguagem do amor. Ela é primitiva, excessiva, florida, poética, evocativa. Ninguém realmente acredita nela literalmente. Quando digo a minha esposa que ela é a pessoa mais linda e maravilhosa do mundo, ninguém conclui que fiz uma pesquisa de opinião pública global para certificar a veracidade literal dessa afirmação. Da mesma forma, não digo nem canto as palavras da liturgia para expressar uma verdade literal.

O que procuro fazer na liturgia pública é permitir a todos os participantes iniciarem a jornada que os conduzirá ao significado que as palavras litúrgicas jamais captarão. De fato, segundo minha experiência, as palavras litúrgicas são inevitavelmente primitivas e, quanto mais adentramos aquilo que denomino experiência de Deus, mais elas se enfraquecem como veículos de significado. No centro dessa experiência de Deus, o fiel é reduzido ao silêncio diante da admiração, do mistério e da maravilha do divino. Portanto, palavras antiquadas e práticas arcaicas não são tanto um fardo para mim quanto alguns possam achar. Regozijo-me com isso mas não pretendo me esconder, nessa conclusão, da tarefa da reforma.

Estou profundamente ciente de que pessoas que não tiveram uma vida inteira de convivência com as liturgias da Igreja as consideram de muitas maneiras: desde emocional e mentalmente perturbadoras até religiosamente absurdas. Estou ciente de que, para muitos, ouvir uma liturgia é como ouvir um idioma que eles não falam nem entendem. Para outros, a liturgia representa o ato ginástico de torcer a mente em *pretzels* teológicos a fim de emitir sons sem sentido, que não têm ligação nenhuma com qualquer realidade. Preciso olhar novas maneiras pelas quais a Igreja possa adorar, que tenham sentido enquanto vivemos além do exílio, purgados pela reforma que desponta e redefinidos como corpo de Cristo, numa experiência que certamente será de morte e ressurreição. Qual será a aparência dessa Igreja e de sua liturgia? Quais os passos que teremos de dar, o caminho que teremos de seguir, para ir de onde estamos hoje até aquilo que a Igreja terá de ser no futuro?

Meu palpite é que nossa viagem para esse futuro não será marcada por transições abruptas. Em vez disso, tenderemos a transitar experimentalmente em direção ao amanhã. Não podemos compreender, com nossas faculdades racionais, algo que nossa mente ainda não consegue vislumbrar nem nossas palavras conseguem capturar. Todavia, acho que quem pretende pelo menos perceber o que está por vir tem a responsabilidade de evidenciar essa visão para que fique ao alcance de todos. Advertindo claramente que isso é tudo o que posso oferecer e fortalecendo a função resgatadora da comunidade de fé, da qual já falei, atrevo-me a mergulhar nessa tarefa.

Que propósito haverá em nosso mundo pós-teísta que leve pessoas a se reunirem com alguma regularidade para se ocuparem com uma atividade que se denominaria adoração? Começo essa análise citando primeiramente o que *não* será esse propósito. *Não* será cantar os louvores de uma divindade teísta. *Não* será confessar nossos pecados e faltas a um juiz paternal para começarmos uma vida nova e tentarmos outra vez. *Não* será contar com o poder das orações da comunidade para direcionar o curso da história mundial, do tempo ou das questões de vida ou morte de qualquer indivíduo. *Não* será purificar os bebês da humanidade pecadora e caída na qual nasceram, através do batismo, nem será reconstruir liturgicamente o sacrifício divino na cruz do Calvário, a fim de assegurar nosso resgate do suposto estado desesperador do pecado original. *Não* será elevar nossos olhos e mentes aos arcos e vitrais góticos para contemplar o Deus que vive lá no céu. Não, essas são todas imagens provenientes de nosso mundo teísta agonizante. Esse mundo não está mais sadio nem vivo.

Entretanto creio que ainda haverá a necessidade de um lugar onde possamos nos reunir para adorar, e essa adoração continuará a ser uma função do que quer que venha a ser a Igreja no futuro pós-teísta. Talvez essa instituição pós-teísta nem seja chamada de Igreja. Outros nomes estão disponíveis e provavelmente devem ser considerados – mesquita, templo, sinagoga, santa casa ou eclésia. Pessoalmente prefiro esta última – que é uma palavra grega – como nome para a instituição religiosa pós-teísta do futuro, pois significa "aqueles chamados para fora".

Vejo essa nova igreja ou eclésia como a comunidade dos que foram chamados para além dos limites, dos preconceitos, do dilaceramento, do egocentrismo. Mas não se pode ser chamado para além de qualquer coisa sem também ser chamado para dentro de alguma coisa. Portanto vejo a eclésia como a comunidade de pessoas chamadas para entrar na vida, no amor, no existir, na plenitude, em Deus. Essa comunidade continuará, creio eu, a se reunir regularmente para relembrar e celebrar quem são, o que significa ser humano e como eles podem ser agentes da vida.

Uma parte da liturgia do futuro será de recordações e recitações de nossas histórias sacras, de nosso passado. Mas teremos de ir muito além dos momentos agora celebrados como primórdios de nossa história de fé. Quero dizer que devemos ir além de eventos como a viagem de Abraão de Ur, na Caldéia, para fundar um novo povo; além do êxodo de Moisés e do povo hebreu à terra prometida; e até além da viagem de Jesus ao monte Calvário, que gerou a Igreja cristã. Nossa liturgia do futuro terá que celebrar a longa jornada humana, desde a primeira forma de vida numa simples célula à complexidade de nossa moderna e temerosa autoconsciência humana. Essa celebração deverá nos ajudar a reconhecer e depois lembrar nossa ligação com todo ser vivo, tanto do mundo animal como do vegetal – uma ligação que a descoberta do DNA e do genoma humano revelou ser muito próxima. Essa celebração nos permitirá ver a mutualidade da vida e ter conhecimento de que não podemos, sozinhos, ser nem humanos nem seres vivos de qualquer espécie. Liturgias do futuro, portanto, poderão nos trazer um entendimento renovado de que cada um de nós só é capaz de viver por causa de nossa interdependência expressa tão fortemente na percepção de que cada espécie se nutre de outra no infinito ciclo da vida.

Também aprenderemos, durante nossa adoração, a honrar o dom da autoconsciência – aquele passo importante que aumentou dramaticamente o sentido da vida –, mesmo reconhecendo quanto é assustador ter consciência de nossa finitude, de nossa mortalidade e da natureza frágil da vida. Uma das metas da adoração na eclésia do amanhã será promover maior autopercepção das pessoas que se reúnem em comunidade, para que captem a incrível dignidade de ser plenamente humanas e de viver de maneira mais profunda, intensa e completa do que qualquer um de nós já tenha conseguido viver. Essa adoração será postulada na convicção de que o caminho para o divino tem de passar pelo desenvolvimento de uma humanidade mais plena.

Os devotos também enfrentarão aqueles aspectos de nossa jornada através da vasta história evolucionária que ainda deixam cicatrizes em nossa humanidade. Refiro-me mais uma vez, mas agora liturgicamente, ao egocentrismo radical originado na luta evolucionária que, em meu ponto de vista, transformou a sobrevivência no bem ou valor máximo da humanidade. Esse egocentrismo tem servido bem a nossas necessidades de sobrevivência nos anos de evolução, permitindo-nos vencer a batalha pela vida. Mas esse mesmo dom agora lança uma sombra escura sobre nossa capacidade continuada de suportar as ansiedades de nossa existência.

Evoluímos mais rapidamente na tecnologia do que na responsabilidade de mestres dessa tecnologia – o que significa que temos a capacidade de destruir toda a consciência, através de um acidente tecnológico ou desastre ambiental. Contudo, em nosso egocentrismo, aparentemente não temos a sabedoria para lidar com esse perigo de forma competente. Isso é revelado pelo estranho comportamento tribal quando todas as nações deste pequeno planeta querem possuir ou construir armamentos capazes de matar todos os seres humanos da Terra umas vinte vezes. O racional recomendaria que uma morte por pessoa seria o suficiente!

O olhar míope, ou seja, o comportamento egocêntrico tribal, também se caracteriza por nossa indisposição em parar de poluir o meio ambiente, embora tenhamos poder para isso. Agimos com a convicção de que os efeitos da poluição provavelmente não serão devastadores em nosso tempo de vida. Assim, passivamente permitimos que eles piorem, em vez de nos empenharmos para revertê-los. Claramente colocamos nosso conforto, necessidades e bem-estar econômico acima das necessidades das gerações futuras. A adoração da Igreja do futuro deverá, portanto, nos auxiliar no crescimento para além desses limites, até chegarmos ao ponto em que a mais elevada virtude humana não será a sobrevivência pessoal nem tribal, mas a tomada de decisões corporativas para o bem de toda a raça humana. Isso implicará coisas como impor limites – por comprometimento ou por lei – para conter a elevação das taxas de natalidade e fazer do planejamento familiar uma responsabilidade de maior importância, reconhecida universalmente. Aqueles que não puderem ou não quiserem ajudar nesse controle serão considerados imorais e severamente penalizados por seu descaso para com a responsabilidade corporativa por esse pré-requisito de sobrevivência.

A devoção deverá também ser um meio pelo qual possamos desafiar e modificar radicalmente nossos excessos, especialmente nos lugares mais desenvolvidos. Isso significa chamar a nós mesmos para agir de forma que diminua a distância entre ricos e pobres. A devoção também abordará a tarefa de remover as cicatrizes que nossos preconceitos infligiram sobre nossas vítimas no passado. Celebrará a unidade da humanidade formada por criaturas autoconfiantes que agora são solicitadas a ser co-criadoras de qualquer que seja o tipo de vida que esteja a nossa frente. Em atividades dessa natureza encontraremos alguma reminiscência, embora de forma bem diferente, da confissão, da absolvição e do voto de viver uma vida redimida.

Na eclésia do amanhã obviamente continuaremos a ter atos rituais, com a função de marcar as transições humanas. Essa é uma exigência da vida. Certamente sempre haverá um ritual para dar aos recémnascidos as boas-vindas à vida da comunidade, por exemplo, pois essa é a renovação da vida. Esse ato ritual poderá até continuar usando a água como símbolo, já que é com o rompimento da bolsa de água maternal que nasce a vida. Além do mais, nossa história evolutiva tem nos ensinado que a água foi o berço da própria vida. A cerimônia de batismo com água poderá nos lembrar de tudo isso. Mas o batismo, para sobreviver, deverá livrar-se de sua negatividade e focar a maravilha e a esperança da vida, não a depravação e o pecado da vida.

Outros momentos da vida que clamam por observância litúrgica e têm sido tradicionalmente observados incluem puberdade, casamento, nascimento, paternidade/maternidade, enfermidade, envelhecimento e morte. Essas observâncias certamente continuarão, embora seu conteúdo deva ser transformado pelo aprofundamento de nosso entendimento da própria vida. Puberdade, por exemplo, não é algo impuro. Casamento não é um compromisso com o pecado. A maternidade não requer purificação cerimonial da mãe. Paternidade ou maternidade envolvem ambos os pais igualmente. Enfermidade não é punição do pecado. Envelhecimento e morte são coisas naturais. As liturgias da eclésia do amanhã farão todos esses ajustes.

Cada povo desenvolveu uma forma de celebrar sua história de fé, que para ele definiu a humanidade. Mas na eclésia do amanhã não será permitido a nenhuma dessas histórias de fé condenar nem denegrir a outra. Todos serão honrados como caminhos de acesso à maravilha do divino. As pessoas da eclésia compartilharão essa identidade expandida.

Mas isso não significa que os cristãos terão de abandonar a história de Cristo – o caminho particular e precioso daqueles cuja fé saiu da Judéia e chegou até o mundo ocidental. Continuaremos a trilhar esse caminho, que nos tem conduzido a Deus e ao significado da própria vida. A figura de Cristo continuará a ser o ícone central, a dádiva que oferecemos ao mundo. Essa vida em Cristo será vista como a que nos ajuda a saber quem somos agora, a que coloca diante de nós uma visão do que poderemos ser no futuro, e isso define para nós a razão de ser da vida. Portanto continuaremos a elevar essa vida liturgicamente, possibilitando que Cristo seja de alguma forma referência diante da eclésia em evolução.

É assim que a liturgia funciona: ela promove nossa conexão com o divino expondo a divindade como ela foi revelada no Cristo. O momento em que essa vida de Cristo entrou na história continuará a ser celebrado com as festividades apropriadas. No Hemisfério Norte estará associado ao retorno da luz no solstício de inverno, como fora há séculos. Talvez a parte cristã do Hemisfério Sul algum dia se liberte da conexão litúrgica imposta pela Europa sobre o nascimento de Jesus em 25 de dezembro (data totalmente sem sentido na vida real de Jesus) e passe a celebrar seu nascimento simbolizando o raiar da luz na escuridão do mundo no final de junho, que seria o solstício de inverno dessa parte do planeta.

O clímax da história de Cristo, o momento em que a vida de Cristo transformou e transcendeu a história humana, continuará a ser observado com a sobriedade apropriada e talvez até com penitência pela resposta humana àquela vida, pois é isso que a crucificação significa teologicamente. A humanidade não suportaria a visão nem a maturidade a que ele nos convidou, e ele não comprometeria sua visão, então o matamos. Mas em seguida também observaremos com grande celebração seu incansável convite para acompanhá-lo ao reino de Deus, pois esse é o significado da história da Páscoa – é isso que significa quebrar a barreira da morte.

No Hemisfério Norte essa recordação é atualmente celebrada coincidindo com o retorno do brotar da vida a cada primavera para conquistar a mortalidade do inverno. O Hemisfério Sul precisa encontrar a liberdade de mudar essa celebração para o período de setembro-outubro, que para eles é a época do surgimento da nova vida, pois é isso que a ressurreição simboliza. Manter a celebração da Páscoa em abril na Nova Zelândia, quando as árvores estão perdendo as folhas e a colheita acaba de ser feita, é estar preso a um literalismo insensato.

Os eventos que marcaram a vida de Cristo como revelação de algum significado definitivo – aqueles momentos epífanos em que o céu parecia se abrir para revelar em Jesus o próprio significado da vida – serão cerimoniosamente reconstituídos na adoração da eclésia. A adoração será um drama agregador, que atrairá o mundo inteiro para aquilo que é revelado nesta vida, como se fôssemos todos magos seguindo nossas estrelas. A tarefa da adoração não é impor a devoção a um Deus externo que invadiu nosso mundo, mas colocar diante do mundo, regularmente, o significado eterno que encontramos nessa vida especial de Jesus, o novo existir que foi revelado através da figura de Cristo à medida que ele suportou os eventos no clímax de sua vida.

Talvez o drama que tem tradicionalmente definido essa vida de Cristo nas liturgias do passado continue a ser restabelecido corporativamente no contexto de uma refeição compartilhada, mas certamente o enfoque de nossa nova celebração será bem diferente. O alimento é um símbolo poderoso. Amor e alimento estão intimamente ligados na experiência humana, desde os primeiros momentos de vida, quando o bebê mama acalentado nos braços maternos. Possivelmente o principal evento litúrgico na vida da eclésia continue sendo a ceia litúrgica – a nova eucaristia –, que nos reporta ao poder máximo do amor, sobre o qual aprendemos através da vida de Cristo, que permanece no centro de nossa história de fé. Todavia o enfoque não será no sacrifício e no resgate, mas no chamado para um movimento em resposta ao amor, assim como fez esse Cristo, indo além de nossas barreiras auto-impostas e entrando em uma nova humanidade.

Na liturgia precisamos ser conduzidos para que reconheçamos que, enquanto a sobrevivência foi o valor prioritário que permitiu aos seres humanos autoconscientes vencer a luta evolucionária, não será ela que nos levará a uma nova humanidade. A nova humanidade depende de nossa habilidade para nos movermos para além de nossa mentalidade egocêntrica de sobrevivência e entrarmos numa forma de ser que desenvolveu a capacidade de amar os outros além de nossas próprias necessidades – de fato, além de nossos limites. Portanto uma das metas da eclésia será organizar a vida de adoração de forma a estimular esse amor sem ego. Essa é a razão premente pela qual Jesus continuará, creio eu, a estar no centro de nossa liturgia como exemplo forte de alguém que pode viver plenamente, amar abundantemente e ser tudo que ele foi capaz de ser. Podemos apontar a vida dele como um momento na história em que a humanidade foi aberta à divindade, em que a vida humana se tornou veículo da experiência da vida divina, em que o amor humano foi expandido a ponto de ser identificado como portador do amor divino e em que a Base de Toda Existência foi revelada em um ser específico. Se a palavra *Cristo* representa esse momento ou essa pessoa através da qual a palavra de Deus é proclamada e a vontade de Deus vivenciada, então poderemos de fato nos referir a essa vida em nossa liturgia dizendo: "Jesus, tu és o Cristo, o Filho do Deus vivo". Pois foi dessa maneira que essa vida nos abriu as portas da transcendência e nos permitiu ver o significado de nossa vida na medida em que está relacionada à realidade de Deus.

Por necessidade serão removidas dessa vida todas aquelas palavras tradicionais que implicam que ela foi a encarnação de uma divindade teísta. Deixaremos de exibir essa pessoa como aquela que veio nos salvar pela morte, como se alguma divindade déspota realmente exigisse o sacrifício do sangue. Não, a vida referencial em torno da qual a liturgia do futuro se organizará é a do Cristo que nos faz ver que, quando somos plenamente humanos, nos tornamos canais daquilo que é plenamente divino, aquele amor que expande a vida, a consciência e o existir. Então essa vida de Cristo, redefinida, continuará no coração de nossa liturgia, será o ponto focal, o indício interpretativo em torno do qual a adoração da eclésia do amanhã será organizada.

A culpa deixará de ser arma de controle e opressão nessa eclésia emergente. Fazer as pessoas sentirem culpa não é acentuar a humanidade. A tarefa da adoração do amanhã será convidar as pessoas para irem além daquelas limitações de onde surgem suas culpas. A adoração na eclésia não será direcionada a controlar nem reprimir os comportamentos, como acontecia tão freqüentemente no passado; em vez disso, procurará conduzir as pessoas a um estado de vida em que o

A ECLÉSIA DO AMANHÃ

controle e a repressão se façam desnecessários. Ela celebrará a vida, intensificará a humanidade, chamando as pessoas para o verdadeiro existir, tornando-as livres para serem elas mesmas e vivenciarem uma nova humanidade e uma nova maturidade.

Então poderemos ler com um novo entendimento a história de nossos ancestrais na fé, à medida que caminharam pela história. Não vamos mais literalizar suas histórias nem dizer que devemos entender a realidade da mesma forma que eles o fizeram. Conservaremos em alta estima o livro sagrado de nossa tradição religiosa, vamos usá-lo como guia, mas o complementaremos com outras leituras mais contemporâneas que possam servir de ponte para nosso passado bíblico. Esses autores fazem parte da comunhão dos santos que, em suas respectivas épocas, deram seus testemunhos com integridade. Lembro de pessoas como Valentinus, Origen, Francisco de Assis, Meister Eckhart, Aelred e Bernardo de Claraval. Também deixaremos de agir como se acreditássemos que o mundo já estivesse fechado e não fôssemos receber novas revelações. Com a leitura de heróis religiosos contemporâneos como Desmond Tutu, John Hines, Karen Armstrong, John A.T. Robinson, Martin Luther King Jr., papa João XXIII, Madre Teresa e muitos outros, poderemos "ouvir a voz do Espírito para a Igreja".[4]

A eclésia do futuro demonstrará uma dedicação renovada à busca da verdade. Jamais se arrogará possuidora da verdade por revelação divina. Procurará esclarecer as pessoas respeitando seus questionamentos. Não fará propaganda dizendo ser possuidora de todas as respostas. Será reconhecida como centro de aprendizagem, onde a verdade proveniente de todos os ramos de conhecimento – inclusive aquelas verdades que desafiam pressuposições religiosas anteriores – será a fonte primordial tanto de poder como de apreciação da eclésia.

Além disso, a eclésia funcionará como centro de assistência. Ajudará as pessoas a superarem os momentos difíceis da vida sem ficarem sós – aqueles momentos em que há problemas, tristezas, necessidades, enfermidades ou qualquer outra adversidade que nos aflija. Talvez não consigamos tirar a dor da vida, mas poderemos tirar a solidão da dor, e esse não é um feito pequeno.

A nova eclésia oferecerá oportunidades para as pessoas crescerem e se tornarem novos seres – livres de reivindicações de tribo, de superioridade, de sexo ou até de religião. Uma vez dominadas essas pretensões de segurança, que sustentam que nosso caminho é o único, estaremos livres para reconhecer que não precisamos dizer aos outros que seu caminho para o sagrado está errado. Aqueles que outrora se denominavam católicos ou protestantes, ortodoxos ou heréticos, liberais ou evangélicos, judeus ou muçulmanos, budistas ou hindus, todos encontrarão espaço na eclésia do futuro. Lá, tanto o existir como o não-existir, a substância como a sombra, serão aceitos – aliás, serão até celebrados.

Lá caminharemos juntos para dentro do significado de Deus – a alegria, a admiração, o mistério de Deus –, um Deus que não é preso por nossas fórmulas, credos, doutrinas, liturgias, nem mesmo por nossa Bíblia, mas que ainda assim é real, infinitamente real.

Na eclésia do amanhã também encontraremos uma forma de registrar outros momentos especiais da vida, que no passado não foram pensados em termos de liturgia. Imagino, por exemplo, a decisão, por mais difícil que certamente seja, de abortar um feto[5] ou terminar uma vida sustentada artificialmente. Creio que ambas as decisões humanas, feitas com responsabilidade, devem fazer parte de um ato litúrgico. Assim também deve ser feito com muitos outros momentos da vida que pedem um rito litúrgico para incorporá-los ao significado da adoração. Poderíamos incluir casos como a adoção de uma criança, o trauma de um divórcio, a perda de um emprego (os ingleses usam uma frase terrível para essa situação: "Tornar-se redundante"). Pessoalmente, penso que as mudanças de emprego ou até a aposentadoria são momentos que requerem observância litúrgica. Em qualquer oportunidade em que uma comunidade de fé auxilie alguém a transpor uma barreira, ela estará servindo como agente de vida para aquela pessoa. Acredito que esse será o objetivo para o qual o povo de Deus se reunirá no futuro. Haverá, sim, a necessidade de uma eclésia no cristianismo pós-teísta.

Esse corpo terá líderes treinados? Sim, acredito que terá, porque será tão importante o papel da eclésia em tudo o que ela poderá nos proporcionar que não gostaríamos que deixasse de ter facilitadores responsáveis para nos guiar. Mas essas pessoas em cargos de liderança não serão retratadas como no passado, como pais que sabem tudo em relação a seus filhos imaturos, nem como realeza sentada no trono aguardando a homenagem do povo. Não haverá privilégios de graduação, *status* ou autoridade no papel da liderança da eclésia do amanhã, nem pretensão de que o sagrado só possa ser mediado pelos treinados ou ordenados. Isso é saldo do teísmo do passado. As liturgias da nova eclésia, do batismo à ceia que reconstitui e reporta à vida referencial ou ao momento significativo da história dessa tradição de fé, não serão privilégio do líder; essa autoridade será possuída por *todo* o povo. Uma presidência leiga da eucaristia é inevitável.[6] A liderança institucional da eclésia do futuro será parte de uma hierarquia de *serviço*, não de *poder*.

Essa é minha visão, incompleta por necessidade. Mas estou convencido de que é a visão de nosso futuro, pois, à medida que o Deus teísta se apagar de vista, a comunidade adoradora que esteve presa a essa visão teísta também desaparecerá. Muitas pessoas ficarão sem rumo. O Deus Pai e a Igreja Mãe não existirão mais. No entanto, os seres humanos sempre adorarão, buscando o sagrado em comunidade, e se reunirão como família para lembrar sua identidade, suas origens e procurar ajuda para desenvolver e alcançar a plenitude. Será nessa realização que nascerá a Igreja do futuro.

Terá essa eclésia que emerge no amanhã de nossas vidas ligação com a Igreja que conhecemos no passado? Ela se identificará como herdeira pós-teísta daquela Igreja? Será reconhecida como descendente da Igreja do Deus teísta que outrora dominou a vida da sociedade inteira? Não cabe a mim esse julgamento. Só posso desejar que sim, pois comecei a sonhar o nascimento dessa nova eclésia unicamente por ter amado tão profundamente a Igreja de meu passado. O Jesus não-teísta do amanhã terá ligação com o Cristo triunfante que um dia se acreditou ter reinado vitoriosamente de seu trono sobre a cruz? Creio que sim, pois não é a explicação de Deus nem de Jesus que é eterna – é a experiência do sagrado que é eterna e sempre clama por explicação.

"Deus estava em Cristo" é a exclamação extática feita pelo apóstolo Paulo muito antes de sua primeira tentativa de explicar como Deus fora encontrado nesse Jesus. Os cristãos do passado teísta e os do futuro pós-teísta serão unidos não por suas explicações, mas por suas experiências, que, afinal, são tudo o que temos do divino.

Explicações são criações *humanas*. Explicações resultam do despertar para o trauma da autoconsciência, de nos enxergarmos separados e definidos em relação ao mundo, de assumirmos o choque da inexistência, e ainda da assertiva de que vivemos, amamos e temos a coragem de fazê-lo porque somente através dessa forma de viver, de amar e de existir encontraremos sentido em nossa experiência do divino. Viver, amar e existir, afinal, é o que nos relaciona com o santo Deus.

Esse é o Evangelho que criará a eclésia do futuro. É também a mensagem a que Jesus se referia, creio eu, ao dizer "Ide e pregai o Evangelho a todas as nações". Isso é o que João entendeu, acredito, ao escrever as palavras de Jesus: "Eu vim para que tenham vida e a tenham em abundância" (Jo 10,10). Isso é o que quero dizer quando me chamo cristão. Esse é meu sonho quando tento vislumbrar a Igreja do amanhã.

XIII

O QUE IMPORTA?
A FACE PÚBLICA DA ECLÉSIA

O Reino [esfera de poder] de Deus é um poder que, apesar de ser inteiramente futuro, determina completamente o presente.[1]

RUDOLF BULTMANN

Ele era uma presença animada acompanhando minha palestra, ansiosamente gesticulando para chamar a atenção e em seguida até se esforçando para se controlar enquanto falava. Seu desafio foi direto, exigia atenção. Suas palavras diretas e incisivas foram imediatamente ao ponto: "Suponhamos que você finalmente consiga definir Deus de acordo com sua vontade, e daí, o que terá alcançado? Se seu novo conceito de Deus não afetar o mundo de alguma maneira positiva, então que diferença faz? Quem se importa?" Em resumo, o que ele quis dizer foi *O que importa?* Ou *E daí?*

O público aguardava minha resposta em silêncio.

Palestrantes e autores às vezes não conseguem fazer a conexão entre a causa que expõem e os efeitos que essa causa possa ter nas entidades políticas. Até que essa ligação seja feita, entretanto, a comunicação estará incompleta. Isso me lembra uma conversa que tive com meu neto de 9 anos sobre os efeitos do excesso de bombons na manutenção de sua dentição. Incapaz de ver a ligação entre os bombons que tanto ama agora e os dentes que poderá vir a perder daqui a sessenta anos, ele respondeu: "O que importa?" Minhas palavras simplesmente eram irrelevantes para sua vida jovem, vigorosa e orientada para o presente. Certamente a vaga ameaça de uma velhice sem dentes não lhe parecia suficientemente real para contrapor a sensação presente da doce satisfação.

Da mesma maneira, meu interrogador naquela palestra exigia que lhe demonstrasse efeitos suficientemente fortes para que ele considerasse minhas proposições sobre Deus. Se eles não existissem, ou pelo menos não lhe parecessem substanciais, ele estaria disposto a me repudiar como se eu fosse um diletante teológico, e meu trabalho para encontrar uma redefinição de Deus não teria grande importância. Ele queria saber que diferença faria à vida de nosso mundo se deixássemos de definir Deus em termos teístas. Quais seriam as implicações específicas para a sociedade secular do desenvolvimento de uma forma não-teísta de falar sobre Deus? Ele queria que eu fosse além das fronteiras eclesiásticas da vida da Igreja e falasse das diferenças que essa visão de Deus faria no que ele chamava "a vida real do mundo real". Se eu não fosse capaz de responder, ele certamente não teria interesse em entrar no reino amedrontador para o qual eu o havia convidado – um reino que poderia exigir que ele abdicasse de suas imagens tradicionais de Deus para abraçar novas idéias que, na sua mente, não tinham sido testadas nem levariam a lugar algum. Foi um desafio legítimo para o qual minha integridade me exigia uma resposta apropriada. Tenho dúvidas se consegui responder satisfatoriamente a ele naquela noite, mas sua pergunta continuou me perseguindo, me forçando a colocar ordem em minha própria confusão sobre essas questões.

Minha primeira preocupação foi evitar as armadilhas do passado. Pessoas religiosas, em toda a história registrada, têm reivindicado demais seus pontos de vista sobre Deus, cujos efeitos também exigem demais do mundo em geral. Uma coisa é asseverar que aquilo em que acreditamos sobre questões de Deus exprima a percepção pública da realidade. Outra bem diferente é propor que um ponto de vista específico de Deus seja imposto sobre uma ordem secular inteira. A his-

O QUE IMPORTA?

tória revela que tais tentativas de imposição têm sido feitas pela Igreja repetidamente, muitas vezes de formas cruéis e desumanas.

Refiro-me, por exemplo, àquele período da história medieval em que a Igreja achava que a articulação de sua doutrina de fé requeria aliança universal. Discordar simplesmente não era permitido. Foi essa mentalidade que produziu as Cruzadas, a Inquisição e a queima de heréticos na fogueira. Líderes religiosos daquela época não tinham problema em demonstrar que sua visão particular de Deus fazia diferenças enormes na vida do mundo. A imposição imperialista de seu bem definido ponto de vista teológico de Deus sobre a vida do público geral demonstrava por que esse ponto de vista era importante, mas essa própria convicção produziu um cristianismo da pior espécie demoníaca. Eu jamais gostaria de ver a Igreja entrar por esse caminho outra vez. Se essa fosse a única maneira pela qual eu, como cristão, pudesse responder a meu interrogador, então teria de me calar e ficar com meu Deus subjetivo e sua irrelevância social. A pergunta, portanto, é: Podemos desenvolver uma perspectiva específica sobre o divino de tal forma que seja demonstrada sua importância para o público, sem cair nas armadilhas religiosas que têm sido a praga do discurso da Igreja cristã sobre Deus desde o surgimento do credo institucional como religião estabelecida no mundo ocidental?

Uma pesquisa através da história não revela exemplos de sucesso. Pensei primeiro em Giordano Bruno, queimado na fogueira por ordem da liderança da Igreja cristã em 17 de fevereiro de 1600. Seu crime foi não acreditar mais que a Terra fosse o centro do universo, em torno do qual o Sol girava. Sua visão do universo, portanto, não era compatível com o entendimento da Igreja sobre Deus. Certamente o entendimento sobre Deus adotado pela Igreja fazia diferença: não era uma convicção mantida em âmbito particular, mas a premissa sobre a qual a vida da sociedade inteira fora construída! As pessoas daquela época poderiam responder imediatamente à pergunta de meu crítico: "O que importa?" Pelo fato de a Igreja não permitir a nova visão que Bruno expôs – baseada nas então relativamente recentes descobertas de Copérnico, Kepler e Galileu –, porque ela desafiava a "verdade" da Igreja, ele pereceu, mártir da histeria humana expressa eclesiasticamente. O sucesso da Igreja em tentar silenciar Bruno não fez que ele estivesse errado, como bem demonstrou a história posteriormente, mas de qualquer maneira causou sua morte!

Periodicamente, a liderança da Igreja confessa seus pecados. No primeiro domingo da Quaresma no ano de 2000, o papa João Paulo II não disse oficialmente que sua Igreja estivera errada, mas que alguns de seus "filhos e filhas" haviam cometido sérios enganos. Foi provavelmente o mais próximo a uma admissão de culpa que uma igreja possa ter chegado por ter confundido seu próprio entendimento do mundo com a mente do Deus teísta. Entretanto Giordano Bruno não foi mencionado. Ele aguarda ainda pelas desculpas da Igreja por ela ter extinguido sua vida criativa. Infelizmente ele não está sozinho nessa espera.

Em seguida pensei em David Friedrich Strauss, o grande estudioso alemão do Novo Testamento no século XIX. Aos 27 anos publicou um livro intitulado *The Life of Jesus Critically Reviewed* [A vida de Jesus criticamente revisada], que aborda as questões de crítica bíblica e interpretação atualmente comuns e rotineiras nas esferas acadêmicas cristãs. Mas em 1835 Strauss quebrou paradigmas levantando questões que corroíam os pilares sobre os quais o poder eclesiástico fora construído; então ele, assim como Bruno, sentiu a ira da ameaçada Igreja. O mundo provavelmente tenha se tornado um pouco menos cruel ou mais gentil nessa época, pois não houve esforço para que ele fosse queimado na fogueira. Entretanto, essa ausência de violência talvez fosse mais bem explicada pelo fato de a Igreja do século XIX não possuir mais autoridade sobre a vida e a morte. Enfraquecida pela Reforma e pela necessidade de absorver onda após onda de novos *insights* derivados da revolução do conhecimento, a Igreja teve drenados tanto sua força como seu poder.

Isso não significa, entretanto, que a Igreja, que ainda controlava os centros educacionais do mundo ocidental, não tivesse poder para prejudicar Strauss: ele foi sumariamente removido de sua posição na universidade e nunca mais pôde ensinar onde quer que fosse. Morreu muitos anos depois, falido, vivendo na miséria. Seus *insights*, entretanto, estavam destinados não só a viver, mas a se tornar, com o tempo, uma influente corrente de pensamento – posteriormente foram até considerados amenos e conservadores.

A visão de Deus que prevalecia na Igreja da época de Strauss claramente fazia diferença na arena pública. É isso que uma nova e desafiadora visão de Deus terá de alcançar para obter credibilidade hoje? Enquanto lutava com essa questão pública, eu sabia que não estava disposto a brigar nessa arena a fim de demonstrar que minha visão de Deus podia também fazer diferença. Contudo, a Igreja parece não reconhecer qualquer definição de Deus que esteja entre aquela imposta de forma imperialista, e que faz toda a diferença no mundo, e aquela relegada à benigna irrelevância, que só tem importância para seus próprios adeptos. Caso eu não aceite a primeira categoria de definição para meu Deus não-teísta, ele estará destinado a ser relegado à segunda?

Essas alternativas perturbadoras praticamente me imobilizaram enquanto eu procurava elaborar a resposta à acusação de meu crítico: "E daí?" Minha visão de Deus teria alguma importância? Eu poderia fazê-la ter? Se não pudesse, por que eu estaria me preocupando com isso? Se eu conseguisse, meu conceito de Deus cairia na mesma armadilha imperialista que tanto marcou a história cristã? Em toda direção que me virava, a única coisa que via era uma luz, como um aviso de alerta, piscando e parecendo dizer: "Não siga essa rota!"[2]

Foi um estudioso católico romano moderno, John Dominic Crossan, que me forneceu um meio de dar o passo além das escolhas estéreis que me enquadravam nessas alternativas inadequadas. Talvez o fato de Crossan não ser muito conceituado em sua própria hierarquia tenha lhe dado a liberdade de olhar além dos limites tradicionais, podendo assim me ajudar.

Num memorável ensaio, que prende a atenção, Crossan força seus leitores a definir suas preocupações religiosas dentro de parâmetros incomuns.[3] Ele faz uma proposição provocativa: "O cristianismo é mais parecido com o sexo ou com a política?" A justaposição de sexo com política deve-se a sua visão de que ambas as coisas são profundamente humanas, e ambas já foram investidas de santidade e elevadas à "adoração". Em outras palavras, o cristianismo é mais relacionado à crença e à prática individual ou à crença e à prática corporativa? Se não podemos evitar o imperialismo religioso na arena corporativa, pergunta Crossan, deveríamos reduzir a religião à esfera privada?

As perguntas de Crossan me deram uma nova maneira de abordar a difícil questão da relevância. Eu me perguntei: Se meu conceito de Deus, redefinido em termos não-teístas, vencer essa parada, será sua esfera de influência mais parecida com a do sexo, algo que ocorre em particular, ou mais parecida com a da política, algo que ocorre em público? Se for como a política, ele conseguirá evitar os pecados cometidos pela Igreja no passado e ter também repercussão no mundo secular? Pelo menos com isso tenho uma estrutura dentro da qual posso buscar uma resposta.

Certamente temos de reconhecer que religião e adoração podem ser como o sexo – uma atividade individual praticada na privacidade da própria casa. Talvez, como sugeriu Crossan, as casas do futuro possam ser construídas com "um quarto para Deus".[4] Conheço pessoas que fizeram exatamente isso: criaram uma sala para meditação, equipada com tapetes, porta-incenso e ícones evocativos. Não seria melhor se o cristianismo do amanhã fosse modelado a essa imagem? As prerrogativas institucionais de poder e os excessos cruéis e destrutivos da Igreja através da história seriam evitados.

Então ponderei algum tempo sobre essa imagem privada, mas isso não funcionaria. Não há nada no cristianismo que o permita ser contido dentro de uma resposta individual. O cristianismo não é uma atividade privada. Algo localizado profundamente no interior do significado de Deus impede que reconheçamos essa fronteira. Seja o que for o cristianismo, ele não pode ser relegado a uma atividade individual.

Mas se o cristianismo for expresso politicamente, onde estão as garantias que protegerão nosso mundo religioso pluralista e cada vez mais secular das pretensões de nossos próprios líderes religiosos sectários? Durante a redação deste livro, o Vaticano pôs em evidência essa questão com a publicação de um documento chamado Dominus Iesus, com a aprovação do papa. Esse documento reaviva no século XXI a mentalidade da Inquisição, não em ações, mas em atitudes, e as caças às heresias da história tribal de outrora despontam mais uma vez em nosso horizonte. Esse documento assevera que o cristianismo é a única religião verdadeira e que a Igreja Católica Romana é a única Igreja verdadeira dentro do cristianismo. Essa Igreja, portanto, deve ser reconhecida como caminho único para Deus. As esperanças ecumênicas e intercrenças desvanecem enquanto Roma chega ao ponto de advertir seus bispos para que não façam referências a outras denominações cristãs como "igrejas irmãs", pois essa linguagem poderia ser mal interpretada com o intuito de conferir algum grau de legitimidade a essas denominações. Essa foi uma expressão atual dos perigos do passado que temi, um tiro de advertência na racionalidade.

Destemido por causa desses medos reavivados, ainda assim persisto no convite de Crossan. O motivo que nos faz entrar na política, ele argumenta, é conseguir fazer alguma coisa. Afinal, não há político efetivo sem uma organização efetiva, um partido efetivo e um programa efetivo. A sociedade só pode mudar através de ação corporativa.

Jesus usava uma resposta corporativa quando falava sobre "o universo de Deus" (tradicionalmente traduzido com o termo sexista "o Reino de Deus"). Ele próprio se arroga o sinal da chegada desse reino, anúncio de sua presença. Jesus até justapôs seu entendimento do reino de Deus ao do reino de César. Ele chamou as pessoas para uma comunidade intencional, com propósitos. A mensagem cristã tinha de ser comunitária e não individual, pública e não privada. Essa foi uma primeira conclusão clara.

Entretanto Jesus jamais sugeriu que a tarefa do povo de Deus fosse impor seu discurso, seus credos e seus ensinamentos à população. Em dois Evangelhos ele chegou até a dizer que, se alguém não fosse especificamente contra ele, deveria ser encarado como a favor dele (cf. Mc 9,40 e Lc 9,50). O chamado de Jesus era mais para apontar o universo de Deus, convidar as pessoas para entrar nessa esfera como participantes, a fim de se tornarem testemunhas corporativas dos valores da justiça que definem esse universo.

Temos de enfrentar o fato de que a agenda da Igreja na história tem sido freqüentemente antagônica à agenda do universo de Deus. A Igreja tem freqüentemente resistido à justiça, por exemplo, tem justificado e implementado práticas desumanas contra minorias raciais, mulheres, homossexuais, doentes mentais, canhotos e questionadores sociais e intelectuais. Em vez de receber da Igreja o convite para entrar nesse universo de Deus e compartilhar dele, o mundo tem presenciado repetidas tentativas cristãs de imposição da agenda da Igreja.

Podemos evitar reviver esses momentos destrutivos e demoníacos de vergonha da história cristã mantendo nossa atenção fora da Igreja e de suas necessidades, concentrando-nos apenas na tarefa de proclamar e expandir o universo de Deus. A vocação do universo de Deus é trazer, para a sociedade secular, a vida, não a morte; o amor, não a opressão; a existência, não a redução da humanidade. Concentrar-se no universo de Deus dessa maneira nova e efetiva, deixando de lado as necessidades de poder de qualquer ser humano ou de qualquer instituição eclesiástica, é descobrir a verdadeira vocação da eclésia do amanhã. É seguir o Jesus que falava de um Deus universal, não de uma divindade tribal e sectária. O Deus de Jesus fez o "sol nascer sobre os maus e os bons" e mandou a "chuva cair sobre os justos e os injustos" (Mt 5,45). E assim o universo de Deus se colocará contra todas as fronteiras eclesiásticas – sejam teológicas, doutrinárias ou políticas – propostas como limites para a operação de Deus. A aceitação desses limites é a fonte do imperialismo. O universo de Deus é exatamente o oposto disso.

O Deus além do teísmo é também o Deus além de toda pretensão eclesiástica de possuir a verdade máxima e, portanto, além de todo julgamento religioso que imponha qualquer limitação ao convite da eclésia para o mundo entrar no universo de Deus.

Como já disse antes, Deus é experimentado como vida. Ninguém é dono da vida nem impõe limites a ela. Representantes de todas as tradições religiosas humanas *participam* da vida. Assim, qualquer agenda pública, corporativamente engajada, que tem como meta a valorização da vida é sinal do Reino de Deus. Essa mesma meta é o que deverá ser resultado do testemunho público da eclésia do futuro. Trabalhar pela valorização da vida é muito diferente de dizer: "Esta é a verdadeira fé, e isto é que deve ser feito".

Se a eclésia do futuro se dedicar à expansão do universo de Deus, como será sua atuação? O universo de Deus identifica-se com a vida, então ela deverá enfrentar o racismo, que diminui a vida das pessoas de cor. Enfrentará o patriarcalismo entrincheirado, que diminui a vida das mulheres. Enfrentará a homofobia consciente e inconsciente, que diminui a vida de *gays*, lésbicas, bissexuais e transexuais.[5] Enfrentará o poderio econômico em nome dos economicamente desprovidos. Demonstrará que, quando um ser humano trata o outro com desconsideração, desvalorizando-o, ambos têm a humanidade e a vida violadas e diminuídas: a vítima, por hostilidade; o agressor, por insensibilidade.

A eclésia do futuro terá de agir decisivamente, não por uma agenda religiosa, mas pela agenda da vida. É com isso que o universo de Deus se identifica. O Jesus joanino diz que seu objetivo é trazer vida em abundância (cf. Jo 10,10). Esse mesmo objetivo – vida em abundância para todos – deverá ser o enfoque da eclésia do futuro.

O universo de Deus também se identifica com a presença do amor. Alguém consegue imaginar amor preso ou condicionado, ou amor que pára para avaliar os custos? Jesus entendido como sinal da entrada do universo de Deus na história adotou um amor radical, que se estenderia além daquelas barreiras levantadas por nossos temores para proteger nossas inseguranças. "Amai vossos inimigos e orai pelos que vos perseguem" (Mt 5,44), ele falou. Paulo, discípulo de Jesus, entendeu seu chamado e escreveu: "Abençoai aos que vos perseguem; abençoai e não amaldiçoeis" (Rm 12,14).

Esse chamado radical é que deverá ser a mensagem da eclésia do futuro, apesar de desafiar o testemunho histórico da Igreja. Repetidas vezes a Igreja de fato tentou matar seus inimigos e aqueles que ameaçaram seu poder. A Igreja também optou por silenciar, rejeitar ou marginalizar seus críticos. Ela perseguiu os que a desafiaram, às vezes declarando guerra contra eles, exigindo conformidade com a verdade da qual se arrogava possuidora. Esses não são atos de amor; não são marcos do universo de Deus. Servir ao Deus que é fonte do amor é encontrar o caminho que conduz não além do testemunho público, mas além da violência imperialista eclesiástica que por tantas vezes acompanhou esse testemunho.

O universo de Deus expande o chamado do amor. O amor une até o leão e o cordeiro, isso sem levar em conta o judeu e o gentio, o

UM NOVO CRISTIANISMO PARA UM NOVO MUNDO

escravo e o liberto. Propagar o poder do amor e reprimir o poder do ódio é entrar no universo de Deus.

Mas, por favor, notem que a agenda do universo de Deus não é uma agenda de palavras nem de credos. É uma agenda de ação. Expandir a presença do amor é realizar o trabalho do Reino. Um messias que não reconhece as reivindicações de vida e de amor de toda a humanidade e não trabalha então pela justiça não é messias coisa nenhuma. Entrar no universo de Deus, para o qual Jesus nos convida, é ficar contra aqueles que ainda buscam estender a autoridade e o poder da Igreja a fim de dividir o mundo, ao invés de uni-lo. Como observou Robert Funk: "O messias que precisamos [hoje] é algum ato espontâneo de bondade, alguma proposta audaciosa para fechar o buraco da camada de ozônio, algum movimento discreto para introduzir a honestidade na política, algum novo tratamento intensivo para este planeta. Talvez o messias venha quando tivermos partido o pão com nossos inimigos".[6] A única agenda do amor é criar plenitude. Essa agenda deverá ser a da eclésia do futuro – uma eclésia que vive somente para enaltecer o amor presente na vida. Pois, como escreveu João, "Deus é amor, e aquele que permanece no amor, permanece em Deus" (I Jo 4,16).

O universo de Deus é visível na valorização do existir. Existir é mais uma palavra sem limites. O universo de Deus enfrentará tudo o que reprime o existir e apoiará tudo o que valoriza o existir. Poder dizer "Eu sou" é afirmar a existência. Ser capazes de dizer "Nós somos e nós seremos" é afirmar a existência e estabelecer uma nova meta para a atuação da eclésia. Recordar Jesus ou mesmo interpretá-lo por suas palavras "Eu sou o pão" é asseverar a convicção de que ele veio para satisfazer a mais profunda fome humana de significado. Quando as pessoas se reportam a suas palavras "Eu sou água viva", a convicção delas é de que ele satisfará a sede humana de verdade. "Eu sou a videira" fala da necessidade humana de pertencer. "Eu sou a porta" fala da necessidade humana de encontrar uma entrada para Deus. "Eu sou a ressurreição" fala do anseio humano de escapar dos limites da humanidade e tocar as fontes infinitas de Deus.[7] Nenhuma dessas metas tem a função de aumentar o poder ou impor o significado

238

de quem quer que seja sobre outro como se houvesse uma verdade exclusiva.

Valorizar a vida, valorizar o amor, valorizar o existir é realizar o trabalho do universo de Deus. Esse era o trabalho com o qual Jesus se ocupava. Esse é o poder que confiro ao Deus além do teísmo. Jesus não escreveu credos, não estabeleceu regras nem desenvolveu testes de ortodoxia para determinar quem seria um verdadeiro crédulo. Ele apenas sugeriu um critério pelo qual as pessoas poderiam reconhecer seus discípulos: "Que amem uns aos outros" (Jo 13,35).

O trabalho da eclésia do futuro é expandir a arena da vida, enaltecer a capacidade de amar e desenvolver em todas as pessoas a coragem de existir, pois essas são as marcas do universo de Deus, o Deus que está além da definição do teísmo. Essas coisas também apontam a universalidade da fé e práticas que não reconhecerão barreiras entre cristãos e não-cristãos, protestantes e católicos, crentes e heréticos, conservadores e liberais, educados e analfabetos, homens e mulheres, brancos e negros, homossexuais e heterossexuais, pois todos são criaturas nas quais a fonte da vida, a fonte do amor e a Base da Existência encontram expressão.

Afinal a agenda da eclésia do futuro não é impor sua "verdade" a qualquer pessoa, mas trabalhar pelo universo de Deus em todas as áreas a fim de valorizar a vida de todos, expandir o amor por todos e estimular a existência de todos. Trabalhar com essa finalidade nos dará uma estratégia, um enfoque para o futuro, um sentido do que devemos fazer como cidadãos do universo de Deus, e isso contribuirá para assegurar que jamais tenhamos outro capítulo negro de imperialismo religioso ou intolerância.

Então por que importa que reformulemos os princípios do cristianismo tradicional ou tentemos redefinir Deus em termos não-teístas? Qual é a resposta ao "E daí?" de meu ouvinte crítico?

Fazemos uma nova imagem de Deus para impedir que o mundo continue suportando a dor da perpétua dependência em relação a uma divindade teísta. O Deus protetor e paternalista que oferece conforto à frágil humanidade no teísmo é a mesma divindade a quem é atribuído o apoio à queima de críticos na fogueira e à luta em guerras brutais a fim de impor uma versão específica de divindade para as outras pessoas. Esse mesmo Deus teísta é citado por pessoas que querem impor suas definições de homossexualidade ou seus valores no movimento do direito à vida sobre todas as outras. Portanto importa, sim, o que pensamos sobre Deus.

Precisamos reformular nossa maneira de pensar sobre Deus não para dar às pessoas uma confortável figura dele, que possam guardar na "sala de Deus" de suas casas – sala em que entram periodicamente para fazer "coisas de Deus". Precisamos de uma reforma para que a eclésia do futuro convide as pessoas para o universo de Deus, onde elas possam agir corporativamente para enaltecer a vida, expandir o amor e estimular a existência.

Importa, sim. Deus importa. O universo de Deus importa. A eclésia importa. A reforma importa. Na próxima vez que alguém me fizer a pergunta "E daí?", estarei preparado para responder.

XIV

A CORAGEM DE ENTRAR NO FUTURO

O credo tornou-se para mim um local inabitável.

KATHRIN FORD
Estudante da Escola de
Teologia de Harvard

Às vezes, viajantes, quando andam por caminhos não mapeados, têm visões que guiam suas jornadas, o que provoca gratidão e regozijo pela descoberta. Essa foi minha experiência quando uma de minhas alunas na Escola de Teologia de Harvard se tornou a luz que me guiou às conclusões deste estudo, que ora procuro articular. Essa estudante era singular e incrivelmente perceptiva. Chamava-se Kathrin Ford – Katie, para os amigos. Ela fazia mestrado em teologia, mas, por ter sido transferida de sua Igreja patriarcal, não tinha certeza se gostaria de ser ordenada. Ela possuía muita habilidade com as palavras e era feminista ardorosa. Como tal, não tinha certeza de que a Igreja, da forma como a havia experimentado, estaria aberta à direção que se sentia atraída a seguir. Ainda assim, ela era comprometida o suficiente para continuar a trilhar o caminho que normalmente leva à ordenação.

Em um de seus sermões, numa aula de questões da pregação pública, Katie enumerou esses temas propulsores de sua vida com muita propriedade. Colocou-se de pé diante da sala quieta e começou. Lentamente no início, ela pintou com palavras o quadro de uma cidade que enfrentava uma grande enchente. As chuvas caíam sem parar, por um período tão longo que o nível de água do rio se elevava perigosamente. A população construía barreiras de sacos de areia para proteger as coisas de maior valor. As proteções de areia eram erguidas, mas a água subia mais rápido. Logo ela cobria as plantações, atingindo primeiro o trigo, depois a canola e as cebolas. As pessoas, buscando segurança dentro de casa, assistiam com sentimento de impotência à destruição de tudo que haviam construído na vida. Queriam fugir, mas suas raízes eram profundas demais; estavam tão completamente apegadas a todos os venerados valores de suas fazendas e da cidade que não conseguiam abandoná-los.

O rio continuava a subir e já cobria o primeiro pavimento das casas. Enquanto assistiam às fotografias de família – símbolos do passado – flutuar e ir embora na correnteza, sentiam que estavam perdendo o próprio significado da vida. Logo o sustento físico também corria perigo: a água que cobria a cidade começava a se infiltrar na terra, contaminando o lençol de água subterrâneo.[1] As casas começavam a ficar inabitáveis. Se permanecessem naquele lugar, certamente morreriam. Mas algo poderoso e inexorável dentro deles continuava prendendo-os ali. *Racionalmente* sabiam que tinham de partir, mas *emocionalmente* estavam imobilizados.

Katie Ford descreveu essa cena com imagens evocativas que prenderam completamente a atenção de seus colegas. Entretanto, eles não tinham a menor idéia de aonde ela pretendia chegar com essa imagem. Nem eu! De repente, quando estávamos todos absortos na descrição simbólica de uma enchente fatal, ela começou a dizer as palavras do credo cristão, iniciando com a frase "Creio em Deus Pai, todo-poderoso". Esse credo, ela falou, da mesma forma que aquela cidade inundada, "tornou-se para mim um local inabitável". Ela então prosseguiu descrevendo a história da formação dos credos. Os credos foram "uma resposta ao debate", explicou, "designado a determinar quem estava dentro da fé cristã e quem não estava. Um credo é um formador de fronteira", acrescentou, elaborando a definição que estava desenvolvendo.

Nenhum credo cristão é um "pleno tratado de fé", continuou Katie – é apenas a "resposta eclesiástica a argumentos" dada pela comunidade cristã. Todas as questões que não estavam em debate foram deixadas de fora. Por isso nos credos "não é mencionado o amor, nem os ensinamentos de Jesus, nem a presença do universo de Deus em nosso corpo e nossa alma, nem mesmo Deus como a base da vida".

Os credos caíram sobre nós, ela asseverou, como a chuva através dos séculos. Têm sido repetidos interminavelmente, moldando nossa mente e nossa alma a ponto de não conseguirmos pensar em Deus fora das formas que eles padronizaram ou das caixas que criaram. Eles têm permeado nossa terra, moldado nossos valores e ainda penetraram nas íntimas pressuposições de nosso *habitat*. "Gota a gota", ela explicou, nossa religião, ao ter sido incorporada em nossos credos, tem nos transmitido uma "doutrina de Deus profundamente perigosa". Tem coberto nossas plantações e destruído as próprias colheitas que deveriam abastecer a vida dos cristãos; tem contaminado nossos lençóis de água. "Temos bebido e absorvido o Deus Pai a vida inteira."

"Esse credo", ela argumentou, "como aquela enchente, tem condenado nossos locais tradicionais de habitação religiosa a não ser mais habitáveis." No entanto, esse credo – e as definições que dele surgiram – está tão poderosamente presente em nossas emoções que, mesmo quando o julgamos um documento destrutivo que está matando nossa alma, ele continua a sussurrar: "Você não pode partir, estará perdido se se desgarrar. Você tem de ficar onde está". Mas não podemos ficar; o preço é muito alto. Esses credos nos deram um Deus, diz Katie, "que causou a morte de seu filho, a maldição de descrentes, a subordinação de mulheres, o sangrento massacre das Cruzadas, o terror do julgamento, a ira contra os homossexuais, a justificação da escravidão".

Ela continuou delineando esse Deus da história: "O Deus Pai todo-poderoso, incorporado nos credos, é uma divindade que escolhe alguns filhos do mundo enquanto rejeita outros. Ele é o pai que requer um sacrifício de sangue, o pai da ira, o pai do casamento patriarcal, o pai da ordenação masculina e da submissão feminina, o pai do privilégio heterossexual, o pai da escravidão literal e espiritual".

Ela examinou e descartou a maneira pela qual várias pessoas da Igreja têm tentado abordar a "inospitalidade" dos credos, a qualidade de o Deus Pai, como definido tradicionalmente, não ser mais acreditável. Alguns o fazem, ela constata, corroendo ou remendando em volta das marges da reforma. Tornar a linguagem de Deus menos masculina e mais inclusiva é um passo positivo, ela admitiu, mas não vai fundo o suficiente. A questão real, ela continuou, "é que Deus não é uma pessoa. Deus não é um ser. Deus é a própria existência". O silêncio na sala era total enquanto Katie se encaminhava para a conclusão. Esse Deus que é "o próprio existir" não é o pai da vida, ela contrapôs: "Esse Deus *é* vida". Nossos credos, ela concluiu, agora tornaram impossível, para nós, cristãos, continuarmos a viver no local para onde esses mesmos credos nos conduziram.

Eu ouvia com respeito essa talentosa jovem mulher, cheia de Deus. Com suas fortes palavras, ela conseguiu tão perceptivelmente capturar a essência do dilema atual da Igreja. Não só ela tinha percebido as realidades, mas as tinha formatado numa visão propulsora. Como um de seus colegas disse, ela era aquela rara combinação de "profeta e poeta". Ela sabia para onde queria ir, quem queria ser e o que queria para a Igreja. Sua única dúvida era se a Igreja permitiria que permanecesse dentro de suas estruturas se ela levantasse as questões que se sentia compelida a levantar. Ela tinha dúvidas sobre se o que procurava dizer poderia ser ouvido por tradicionalistas da Igreja, ou se a Igreja, como ela a conhecia, poderia algum dia abraçar sua visão. Ela não discernia, em sua Igreja, habilidade alguma para se afastar daqueles credos que a seu ver estavam "contaminando os lençóis de água" da Igreja, tornando a fé cristã inabitável para ela e para muitos outros. Ela não via acontecer busca ou questionamento algum dentro da Igreja que possibilitasse a descoberta de um novo local para onde ela e toda aquela comunidade de fé pudessem se dirigir.

Katie Ford, em seu sermão de estudante, relativamente curto, mas profundamente perceptivo, capturou todas as questões que me dispus a abordar neste livro. De fato ela capturou minha própria experiência autobiográfica.

Tenho me esforçado durante uma vida inteira a viver fielmente, embora nem sempre confortavelmente, dentro das fronteiras confinantes dessa instituição chamada Igreja. Essa Igreja me conferiu dons de honra, posição, liderança e influência. Tenho amado minha vida como servo ordenado da Igreja. Jamais desejei mal à Igreja. Mas não creio mais que essa instituição – nem a fé cristã, da forma como tem sido tradicionalmente proclamada por essa Igreja – possa continuar a viver em nosso mundo pós-teísta sem que ocorra uma mudança dramática. Em algum ponto do caminho, nós, cristãos, aparentemente perdemos a habilidade de iniciar nossa auto-reforma efetiva. Prevenimos os outros contra a idolatria, mas deixamos de ouvir nosso próprio alerta. Agimos repetidas vezes como se o Deus que experimentamos pudesse ser ou tivesse sido capturado e preso pelas palavras de nossas Escrituras, nossos credos e nossas doutrinas. Em toda a história do cristianismo, agimos como se Deus tivesse de ser protegido e defendido por aqueles que possuem a infinita verdade do ser divino. Presumimos que a porta para Deus está em nossas mãos, proclamando que ele só poderá ser alcançado através de nossos símbolos, e excluímos aqueles seres humanos que não utilizam nossas palavras ou se recusam a reverenciar nossos altares erguidos na comunidade dos "salvos".

Entretanto nós, seres humanos, não podemos *conhecer* Deus, apenas podemos *experimentá-lo*. Portanto não há como dizer que Deus *é* algo. Quando falamos sobre Deus, podemos apenas dizer que a experiência de Deus é "como se...", acrescentando quaisquer palavras humanas que achamos que caracterize nossa experiência. Mas, como Katie Ford observou, nós, cristãos, temos a tendência de substituir o "como se" por "é". Fazemos de conta que podemos de fato dizer "Deus é...", arrogantemente preenchendo o espaço com nossos conceitos.

Vivo atualmente dentro de uma experiência poderosa do divino, do sagrado. Chamo o conteúdo dessa experiência de Deus. Confio em sua realidade. O Deus que minha vida encontrou e com o qual se comprometeu está mais profundamente presente para mim no retrato pintado pela Igreja primitiva do homem chamado Jesus de Nazaré.

Jesus, portanto, é para mim a porta de entrada para esse Deus. Sua vida reflete a vida que chamo Deus. Seu amor reflete o amor que chamo Deus. Sua existência revela a Base da Existência que chamo Deus. O Deus que encontrei em Jesus me chama para viver plenamente, amar abundantemente e ser tudo que posso ser. Quando realizo todas essas coisas, creio que faço com que Deus fique visível e real para os outros.

Não é simplesmente como indivíduo que experimento Deus, mas como parte de uma comunidade. A Igreja para mim é uma comunidade de pessoas unidas pela disposição de viajar para dentro do significado e do mistério desse Deus. Essa viagem terá de nos afastar daquele local onde a preservação da instituição determina nossos principais valores e testemunhos e onde afirmamos que definimos ou poderíamos definir Deus com nossas palavras eclesiásticas ou doutrinárias. Vivemos nesse lugar por tanto tempo que não reconhecemos que até nossos lençóis de água já foram poluídos pelas crescentes ondas de negatividade, esterilidade, ignorância e opressão. Não conseguimos discernir que o local religioso em que nossa vida está ancorada não é mais habitável – tornou-se um local no qual permanecer é morrer.

Essas são as concepções que me forçam a agir. Creio que devo agora abandonar os compromissos éticos e políticos que corromperam a fé nesse Jesus. Creio que devo abandonar a teologia sufocante, a estrutura patriarcal, os duradouros preconceitos baseados em quaisquer características de nossa humanidade, tais como cor de pele, gênero ou orientação sexual. Tenho de abandonar a mentalidade que encoraja alguém a pensar que nossas doutrinas são imutáveis ou que nossos textos sagrados não têm erros. Tenho de abandonar o Deus do milagre e da mágica, o Deus do poder sobrenatural e invasor. Tenho de abandonar as promessas de certezas, a ilusão de possuir a verdadeira fé, as pretensões excessivas de ser recipiente de uma revelação imutável e até o neurótico desejo religioso de saber que estou certo. Mas jamais poderei abandonar a experiência de Deus ou me afastar da porta para o divino que creio ter encontrado naquele que chamo Cristo e reconheço como "meu Senhor".

Jamais voltarei a afirmar que meu Cristo é o único caminho para Deus, pois esse é um ato extremo de tolice humana. Direi, entretanto, que Cristo é o único caminho *para mim*, pois essa é minha experiência. Jamais tornarei a alimentar meu ego com a conhecida prerrogativa cristã de que todos os outros caminhos para Deus – tais como os caminhos que serpenteiam pela Índia hindu, pela China, Tibete e Birmânia budistas, pelo Oriente Médio islâmico ou pelo Estado de Israel judeu, por onde milhões de vidas humanas têm caminhado com integridade na busca pelo sagrado – sejam inadequados ou até inferiores. Certamente jamais direi que esses caminhos são falsos.

Vou me transportar de meus credos familiares e meus símbolos de fé para o exílio, onde tudo parece estar perdido, esperando que, juntos, nós que estamos exilados possamos encontrar um novo local onde mais uma vez possamos cantar a canção do Senhor. O que não posso fazer é permanecer em um lugar inabitável. Não importa quanto seja difícil essa mudança, afinal é minha única opção; então terei de me mudar para um lugar onde minha tradição de fé possa ser reavivada e subsistir.

Esse é o caminho que trilhei neste livro, movendo-me para lugares perigosos e religiosamente ameaçadores. Caminhei para além do teísmo, mas não para além de Deus. Permiti que o teísmo morresse, reconhecendo-o pelo que é – uma explicação humana da experiência de Deus, e não uma descrição de quem ou o que Deus vem a ser de fato. O antigo debate entre teísmo e ateísmo torna-se, para mim, não errado, mas estéril, insípido e fútil. Então caminho deliberadamente para além dele. Eu o transcendo, e ao fazê-lo inicio uma busca por palavras que me permitam falar de um Deus pós-teísta, do Deus que não é uma pessoa, mas a fonte do poder que nutre a personificação; não uma existência, mas a Base da Existência, a fonte da qual flui todo ser.

Agora já me mudei para esse novo local e desafio a Igreja a mudar comigo. Faço isso não porque rejeite a Igreja, mas porque estou convencido de que, se permanecermos onde a Igreja está atualmente, a fé que professamos como cristãos certamente morrerá. As enchentes de distorção originadas pelos credos destruíram nossos campos, contaminaram nossas águas e tornaram nossas assertivas de fé do passado locais inabitáveis para nós, hoje. Não importa quão profundo seja nosso medo de mudar, não há alternativa. Iludirmo-nos sobre nossa situação não ajudará: nossas constantes tentativas de negar a realidade não são, afinal, efetivas. Gritar bem alto enquanto fingimos que ainda cremos também não ajudará: fundamentalismo resultará finalmente numa desilusão ainda maior. Nem será suficiente remodelar a Igreja e transformá-la em algo que tenha um *status* mais reconhecido, mais característico: soluções liberais que focam a Igreja na ação social, no aconselhamento de auto-ajuda e nos esforços de direcionamento espiritual estão tão mortas quanto a histeria fundamentalista. Os liberais são pessoas de reação e se definem como "não-fundamentalistas"; são incapazes de dizer o que são porque não há chão sob seus pés.

Sendo inadequadas todas as outras opções, nossa única alternativa é mudar. Por mais profundos que sejam os puxões, por mais temerosas e insistentes que sejam as vozes interiores que nos falam do perigo de mudar, não importa: temos de mudar, pois o perigo de ficar é a própria mortalidade.

Katie Ford estava certa. O problema central é que "Deus não é uma pessoa. Deus não é um ser. Deus é a própria existência". Quando entramos nesse entendimento radical – mas não novo – de Deus, todo o resto muda, e muda dramaticamente. De fato para algumas pessoas muda violentamente. Se Deus não é um ser com poderes sobrenaturais, então Jesus não pode ser a encarnação desse ser. Portanto agora devemos definir Jesus dizendo que ele difere de mim e de você em grau, mas não em espécie. Com essa assertiva, a maior parte da cristologia de todos os tempos entra em colapso. Entretanto essa assertiva tem estado presente entre os cristãos em registros minoritários desde o século XIV. Se Deus não é um ser, nenhuma hierarquia humana pode reivindicar ter sido escolhida como receptora da revelação desse ser, nem como guardiã de sua verdade, nem como distribuidora de sua graça. Nessa assertiva, todas as pretensões eclesiásticas de poder desaparecem, reforçando a insegurança religiosa. O papa torna-se desempregado, e da mesma maneira todos os cardeais, arcebispos, bispos, sacerdotes e todos nós que pretendemos ser servos divinamente comissionados e ordenados dessa divindade teísta, ou vigários desse Cristo encarnado na Terra. As pessoas que colocaram sua confiança em tais coisas vão se tornar ilhas de insegurança radical. A

Igreja, o corpo de Cristo, terá, portanto, de ser reconstruída de baixo para cima.

Quando afastamos nossa definição de Deus do teísmo sobrenatural, então todos os atributos que demos à oração se tornam inoperantes, e a oração, como tal, deve ser dispensada ou redefinida. Mais que isso, todas as reivindicações das hierarquias eclesiásticas pela habilidade de interpretar os caminhos de Deus aos homens e mulheres têm de ser abandonadas, e todo o poder que investimos na oração, nas missas e nas assertivas dos ordenados rapidamente desaparecerá.

É fácil entender por que resistimos a essa mudança com tanta veemência e a tememos tão profundamente. Durante a mudança estaremos terrivelmente perdidos, sozinhos e ansiosos. Mas, se olharmos cuidadosamente, veremos além de nossas necessidades pessoais o lugar onde os resultados positivos dessa mudança poderão ser discernidos. Uma vez realizada a mudança, estaremos livres das expectativas irrealistas. Uma vez transportados para um novo local, com a visão de Deus radicalmente redefinida, aprenderemos a orar outra vez, não como crianças implorando a proteção de um pai celestial, mas como adultos ligados à própria fonte de vida e recebendo o poder dela. Como a eclésia nos ajudará a fazer isso é o ponto ao qual ainda não chegamos.

Quando mudar nosso entendimento de Deus, também mudarão nossas bases morais. A base tradicional da ética desaparecerá. Pois, se não há um ser teísta comandando o universo, então também não há um legislador, nenhum dispensador de princípios éticos eternos, nenhuma inscrição dos Dez Mandamentos feita por dedos de fogo em tábuas de pedra, nem inclusões de leis imutáveis nas Escrituras sagradas. Então todas essas pretensões também têm de ser abandonadas. Aqueles que simplesmente citam a Bíblia para resolver problemas éticos descobrirão que seu compasso moral está torto, e isso resultará em feroz ansiedade.

Muitas pessoas serão tomadas pelo medo da anarquia moral, à medida que nos deslocarmos para uma nova visão de Deus. Mas já sabemos que os valores morais do passado não valem mais. Aqueles preceitos, que se desenvolveram como dispositivos para resolver o problema do trauma da autoconsciência, não conseguem mais manter nossos medos sob controle. Simplesmente não há uma divindade teísta cuja vontade temos de procurar obedecer para obter proteção divina. Não existe um pai celestial, cuja boa vontade e bênção devemos buscar através de atos virtuosos e que recompensará nossa vida frágil, temerosa e obediente. Então o debate ético tem de encontrar uma nova base para a qual possa ser deslocado e um novo contexto pelo qual possa ser visto.

Se a Base da Existência é sagrada, então as ações que diminuem o existir do outro são nada menos que expressões do pecado. Portanto, uma nova definição de moralidade emerge, baseada no próprio existir de Deus. Nessa nova moralidade, preconceitos insensatos não poderão mais ser afirmados pela citação de fontes sagradas. O negro é belo, pois enaltece o existir, enquanto o racismo é mau porque diminui o existir. O feminismo é de Deus, pois enaltece o existir, enquanto o chauvinismo e o patriarcalismo são maus porque negam o existir. O orgulho *gay* é sinal do divino na vida humana, pois enaltece o existir, enquanto a homofobia é má porque oprime o existir. A persistente busca teológica da verdade é de Deus, pois expande a vida, enquanto pretensões religiosas de possuir verdades exclusivas são pecadoras, porque contrariam a própria verdade e alegam que Deus pode ser encaixado em nossas formas de pensamento.

A hostilidade defensiva exibida por vários grupos religiosos não enaltece o existir; ao contrário, o diminui, e por isso é pecaminosa. Da mesma maneira, esforços missionários para converter as pessoas ao nosso modo de crer são maus, porque negam a presença da verdade encarnada em outras pessoas e em outras tradições. Tentativas de converter os outros alegando que nosso caminho é o único não são nada mais que marcas de nossa insegurança radical, sinais de nossa humanidade egocêntrica e orientada para a sobrevivência. São, portanto, caminhos para a morte. Por outro lado, compartilhar histórias de fé em nível de igualdade é um caminho de acesso para a própria vida de Deus.

Neste livro tentei dar os primeiros passos nessas novas direções. Concluo da forma que comecei, com uma afirmação de minha fé.

Ainda sou um crente. Deus é infinitamente real para mim. Sou cristão. Jesus é para mim não apenas uma presença de Deus, mas a porta de acesso para a realidade de Deus que está além de minha capacidade de entender. Sou uma pessoa de oração, o que para mim significa contemplar o significado de Deus como vida, amor e existência e agir de acordo com esse significado. Sou uma pessoa com profundos compromissos éticos, o que para mim significa tornar-me agente da vida, do amor e do existir para todas as pessoas, através de comportamento tanto individual como corporativo. A marca de fé que almejo é uma maturidade senhora de si e não uma dependência própria de crianças. Minha esperança de céu está na habilidade de compartilhar a eternidade de Deus, que é a fonte da vida, do amor e a Base da Existência.

Nessa nova compreensão de Deus, em direção à qual a morte do teísmo nos direciona, as igrejas deixarão de ser instituições controladoras de comportamento e se tornarão instituições dedicadas ao enriquecimento e à expansão da vida. A adoração se tornará a celebração do poder de Deus que está presente no âmago da vida. A educação cristã será a busca da verdade, em vez da doutrinação dos fiéis como forma particular de propaganda religiosa. A vida em comunidade será importante porque nos ajudará a nos libertarmos para viver plenamente, amar abundantemente e ser tudo que somos capazes de ser.

Portanto o cristianismo vem a ser não algo em que se *crê*, mas uma fé na qual temos de *viver*, uma visão diante de nós que nos convida a entrar. Proclamo um Deus além dos credos, um Cristo além da encarnação, uma forma de vida que nos desafia a controlar as inseguranças de nossa existência e ir além dos compartimentos criados pelas igrejas produtoras de segurança de ontem. Estar pronto para dar esse passo e entrar nessa visão, que não está totalmente clara, é enfrentar honestamente o reconhecimento de que aquele lugar onde a Igreja tem vivido tradicionalmente, com seus credos limitadores e Escrituras encerradas, não é mais um local habitável. Se optarmos por ficar, estaremos escolhendo a morte. Como observou Katie Ford, nossa produção foi destruída e nossas águas, contaminadas. Os temores que sussurram "Fique, fique" não são mais racionais. São as vozes da alvorada de uma histeria que reconhece seu próprio destino. Assim como a maioria das pessoas e instituições, negamos a realidade da morte até que tenhamos uma visão que nos transporte para algo novo, além de seus limites.

Tenho procurado esboçar essa visão de algo novo, dar indicações das metas do amanhã e citar direções que devemos seguir para alcançar essas metas. Essa discussão é adequada? Provavelmente não. É completa? É claro que não. É real? Acredito que sim. Funcionará? Só o tempo dirá. As igrejas enxergarão essa visão e responderão a ela? Algumas sim, a maioria não. Muitas igrejas, podendo escolher, preferem morrer a mudar.

Então a Igreja, em sua forma institucional, morrerá? Isso é o que parecerá no início do processo, mas não é o que vai acontecer. Os poucos indivíduos que enxergam, respondem e se movimentam em direção a um novo lugar, serão o fermento no bolo, o sal na sopa, a luz nas trevas, e finalmente conduzirão a reforma. Eles serão as fontes da nova vida que alimentará comunidades individuais de fé em meio a igrejas e seitas mundiais agonizantes. Essa presença fermentadora, esse embrião de nova vida será criticado, ameaçado e importunado pelos líderes eclesiásticos amedrontados. Não obstante, sobreviverá, pois a verdade estará ao lado das poucas comunidades de fé que abraçarem essa visão.

Tais comunidades estão presentes em nosso meio hoje, como minúsculos sinais de esperança. Elas não reivindicam nem para si mesmas nem para os outros a posse das respostas. Não trafegam na segurança que sabem que não podem oferecer. Não fazem asserções excessivas de suas mensagens ou mesmo de seu Cristo. Estão abertas à verdade, sem se importar com a fonte. Estão também abertas à rica diversidade da vida humana. Elas sabem que no Deus que é a Base da Existência e no Cristo que manifestou o dom da existência não há nem leste nem oeste, nem tribo nem etnia, nem masculino nem feminino, nem *gay* nem hétero, nem verdadeiro crente nem herético, nem cristão nem judeu, muçulmano, hindu ou budista. Só há uma humanidade repleta de Deus, maravilhosamente diversa, que anseia por viver, que é ávida por amar, que ousa existir e que deseja viajar em comunidade para dentro da maravilha e do mistério do Deus que é o próprio existir.

Essas comunidades de fé emergirão, estou confiante, dentro de nossas estruturas existentes. Elas vão finalmente se separar da massa. Flutuarão livremente, tomando uma larga variedade de formas. Elas atrairão os inquietos, os famintos, os alienados, os marginalizados, os abertos, os honestos, os que têm dúvidas, os que buscam. Com o tempo, reconhecerão um parentesco entre si, permitindo-se fundir e construir um novo consenso.

A eclésia resultante será baseada na experiência das pessoas, não nos desejos da hierarquia. Ela cruzará todas as linhas denominacionais e em seguida as linhas de fé. Daqui a mil anos, as pessoas julgarão se a comunidade construída por essa nova reforma durante o milênio decorrido é ou não descendente da Igreja cristã que está morrendo em nossa geração.

Penso que a resposta será sim, mas essa avaliação não cabe a mim. Minha tarefa é simplesmente me empenhar no processo. Pretendo caminhar além das fronteiras de minha fé como crente, não como incrédulo; como alguém que ama a Igreja que o formou, não como quem quer negá-la ou prejudicá-la. Ciente de que, quando um lugar se torna inabitável, as pessoas têm de se mudar ou morrer, escolhi me mudar. Convido outros a se mudarem comigo – a entrarem no exílio como crédulos, a permitirem que aconteça a reforma radical da Igreja cristã, para então encontrarem um novo local onde a fé possa viver e onde Deus possa ser experimentado.

Dou as boas-vindas à reforma. Espero ter sido um de seus facilitadores. Almejo que ela tenha sucesso, para que meus netos possam dizer: "Deus é real para mim, e Jesus é minha porta de entrada para essa realidade".

NOTAS

PREFÁCIO

[1] Dietrich Bonhoeffer, em carta a Eberhard Bethge datada de 16 de julho de 1944, tirada de seu livro *Letters and Papers from Prison*, p. 219.

[2] O arcebispo Ramsey mais tarde reconheceu sua reação negativa a John Robinson como um dos maiores erros de sua primazia.

[3] As teses foram publicadas no apêndice de minha autobiografia, *Here I Stand: My Struggle for a Christianity of Integrity, Love, and Equality*.

[4] Fiquei satisfeito por essa experiência ter sido contestada em uma conferência que dirigi na Biblioteca de St. Deiniol, em Hawarden, Gales, em outubro de 2000. Mais de 80% do público era formado pelo clero e incluía sacerdotes (e até bispos) da Inglaterra, Gales, Austrália, Ilhas Virgens e Estados Unidos. Foi uma conferência intensa de cinco dias, durante os quais proferi oito palestras. O tom predominante dessa conferência, incluindo seu envolvimento positivo com o material encontrado neste livro, foi estabelecido pelo supervisor, o reverendo Peter Francis. Foi emocionante o fato de essa conferência indicar que há alguns clérigos dispostos a arriscar, a aventurar-se e a comprometer-se com o futuro. Sou grato à Biblioteca de St. Deiniol.

[5] Do primeiro verso de um hino de Augustus Montague Toplady, de 1776, que consta em muitos hinários.

[6] *The Bishop's Voice*.

[7] Entre a edição final e a publicação deste livro, nossa mãe sobrevivente, Ina Bridger, faleceu.

CAPÍTULO I

[1] A. C. Dixon e R. A. Torrey (eds.), *The Fundamentals*.

[2] Os cinco fundamentos na forma aqui apresentada são adaptações de um livro de Lawrence Meredith, intitulado *Life Before Death*, p. 31.

UM NOVO CRISTIANISMO PARA UM NOVO MUNDO

[3] Tratei dessas questóes com mais detalhes no livro *Why Christianity Must Change or Die: a Bishop Speaks to Believers in Exile*.

[4] Tratei desses temas anteriormente no livro *Born of a Woman: a Bishop Rethinks the Virgin Birth and the Treatment of Women by a Male-Dominated Church*.

[5] Tratei desses temas anteriormente no livro *Resurrection: Myth or Reality? A Bishop Rethinks the Meaning of Easter*.

[6] Para mais detalhes dessas idéias, veja meu livro *Why Christianity Must Change or Die: a Bishop Speaks to Believers in Exile*, cap. 6.

[7] Abordei esses temas em um livro anterior chamado *Living in Sin? A Bishop Rethinks Human Sexuality*.

[8] Discorri sobre essa convicção de vida no livro *Here I Stand: My Sruggle for a Christianity of Integrity, Love, and Equality*.

[9] Essa frase é de um poema de James Russell Lowell, no hino "Once to Every Man and Nation Comes the Moment to Decide", hino número 519 do hinário episcopal de 1940.

[10] Richard Holloway, primaz da Igreja Episcopal na Escócia, abordou esses temas no livro *Godless Morality*, que foi totalmente mal compreendido por seus difamadores eclesiásticos, liderados pelo arcebispo da Cantuária.

[11] Desenvolvi muito mais intensamente esse assunto no livro *Rescuing the Bible from Fundamentalism: a Bishop Rethinks the Meaning of Scripture*.

[12] Davies é o autor de *Deus e a nova física* e *A mente de Deus*. Esses comentários, entretanto, foram feitos para mim pessoalmente, numa conferência em 1984, na Universidade de Georgetown.

[13] Palavras atribuídas a Pheme Perkins, católica professora da cadeira de estudos das Escrituras na Faculdade de Boston, ao ser indagada sobre uma das controvérsias engendradas por um de meus livros, que ela ainda não havia lido.

[14] Tirado dos votos batismais do Livro de Oração Comum episcopal de 1979.

CAPÍTULO II

[1] David Hare, *Racing Demons*, p. 1. Esse monólogo de abertura da peça de Hare sobre a fé e a vida na Igreja da Inglaterra é pronunciado por um sacerdote.

[2] Edward Edinger, *The New God Image: a Study of Jung's Key Letters Concerning the Evolution of the Western God Image*, pp. 129 e 143.

[3] Friedrich W. Nietzsche, *Assim falou Zaratustra*.

[4] Refiro-me a autores como Thomas J. J. Altizer, William Hamilton e Paul van Buren, todos identificados com o movimento da "morte de Deus".

256

NOTAS

[5] Refiro-me ao livro de Don Cupitt *The Sea of Faith*.

[6] Essas questóes foram levantadas publicamente na campanha das eleições primárias para a presidência dos Estados Unidos no ano de 2000, quando o candidato republicano, o ex-governador do Texas George W. Bush, visitou o *campus* da Universidade Bob Jones, na Carolina do Sul. Essa escola evangélica e fundamentalista havia proibido relacionamentos amorosos inter-raciais e anunciado que o papa era o anticristo.

CAPÍTULO III

[1] Trecho do poema "God's Funeral", extraído de *The Collected Poems of Thomas Hardy*. Fui apresentado a esse poema inicialmente pelo livro de A. N. Wilson, também intitulado *God's Funeral*.

[2] Há alguns exemplos na vida subumana que parecem purificação étnica, mas são mais relacionados a impulsos biológicos que ao mal autoconsciente. Jane Goodall, no livro *Reason for Hope*, diz que tem observado algo que se assemelha à purificação étnica entre os chimpanzés.

[3] Estabelecer as datas de origem deste planeta não é uma ciência exata, conforme indicado. Há alguns cientistas que sugerem uma data ainda anterior a cinco bilhóes de anos. Usei aqui duas fontes principais para chegar às datas citadas: uma foi *Enciclopédia Britannica*, e a outra foi *O tear encantado*, livro de Robert Jastrow, professor da Universidade de Columbia.

[4] Evidências fósseis apontam a existência de bactérias nesse período da história, conhecido como era pré-cambriana.

[5] A *Enciclopédia Britannica* registra essa divisão entre quinhentos milhóes e um bilhão de anos atrás.

[6] De acordo com a *Enciclopédia Britannica,* a era dos dinossauros estendeu-se de 250 milhóes a 65 milhóes de anos atrás.

[7] Louis Pasteur, pioneiro no estudo dos micróbios, foi uma figura do século XIX.

[8] Fiz referência a esse material em *Why Christianity Must Change or Die*. Repito-a aqui porque é essencial ao desenvolvimento do argumento e porque pretendo extrair dele conclusóes diferentes e, creio eu, mais significativas.

[9] Ainda há um debate sobre isso entre os antropólogos, mas as informações aparentemente sustentam a idéia de que a divindade teísta passou por uma fase em que Deus era identificado com o feminino. Se isso contribuiu para que as mulheres adquirissem mais poder nas tribos, não temos tanta certeza.

[10] Essa é uma frase que já ouvi sendo usada pelo professor Goulder num discurso público. É também um dos temas de seu livro – em co-autoria com John Hick – *Why Believe in God?*.

Capítulo IV

[1] Do ensaio "From Divinity to Infinity", publicado no livro *The Once and Future Jesus*, p. 28, organizado por Gregory Jenks.

[2] Tillich discute esse conceito no livro *The New Being*.

[3] *Why Christianity Must Change or Die.*

[4] Comparar Êxodo 33,23 da Bíblia KJV com o mesmo texto das Bíblias RSV ou NRSV.

[5] Essa pessoa foi Kathy Ganin, membro ativo da Igreja de Todos os Santos em Hoboken.

[6] O tema ecoa repetidamente em textos tanto de Meister Eckhart como de Julian de Norwich. Para quem não conhece Julian de Norwich, vale notar que, apesar do nome masculino, Julian era mulher.

[7] Essa expressão serve como título de um dos principais livros de Tillich.

Capítulo V

[1] Robert W. Funk, "The Once and Future Jesus", ensaio principal do livro *The Once and Future Jesus*, p. 7, organizado por Gregory Jenks. O Seminário de Jesus é um grupo de especialistas e modernos acadêmicos cristãos que dedicaram mais de uma década a tentativas de recriar os dizeres e feitos autênticos de Jesus. As principais publicações desse grupo incluem *The Five Gospels* e *The Acts of Jesus*.

[2] Walter Russell Bowie serviu como reitor da Igreja de St. Paul, em Richmond, e da Igreja da Graça, na cidade de Nova York, no início do século XX. Também ensinou homilética no Seminário Union, em Nova York, e no Seminário Teológico de Virginia, em Alexandria. Autor de numerosos livros – incluindo o *best-seller The Story of the Bible*, escrito para crianças –, o doutor Bowie também escreveu o popular hino "Lord Christ When First Thou Camest to Earth", que se encontra no hinário episcopal. Ele posteriormente se rotulou protestante liberal. Seu título para Jesus – "o Mestre" – refletia o ponto de vista liberal de sua época, que indicava que a bela e nobre vida humana de Jesus refletia a presença divina.

[3] Para uma documentação mais completa, indico a meus leitores o livro de Michael D. Goulder, *Luke: a New Paradigm*, e meu livro baseado no pensamento de Goulder, *Liberating the Gospels: Reading the Bible with Jewish Eyes*.

[4] No livro *Liberating the Gospels*, ver especialmente cap. 7.

[5] Joachim Jeremias, *The Central Message of the New Testament*, p. 17.

NOTAS

[6] Robert Funk, *Honest to Jesus: Jesus for a New Millennium*.

[7] Burton Mack, *O Evangelho perdido: o livro de Q e as origens cristãs*.

[8] D. R. Catchpole, *The Quest for Q*.

[9] Arland D. Jacobsen, *The First Gospel: an Introduction to Q*; A.J.B. Higgins (ed.), *The Original Order of Q: Essays in Memory of T.W. Manson*.

[10] O Seminário de Jesus considera uma data na década de 50. Pessoalmente não estou convencido.

[11] *The Five Gospels*.

[12] Pessoalmente não estou convencido nem da hipótese de Q nem da data do Evangelho de Tomás. Entretanto tenho de admitir que a maioria dos estudiosos do Novo Testamento aceita a hipótese de Q como base de seu trabalho, embora talvez haja alguma discussão sobre o tempo exato de sua composição. Há menos consenso nos círculos do Novo Testamento sobre a data relacionada ao Evangelho de Tomás e sobre a inclusão dele no cânone do Novo Testamento. Nesse ponto sigo o pensamento do estudioso inglês do Novo Testamento doutor Michael D. Goulder, da Universidade de Birmingham, que acredita que Mateus é o autor do material Q e que o escreveu para fazer uma espécie de comentário ou expansão sobre Marcos. Essa teoria presume que Lucas teve acesso tanto a Mateus como a Marcos e que preferia este, mas utilizava a expansão de Mateus (sobre Marcos) quando servia a seus propósitos literários. Se aceita, ela invalida Q como fonte primária e transfere sua data de origem para a década de 80. Goulder critica a hipótese de Q no longo prefácio a seu monumental trabalho de dois volumes sobre o Evangelho de Lucas, intitulado *Luke: a New Paradigm*. Ele também fez referências a esse ponto de vista em livros anteriores que atualmente estão esgotados (e foram em parte desacreditados pelo próprio autor). *Midrash and Lection in Matthew* e *The Evangelists' Calendar*. Em um seminário na Universidade Johns Hopkins, em Baltimore, no ano 2000, Goulder defendeu sua teoria do calendário de festivais nos Evangelhos sinóticos e sua oposição à hipótese Q, contra um painel formado tanto por adeptos quanto por críticos. Os documentos daquele seminário foram disponibilizados pela universidade e serão publicados em breve por Trinity Publishing Co., em Nova York.

[13] Ver nota 19.

[14] Indico a meus leitores os caps. 7 e 8, sobre Paulo, de meu livro *Rescuing the Bible from Fundamentalism*, nos quais esse exercício é tratado com mais profundidade.

[15] O túmulo aparentemente teve importância para Lucas no livro de Atos, em que consta que Pedro compara Jesus a Davi, cujo túmulo "permanece entre

UM NOVO CRISTIANISMO PARA UM NOVO MUNDO

nós até hoje" (At 2,29-36). Fica claro que os cristãos primitivos se empenhavam em proibir que se desenvolvesse um sentido de sacrário em torno do túmulo de Jesus, lugar onde as pessoas recordariam o herói morto. Isso se tornou mais difícil com a entrada das histórias do túmulo vazio na tradição.

[16] Ver, sobre Lucas, o cap. 14 de *Liberating the Gospels: Reading the Bible with Jewish Eyes*. Ver também os caps. 14 e 15 desse mesmo livro, sobre o conteúdo relacionado ao *midrash* e o estilo litúrgico das narrativas da Paixão.

[17] O doutor Chris Rollston, da Universidade Johns Hopkins, fez um estudo dos símbolos apocalípticos no Novo Testamento. A escuridão e os três dias certamente constam entre eles. Quando o reino de Deus desce dos céus para inaugurar o seu reinado, esse dia é chamado de o primeiro dia da nova criação, na tradição apocalíptica.

[18] Ambos estão citados nas notas de rodapé da Bíblia NRSV.

[19] Vejo, no relato de Marcos sobre a transfiguração, a sugestão de que Jesus substituíra o Templo, idéia que acredito não ter sido desenvolvida antes da destruição deste, no ano 70 d.C. Procuro documentar essa idéia com mais detalhes em *Liberating the Gospels: Reading the Bible with Jewish Eyes*. Essa é a razão pela qual atribuo o Evangelho de Marcos aos primeiros setenta anos.

CAPÍTULO VI

[1] Adolf Harnack, *What is Christianity?*, p. 193.

[2] Aprofundei-me nesse texto de Isaías tanto no original hebreu como na tradução grega. Alguns versículos utilizados por Marcos são apresentados no cap. 7 de meu livro *Born of a Woman: a Bishop Rethinks the Virgin Birth and the Treatment of Women by a Male-Dominated Church*.

[3] Ver Michael D. Goulder, *Midrash and Lection in Matthew*, ou meu livro *Liberating the Gospels: Reading the Bible with Jewish Eyes* (caps. 6 e 7), para uma descrição mais elaborada desse processo.

[4] Datar qualquer livro da Bíblia é uma ciência inexata. Há alguns estudiosos, como Burton Mack, que atribuem Lucas e Atos a meados do segundo século. O período de 88 a 95 é consenso entre a maioria dos acadêmicos.

[5] Ver Michael D. Goulder, *Luke: a New Paradigm*, para mais detalhes a respeito desse processo.

[6] Escapou até aos tradutores a referência desse "Eu sou", pois na Bíblia RSV eles traduzem assim: "Então sabereis que Eu sou Ele" (Jo 8,28).

260

Notas

Capítulo VII

[1] O termo "fiéis em exílio" foi desenvolvido em meu livro anterior *Why Christianity Must Change or Die: a Bishop Speaks to Believers in Exile.*

[2] Ouvi essa expressão pela primeira vez por meio do teólogo John Cobb.

Capítulo VIII

[1] Robert W. Funk, "The Once and Future Jesus", p. 16.

[2] Procurando evitar a conotação patriarcal da palavra *reino*, estudiosos modernos usam o termo *esfera* ou *universo* para traduzi-lo.

[3] Ver Mc 15,40-41; Mt 27,55-56; Lc 23,55. A difamação de Madalena começa em Lc 8,2, em que o evangelista introduz uma informação até então desconhecida: Jesus havia livrado Maria Madalena de sete demônios. Até meados do segundo século, ela já teria sido transformada numa prostituta clássica. Papas posteriores identificaram-na como a mulher que fora pega em adultério e como a mulher da rua que lavara os pés de Jesus com lágrimas e os enxugara com os próprios cabelos. Não há evidência bíblica que sustente esse fato desenvolvido posteriormente, embora ele continue a ser refletido em hinos, peças teatrais e programas de televisão.

[4] Tillich usou essa expressão como título de um de seus livros.

[5] *Liberating the Gospels: Reading the Bible with Jewish Eyes*, que ainda considero o melhor livro que já escrevi.

Capítulo IX

[1] Matthew Fox, *Original Blessing*, pp. 47 e 48.

[2] Um de meus alunos em Harvard, Mark Strickler, fez uma pesquisa primária sobre esse assunto para um de seus trabalhos, o qual utilizo nesta referência.

Capítulo X

[1] Extraído de artigo de William Sloan Coffin, publicado no *New York Times* no ano 2000, na seqüência da eleição nos Estados Unidos.

[2] Do hino "From Greenland's Icy Mountains", escrito por Reginald Heber em 1819, sendo o hino número 254 do hinário episcopal de 1940.

[3] Do hino "Remember All the People", escrito por Percy Deamer em 1929, sendo o hino número 262 do hinário episcopal de 1940.

[4] Kenneth Scott Latourette, *The History of Christianity.*

UM NOVO CRISTIANISMO PARA UM NOVO MUNDO

[5] Thomas A. Harris, *Eu estou OK, você está OK*, pp. 72 e 73.

[6] Descrevi esse diálogo no ensaio "A Dialogue in a Buddhist Temple", incluído no livro *The Bishop's Voice*, que contém ensaios compilados e organizados por Christine M. Spong.

[7] Essa imagem foi desenvolvida por Fox em seu livro mais recente, *One River, Many Wells*.

CAPÍTULO XI

[1] R. S. Thomas, "Emerging", in *Collected Poems, 1945-1990*, p. 263.

[2] Essa história foi publicada no jornal *The Oregonian*, de Portland, em 11 de março de 2000.

[3] Agostinho, *Confissões*, cap. 1.

[4] Essa idéia me foi apresentada por um de meus alunos, Jamie Washam, na Escola de Teologia de Harvard.

[5] Esse aluno foi James Pratt.

[6] O bispo episcopal de Oklahoma e sua esposa.

[7] Livros como *Genesis: a Commentary*, de Gerhard von Rad; *The Acts of the Apostles*, de Ernst Haenchen; *Jesus: an Experiment in Christology* e *Christ: the Christian Experience in the Modern World*, de Edward Schillebeeckx; *On Being a Christian*, de Hans Küng; *Suma teológica*, de Tomás de Aquino; e até *Teologia sistemática*, vols. 1-3, de Paul Tillich.

[8] Schüller é ministro da Catedral de Cristal, em Orange County, Califórnia.

CAPÍTULO XII

[1] Lloyd G. Geering, *Tomorrow's God: How We Create Our Worlds*, p. 235. Lloyd Geering ensinou teologia na Nova Zelândia durante muitos anos e é a mais conceituada voz religiosa daquele país.

[2] *Why Christianity Must Change or Die*.

[3] Os piores hinos que já tive que cantar foram "Before Thy Throne, O God, We Kneel", que termina com um pedido masoquista de punição divina, e "Have Thine Own Way, Lord", que é uma expressão extrema de dependência lamuriosa e passiva e mais parece um convite ao abuso.

[4] Citação do Livro de Oração Comum da Nova Zelândia. Essas palavras são usadas no final da leitura das Escrituras naquela igreja, em vez da versão ocidental "Esta é a palavra do Senhor". A frase da Nova Zelândia é aberta; a frase ocidental incentiva a bibliolatria.

NOTAS

[5] David Zuniga, um de meus alunos em Harvard, comprometido em incorporar os *insights* do budismo aos sistemas religiosos do futuro, foi o primeiro a propor uma liturgia que acompanhasse a decisão do aborto. Acolhi essa idéia desde então e a mantenho em mente até agora.

[6] Encontro-me neste ponto estranhamente aliado à ultra-evangélica Diocese Anglicana de Sidney (Austrália), circunstância que surpreenderá ambas as partes. Eles, todavia, chegam a sua conclusão partindo de uma perspectiva radicalmente diferente: de seu negativismo contra qualquer coisa que insinue uma estrutura ou referência "católica" (romana ou anglicana). Chego a minha conclusão através da morte do teísmo.

CAPÍTULO XIII

[1] Rudolf Bultmann, *Jesus and the Word*, p. 51.

[2] Sempre fui fascinado por Strauss, que é uma pessoa por quem sinto forte identificação. Fiquei muito feliz quando o Seminário de Jesus criou a Ordem de David Friedrich Strauss como forma de homenagear líderes cristãos contemporâneos. Fiquei muito satisfeito por ter sido homenageado no ano 2000 e escolhido para receber a medalha com a imagem de Strauss.

[3] John Dominic Crossan, "A Future for the Christian Faith", in *The Once and Future Jesus*.

[4] *The Once and Future Jesus*, p. 126.

[5] Observem que emprego o termo *transexuais*, e não *transexuados*, que implica algo feito à pessoa em questão. Jamais dizemos que alguém "se tornou" ou "foi" masculinizado ou feminilizado; da mesma forma, não devemos chamar alguém de transexuado. Um de meus alunos em Harvard conscientizou-me sobre a utilização dessa linguagem.

[6] Robert Funk, "The Once and Future Jesus", p. 21.

[7] Todas as citações do "Eu sou" se encontram exclusivamente no quarto Evangelho.

CAPÍTULO XIV

[1] Katie Ford não usou *lençol de água* como metáfora de Deus, na forma como observo que Matthew Fox utilizara esse termo anteriormente. Ela não quis dizer nada além do significado literal da expressão "lençol de água".

BIBLIOGRAFIA

AGOSTINHO, Bispo de Hipona. *Confissões*. São Paulo: Paulus, 1984.

ALTIZER, Thomas J. J. *Toward a New Christianity: Readings in the Death of God Theology*. Nova York: Harcourt, Brace & World, 1967.

_____. *The Contemporary Jesus*. Londres: SCM Press, 1998.

ALTIZER, Thomas (com William Hamilton). *Radical Theology and the Death of God*. Indianápolis: Bobbs-Merrill, 1966.

AQUINO, Tomás de. *Suma teológica*. São Paulo: Loyola, 2001.

ARMSTRONG, Karen. *Uma história de Deus*. São Paulo: Companhia das Letras, 1998.

BARBOUR, Ian. *Religion in the Age of Science*. San Francisco: HarperSanFrancisco, 1990.

BERGER, Peter. *The Social Reality of Religion*. Londres: Faber, 1969.

_____. *The Voice of Solemn Assemblies*. Garden City: Doubleday, 1981.

BONHOEFFER, Dietrich. *Letters and Papers from Prison*. Org. Eberhard Bethge. Londres: SCM Press, 1953, 1971; Nova York: Macmillan, 1997.

BORG, Marcus. *Meeting Jesus Again for the First Time*. San Francisco: Harper-SanFrancisco, 1994.

BOWIE, Walter Russell. *The Story of the Bible*. Nova York: Abingdon Press, 1934.

BOWKER, John. *The Sense of God: Sociological, Anthropological, and Psychological Approaches to the Origins of the Sense of God*. Oxford: Clarendon Press, 1973.

_____. *Problems of Suffering in the Religions of the World*. Cambridge: Cambridge University Press, 1975.

BREASTED, James Henry. *The Dawn of Conscience*. Nova York: Scribner, 1933.

BULTMANN, Rudolf. *Jesus and the Word*. Trad. Louise Pettibone Smith. Nova York: Scribner, 1958.

CATCHPOLE, D. R. *The Quest for Q*. Edimburgo: Clark, 1993.

CHARDIN, Pierre Teilhard de. *The Future of Man*. Londres: Collins, 1964.

———. *The Appearance of Man*. Londres: Collins, 1965.

———. *Hino do universo*. São Paulo: Paulus, 1994.

———. *O fenômeno humano*. São Paulo: Cultrix, 1995.

CHILTON, Bruce. *Judaic Approaches to the Gospels*. Atlanta: Scholars' Press, 1994.

———. *Rabbi Jesus*. Garden City: Doubleday, 2000.

COBB, John Boswell. *The Structure of Christian Existence*. Filadélfia: Westminster Press, 1967.

———. *Christ in a Pluralistic Age*. Louisville: Westminster Press, 1975.

COLLINS, John J. *Apocalypticism in the Dead Sea Scrolls*. Londres, Nova York: Routledge, 1997.

———. *The Apocalyptic Imagination: an Introduction to the Jewish Matrix of Christianity*. Nova York: Crossroad, 1984.

CORNFORD, Francis MacDonald. *From Religion to Philosophy: a Study in the Origins of Western Speculation*. Atlantic Highlands: Humanities Press, 1980.

CROCKETT, William R. *Eucharist: Symbol of Transformation*. Nova York: Pueblo, 1989.

CROSSAN, John Dominic. *Jesus: uma biografia revolucionária*. Rio de Janeiro: Imago, 1995.

———. *Quem matou Jesus?* Rio de Janeiro: Imago, 1995.

———. "A Future Religion for the Christian Faith", in Gregory Jenks (org.), *The Once and Future Jesus*. Santa Rosa: Polebridge Press, 2000.

CUPITT, Don. *Crisis in Moral Authority: the Dethronement of Christianity*. Guildford: Lutterworth Press, 1972.

———. *Taking Leave of God*. Londres: SCM Press, 1980.

———. *The Sea of Faith: Christianity in Change*. Londres: BBC Books, 1984.

———. *Christ and the Hiddenness of God*. Londres: SCM Press, 1985.

———. *Radicals and the Future of the Church*. Londres: SCM Press, 1989.

———. *Solar Ethics*. Londres: London Xpress, 1993.

———. *After God: the Future of Religion*. Londres: Weidenfield & Nicholson, 1997; Nova York: Basic Books, 1997.

———. *Mysticism After Modernity*. Oxford: Blackwell, 1998.

———. *The Religion of Being*. Londres: SCM Press, 1998.

DARWIN, Charles Robert. *A origem das espécies*. Rio de Janeiro: Ediouro, 2004.

BIBLIOGRAFIA

DAVIES, Paul. *Deus e a nova física*. Lisboa: Edições 70, 2000.

_____. *A mente de Deus*. Rio de Janeiro: Ediouro, 2004.

DAWKINS, Richard. *O gene egoísta*. Belo Horizonte: Itatiaia, 2001.

_____. *O relojoeiro cego*. São Paulo: Companhia das Letras, 2001.

DIXON, A. C. e TORREY, R. H. (orgs.). *The Fundamentals*. Chicago: Testimony Publishing, 1910-1915.

DURANT, Will e DURANT, Ariel. *A era de Luís XIV*. Rio de Janeiro: Record, s.d., coleção História da Civilização, vol. 8.

DURKHEIM, Emile. *As formas elementares da vida religiosa*. São Paulo: Martins Fontes, 2003.

ECKHART, Meister. *The Essential Sermons, Commentaries, and Treatises of Meister Eckhart*. Londres: SPCK, 1981.

EDINGER, Edward. *Transformation of the God Image: an Elucidation of Jung's Answer to Job*. Ontário: Inner City Books, 1992.

_____. *The New God Image: a Study of Jung's Key Letters Concerning the Evolution of the Western God Image*. Wilmette: Chiron Publications, 1996.

_____. *Archetype of the Apocalypse: a Jungian Study of the Book of Revelation*. Org. George Elder. Chicago: Open Court, 1999.

EDWARDS, Richard P. *A Theology of Q*. Filadélfia: Fortress Press, 1976.

FOSDICK, Harry Emerson. *The Meaning of Prayer*. Londres: SCM Press, 1915; Nashville: Abingdon Press, 1980.

FOX, Matthew. *Original Blessing: a Primer in Creation Spirituality*. Santa Fé: Bear, 1983.

_____. *A vinda do Cristo cósmico*. Rio de Janeiro: Nova Era, 1995.

_____. *One River, Many Wells: How Deepening Ecumenism Awakens Our Imaginations with Spiritual Visions*. Nova York: Jeremy Tarcher, Putnam, 2000.

FRANKFORT, Henri. *The Intellectual Adventure of Ancient Man: an Essay on Speculative Thought in the Ancient Near East*. Chicago: University of Chicago Press, 1946.

FREEMAN, Anthony. *God in Us*. Londres: SCM Press, 1995.

FREUD, Sigmund. *Moisés e o monoteísmo*. Rio de Janeiro: Imago, 1997.

_____. *O futuro de uma ilusão*. Rio de Janeiro: Imago, 1997.

_____. *Esboço de psicanálise*. Rio de Janeiro: Imago, 1998.

_____. *Totem e tabu*. Rio de Janeiro: Imago, 1999.

FROMM, Erich. *The Sane Society*. Nova York: Rinehart, 1955.

_____. *O coração do homem*. Rio de Janeiro: Guanabara Koogan, 1981.

_____. *Ter ou ser?* Rio de Janeiro: LTC, 1987.

_____. *On Being Human*. Nova York: Continuum, 1994.

_____. *A arte de amar*. São Paulo: Martins Fontes, 2000.

_____. *Antigo Testamento: uma interpretação radical*. São Paulo: Fonte Editorial, 2005.

FUNK, Robert W. *Honest to Jesus: Jesus for a New Millennium*. San Francisco: HarperSanFrancisco, 1996.

_____. "The Once and Future Jesus", in Gregory Jenks (org.), *The Once and Future Jesus*. Santa Rosa: Polebridge Press, 2000.

FUNK, Robert W.; HOOVER, Roy e Seminário de Jesus (orgs.). *The Five Gospels*. Nova York: Macmillan, 1993.

GEERING, Lloyd G. *Tomorrow's God: How We Create Our Worlds*. Wellington: Bridget Williams Books, 1994.

_____. *The World to Come: From Christian Past to Global Future*. Santa Rosa: Polebridge Press, 1999.

GLENN, Paul J. *A Tour of the Summa*. Nova York: Herder & Herder, 1960.

GOMES, Peter. *The Good Book: Reading the Bible with Mind and Heart*. Nova York: Morrow, 1999.

GOODALL, Jane (com Phillip Berman). *Reason for Hope*. Nova York: Warner Books, 1999.

GOODE, William Josiah. *Religion Among the Primitives*. Glencoe: Free Press, 1951.

GOULDER, Michael Donald. *Type and History in Acts*. Londres: SPCK, 1964.

_____. *Midrash and Lection in Matthew*. Londres: SPCK, 1974.

_____. *The Evangelists' Calendar: a Lectionary Explanation of the Development of Scripture*. Londres: SPCK, 1978.

_____. *Luke: a New Paradigm*. Sheffield: JSOT Press, 1989.

GOULDER, Michael Donald (com John Hick). *Why Believe in God?* Londres: SCM Press, 1983.

GREENE, John C. *Debating Darwin*. Claremont: Regina Books, 1999.

HAENCHEN, Ernst. *The Acts of the Apostles*. Oxford: Blackwell, 1971.

HALL, Douglas John. *The End of Christendom and the Future of Christianity*. Harrisburg: Trinity Press, 1995.

BIBLIOGRAFIA

HAMILTON, William. *The New Essence of Christianity*. Londres: Darton, Longman & Todd, 1966.

HAMILTON, William (com Thomas J. J. Altizer). *Radical Theology and the Death of God*. Indianápolis: Bobbs-Merrill, 1966.

HAMPSON, Daphne. *After Christianity*. Londres: SCM Press; Harrisburg: Trinity Press, 1997.

HANH, Thich Nhat. *Living Buddha, Living Christ*. Nova York: Riverhead Books, 1995.

HANSON, Paul D. *The Dawn of Apocalyptic*. Filadélfia: Fortress Press, 1975.

HARDY, Thomas. *The Collected Poems of Thomas Hardy*. Londres: Macmillan, 1974.

HARE, David. *Racing Demons: a Play*. Londres: Faber & Faber, 1995.

HARNACK, Adolf. *What Is Christianity?* Nova York: Putman, 1901.

HARRIS, Thomas A. *Eu estou OK, você está OK*. Rio de Janeiro: Record, 1995.

HART, David. *Faith in Doubt*. Londres: SPCK, 1993.

HAUENER, Ivan. *Q: the Sayings of Jesus. With a Reconstruction of Q by Athanasius Polag*. Wilmington: Glazier Press, 1987.

HAWKING, Stephen. *Uma breve história do tempo*. Rio de Janeiro: Rocco, 2002.

HICK, John. *Death and Eternal Life*. Basingstoke: Macmillan, 1985; Louisville: Westminster, John Knox Press, 1994.

_____. *The Mith of Christian Uniqueness*. Londres: SCM Press, 1987; Nova York: Orbis Books, 1988.

_____. *A metáfora do Deus encarnado*. Petrópolis: Vozes, 2000.

HICK, John (com Michael D. Goulder). *Why Believe in God?* Londres: SCM Press, 1983.

HIGGINS, A. J. B. *The Original Order of Q: Essays in Memory of T. W. Manson*. Manchester: University Press, 1959.

HODGSON, Marshall G. S. *The Venture of Islam: Conscience and History in a World Civilization*. Chicago: University of Chicago Press, 1974.

HOLLOWAY, Richard. *Godless Morality*. Edimburgo: Canongate Press, 1999.

JACOBSON, A. O. *The First Gospel: an Introduction to Q*. Sonoma: Polebridge Press, 1992.

JAMES, William. *The Varieties of Religious Experience*. Londres: Longman, Green, 1941; Nova York: Random House, 1999.

JASTROW, Robert. *O tear encantado*. Lisboa: Edições 70, 1987.

JENKS, Gregory (org.). *The Once and Future Jesus*. Santa Rosa: Polebridge Press, 2000.

JEREMIAS, Joachim. *The Central Message of the New Testament*. Londres: SCM Press, 1967.

JUNG, Carl G. *Resposta a Jó*. Petrópolis: Vozes, 1986.

_____. *On Evil*. Princeton: Princeton University Press, 1995.

_____. *Psicologia e religião*. Petrópolis: Vozes, 2004.

KIERKEGAARD, Soren. *Sickness unto Death*. Trad. Walter Lowrie. Nova York: Doubleday Anchor Books, 1954.

KLOPPENBERG, John. *The Formation of Q: Trajectories in Ancient Wisdom Literature*. Filadélfia: Fortress Press, 1987.

KÜNG, Hans. *Does God Exist?* Londres: Collins, 1980; Nova York: Crossroad, 1994.

KÜNG, Hans (com Edward Quinn). *On Being a Christian*. Londres: Collins, 1977; Nova York: Doubleday, 1976.

LATOURETTE, Kenneth Scott. *The Nineteenth Century: the Great Century in the Americas, Australia, and Africa, 1800-1914*. Nova York: Harper Brothers, 1943.

_____. *Christianity in a Revolutionary Age*. Nova York: Harper, 1958-1962.

LOWEN, Alexander. *Pathologies of the Modern Self: Narcissism, Schizophrenia, and Depression*. Nova York: University Press, 1987.

_____. *Narcisismo*. São Paulo: Cultrix, 2000.

LYNCH, David. *Yeats: the Poetics of the Self – The Narcissistic Condition*. Chicago: University of Chicago Press, 1979.

MACK, Burton. *Who Wrote the New Testament? The Making of the Myth of Christianity*. San Francisco: HarperSanFrancisco, 1993.

_____. *O Evangelho perdido*. Rio de Janeiro: Imago, 1994.

MARTY, Martin E. e APPLESBY, R. Scott. *Fundamentalism Observed*. Chicago: University of Chicago Press, 1991, Fundamentalism, vol. 1.

_____. *Accounting for Fundamentalism*. Chicago: University of Chicago Press, 1994, Fundamentalism, vol. 4.

MEREDITH, Lawrence. *Life Before Death: a Spiritual Journey of Mind and Body*. Atlanta: Atlanta Humanics Publishing Group, 2000.

MINEAR, Paul. *I Saw a New Earth*. Washington: Corpus Books, 1969.

_____. *New Testament Apocalyptic*. Nashville: Abingdon Press, 1981.

BIBLIOGRAFIA

NIETZSCHE, Friedrich W. *Assim falou Zaratustra*. Rio de Janeiro: Civilização Brasileira, 1998.

NORWICH, Julian de. *A Showing of God's Love: the Shorter Version of the Sixteen Revelations*. Org. Anna Maria. Londres: Longman, Green, 1958.

_____. *Enfolded in Love: Daily Readings with Julian of Norwich*. Londres: Darton, Longman & Todd, 1980.

OGDEN, Schubert M. *Christ Without Myth*. Nova York: Harper & Brothers, 1961.

OTTO, Rudolf. *The Idea of the Holy*. Oxford: Oxford University Press, 1923, 1929, 1943.

PATTERSON, Colin. *Evolution*. Ithaca: Cornell University Press, 1999.

PATTERSON, Stephen J. *The Gospel of Thomas and Jesus*. Sonoma: Polebridge Press, 1993.

PEACOCK, Arthur. *A Theology for a Scientific Life*. Londres: SCM Press, 1993.

PERKINS, Pheme. *Resurrection: New Testament Witness and Contemporary Reflection*. Londres: Geoffrey Chapman, 1985.

PHILLIPS, Dewi Z. *The Concept of Prayer*. Oxford: Blackwell, 1987. [Publicado originalmente por Londres: Routledge, 1965; Nova York: Schocken Books, 1966.]

PIKE, James A. *A Time for Christian Candor*. Nova York: Harper & Row, 1964.

POLANYI, Michael. *Personal Knowledge Toward a Post-Critical Philosophy*. Nova York: Harper Torch Books, 1958.

ROBINSON, James M.; HOFFMAN, Paul e KLOPPENBERG, John S. *Reconstruction of Q Through Three Centuries of Gospel Research, Excerpted, Sorted, and Evaluated*. Leuven: Peeters, 2000.

ROBINSON, John A. T. *Honest to God*. Londres: SCM Press, 1963; Louisville: Westminster, John Knox Press, 1973.

_____. *The New Reformation*. Londres: SCM Press, 1965.

_____. *But That I Can't Believe*. Londres: Collins, 1967.

_____. *The Human Face of God*. Londres: SCM Press, 1973.

ROCHLIN, Gregor. *Man's Aggression in Defense of Self*. Boston: Gambit Press, 1973.

RUSSELL, David S. *The Method and the Message of Jewish Apocalypse*. Filadélfia: Westminster Press, 1964.

SAGAN, Carl. *O mundo assombrado pelos demônios*. São Paulo: Companhia das Letras, 1996.

SANDMEL, Samuel. *Judaism and Christian Beginnings*. Oxford: Oxford University Press, 1979.

SCHILLEBEECKX, Edward. *Jesus: an Experiment in Christology*. Londres: Collins, 1979; Nova York: Crossroad, 1981.

_____. *Christ: the Christian Experience in the Modern World*. Londres: SCM Press, 1980; Nova York: Seabury Press, 1980.

_____. *On Christian Faith: the Spiritual, Ethical, and Political Dimensions*. Nova York: Crossroad, 1987.

SCHLEIERMACHER, Friedrich. *The Christian Faith*. Org. H. R. Mackintosh e J. S. Stewart. Edimburgo: Clark, 1948.

SCHOPF, J. William. *Evolution: Facts and Fallacies*. Londres, San Diego, Boston, Nova York: Academic Press, 1978.

SCHWEITZER, Albert. *A busca do Jesus histórico*. São Paulo: Fonte Editorial, 2003.

SEGAL, Robert (org.). *The Allure of Gnosticism: the Gnostic Experience in Jungian Psychology and Contemporary Culture*. Chicago: Open Court, 1995.

SHEEHAN, Thomas. *The First Coming: How the Kingdom of God Became Christianity*. Nova York: Random House, 1986.

SHEPHERD, Thomas W. *Glimpses of Truth: Systematic Theology from a Metaphysical Christian Perspective*. Chicago: Universal Foundation for Better Living, 2000.

SMART, Ninian. *The Religious Experience of Mankind*. Nova York: Scribner, 1969.

_____. *The Concept of Worship*. Londres: Macmillan, St. Martin's Press, 1972.

_____. *The Philosophy of Religion*. Londres: Sheldon Press, 1979.

SMITH, John MacDonald. *On Doing Without God*. Oxford: Emissary, 1993.

SMITH, Wilfred Cantwell. *The Meaning and the End of Religions*. Londres: New English Library, 1966.

_____. *Toward a World Theology: a Faith in the Comparative History of Religion*. Londres: Macmillan, 1981, 1989.

SPONG, John Shelby. *This Hebrew Lord: a Bishop Rethinks the Meaning of Jesus*. Nova York: Seabury Press, 1974; San Francisco: HarperSanFrancisco, 1988, 1993.

_____. *Living in Sin? A Bishop Rethinks Human Sexuality*. San Francisco: HarperSanFrancisco, 1988.

_____. *Rescuing the Bible from Fundamentalism: a Bishop Rethinks the Meaning of Scripture*. San Francisco: HarperSanFrancisco, 1991.

SPONG, John Shelby. *Born of a Woman: a Bishop Rethinks the Virgin Birth and the Treatment of Women by a Male-Dominated Church.* San Francisco: HarperSanFrancisco, 1992.

_____. *Resurrection: Myth or Reality? A Bishop Rethinks the Meaning of Easter.* San Francisco: HarperSanFrancisco, 1994.

_____. *Liberating the Gospels: Reading the Bible with Jewish Eyes.* San Francisco: HarperSanFrancisco, 1996.

_____. *Why Christianity Must Change or Die: a Bishop Speaks to Believers in Exile.* San Francisco: HarperSanFrancisco, 1998.

_____. *The Bishop's Voice: Selected Essays.* Org. Christine M. Spong. Nova York: Crossroad, 1999.

_____. *Here I Stand: My Struggle for a Christianity of Integrity, Love, and Equality.* San Francisco: HarperSanFrancisco, 2000.

STEIN, Murray. *Jung's Treatment of Christianity: the Psychology of a Religious Tradition.* Willamette: Chiron, 1985.

STRAUSS, David Friedrich. *The Life of Jesus Critically Reviewed.* Londres: William & Norgate, 1865.

STREETER, B. H. *The Four Gospels: a Study in Origins.* Londres: Macmillan, 1930.

SUGARMAN, Shirley. *Sin and Madness: Studies in Narcissism.* Filadélfia: Westminster Press, 1976.

SWINBURNE, Richard. *The Cohesion of Theism.* Oxford: Oxford University Press, 1977.

TATTERSALL, Ian. *Becoming Human: Evolution and Human Uniqueness.* Nova York: Hartcourt Brace, 1998.

THOMAS, Keith Vivian. *Religião e declínio da magia.* São Paulo: Companhia das Letras, 1991.

THOMAS, R. S. *Collected Poems, 1945-1990.* Londres: Dent, 1993; Boston: Tuttle, 1997.

TILLICH, Paul. *The Shaking of the Foundations.* Nova York: Scribner, 1948.

_____. *Biblical Religion and the Search for Ultimate Reality.* Chicago: University of Chicago Press, 1955.

_____. *The Religious Situation.* Trad. H. Richard Niebuhr. Nova York: Meridian Books, 1956.

_____. *The Future Religion.* Nova York: Harper & Row, 1960.

_____. *Morality and Beyond.* Nova York: Harper & Row, 1963.

TILLICH, Paul. *The Eternal Now*. Londres: SCM Press, 1963.

_____. *The New Being*. Londres: SCM Press, 1963.

_____. *On the Boundary: an Autobiographical Sketch*. Londres: Collins, 1967.

_____. *A coragem de ser*. Rio de Janeiro: Paz e Terra, 2001.

_____. *Teologia sistemática*. São Leopoldo: Sinodal, 2005.

VALHANIAN, Gabriel. *The Death of God*. Nova York: George Braziller, 1957.

VAN BUREN, Paul. *The Secular Meaning of the Gospel*. Londres: SCM Press, 1963.

VERMES, Geza. *Jesus, the Jew*. Londres: SCM Press, 1994; Minneapolis: Fortress, 1981.

VON RAD, Gerhard. *Genesis: a Commentary*. Trad. John H. Marks. Filadélfia: Westminster Press, 1961.

_____. *Old Testament Theology*. Nova York: Harper, 1962-1965, vols. 1 e 2.

WARD, Keith. *A Vision to Pursue*. Londres: SCM Press, 1991.

_____. *Religion and Creation*. Oxford: Clarendon, 1996.

_____. *Deus, o acaso e a necessidade*. Mem Martins: Europa-América, 1998.

WEBER, Max. *The Sociology of Religion*. Trad. E. Fischoff. Boston: Beacon Press, 1993.

WELLS, Harry. *Sigmund Freud: a Pavlovian Critique*. Nova York: International Publishers, 1960.

WHITEHEAD, Alfred North. *Religion in the Making*. Cambridge: Cambridge University Press, 1929; Nova York: Fordham University Press, 1996.

_____. *Process and Reality*. Nova York: Free Press, 1978. [Publicado original-mente em 1928.]

ZACHNER, Robert Charles. *The Concise Encyclopedia of Living Faiths*. Boston: Hawthorne Books, 1959.

_____. *The Comparison of Religions*. Boston: Beacon Press, 1967.

ZWEIG, Paul. *The Heresy of Self-Love*. Nova York: Basic Books, 1968.

SUGESTÕES DE LEITURA

JESUS E SUAS DIMENSÕES (*Anselm Grün*)
Neste livro, Anselm Grün, renomado autor e mestre espiritual, apresenta cinqüenta dimensões de Jesus. Ao entrarmos em contato com cada uma das dimensões aqui apresentadas, passamos a vislumbrar uma figura de Jesus que, livre de todos os clichês, assume possibilidades que nos auxiliam em nossa jornada rumo às nossas próprias dimensões.

ORAÇÕES DA CAMINHADA (*Pedro Casaldáliga*)
Justiça, fé, esperança, amor, felicidade, religião, liberdade são alguns dos temas abordados neste livro, que trata também sobre trabalho, sofrimento, miséria, perdão. Com orações escritas a partir da experiência de sua própria vida, uma vida de lutas e dedicação ao próximo, Casaldáliga propõe reflexões com o tom místico-militante que se inscreve na palavra "caminhada" – a vivência do dia-a-dia com o outro e com Deus, presente em todas as coisas.

POR QUE AINDA SER CRISTÃO HOJE? (*Hans Küng*)
Hans Küng nos lança o desafio de, numa época carente de orientação, encontrarmos na fé claros impulsos para a práxis individual e social. Trata-se de uma meditação sobre os sólidos fundamentos e sobre os impulsos do cristianismo para o futuro. Com este livro Hans Küng aponta os contornos de uma fé capaz de enfrentar os desafios do tempo.

RELIGIÕES DO MUNDO (*Hans Küng*)
Com o objetivo de oferecer informações precisas e levantar pontos essenciais para uma reflexão atual e madura, Hans Küng esboça o mundo das grandes religiões, destaca as conexões existentes entre elas, aponta o que têm em comum, o que as separa e evidencia como o potencial de paz subjacente a elas poder-se-ia tornar um etos mundial.

HOMEM ALGUM É UMA ILHA (*Thomas Merton*)
Obra clássica e atemporal de Thomas Merton – um dos mais influentes escritores espirituais do século XX – que marcou a época de uma geração de intelectuais, leigos e religiosos, em razão das meditações sobre as urgentes questões sociais da nossa era. De acordo com o autor, valores como a liberdade, a esperança, a caridade e a sinceridade refletem as verdades básicas que sustentam a vida do espírito; e o termo *ilha* significa dizer que na vida só existe sentido quando se admite que nenhum homem é sozinho, que ninguém se basta a si mesmo.

PECADOS DO ESPÍRITO, BÊNÇÃOS DA CARNE (*Matthew Fox*)
Fox, teólogo sério, criativo e corajoso, propõe uma nova teologia que muda radicalmente a percepção tradicional do bem e do mal, mostrando caminhos que favoreçam um tratamento mais humano, sábio e enriquecedor de nós mesmos, de uns com os outros e de toda a natureza. O texto nos conduz a um exame de nosso mundo e de nossas percepções sobre ele e sobre nós mesmos, expandindo nossa mente e descortinando idéias e modos de pensar que apresentam novidades apaixonantes e, ao mesmo tempo, bem fundamentadas na ciência e na teologia.

Novas fronteiras da Igreja (*Leonardo Boff*)

Fundamentado nos conceitos conciliares (Vaticano II) de Igreja-sociedade (que privilegia a hierarquia) e de Igreja-comunhão (que valoriza a participação leiga e o Povo de Deus), o autor propõe uma ponte eficaz entre essas duas vivências, segundo moldes, amplamente expostos no livro, que já ocorrem na América Latina, e apresenta as premissas da teologia libertadora, formulando, no concreto, "um novo modo de toda a Igreja ser".

Ética e eco-espiritualidade (*Leonardo Boff*)

De que espiritualidade precisamos para dar um sentido humano ao processo de globalização? Que princípios éticos nos poderão orientar para convivermos com um mínimo de paz e de cooperação entre os povos? O presente livro procura abrir clareiras no emaranhado dessas questões, para que possamos entender melhor e assumir mais decididamente nossa missão de guardiães e curadores da Terra e da vida.

Crise, oportunidade de crescimento (*Leonardo Boff*)

Este é um livro de esperança. Fala da crise que atinge os fundamentos das convicções estabelecidas, das culturas, das religiões, dos valores, das políticas e do cotidiano – e a crise sempre pressupõe riscos. Mas onde há crise há também inúmeras oportunidades que conduzem ao amadurecimento e crescimento do ser humano enquanto indivíduo e membro da sociedade.

Experimentar Deus (*Leonardo Boff*)

O interesse de Leonardo Boff, através deste livro, está em criar espaço para que cada um possa fazer sua própria experiência de Deus. Afirma que "para encontrarmos o Deus vivo e verdadeiro a quem podemos entregar o coração, precisamos negar aquele Deus construído pelo imaginário religioso e aprisionado nas malhas das doutrinas. Experimentar Deus não é pensar sobre Deus, mas sentir Deus com a totalidade de nosso ser. Experimentar Deus não é falar de Deus aos outros, mas falar a Deus junto com os outros".

Transparências da eternidade (*Rubem Alves*)

Como um mestre da palavra, Rubem Alves relata, nesta coletânea de crônicas, passagens e experiências vividas, nas quais Deus, a religiosidade, o amor, a beleza e o sentido da vida estão sempre presentes. Seu texto flui com uma simplicidade de rara beleza, inspirado por uma memória poética e reflexões cotidianas, apresentando a espiritualidade sob uma nova ótica e tornando a sua leitura obrigatória àqueles que buscam ampliar seus horizontes.

Opus Dei - Os bastidores
(*Dario Fortes Ferreira, Jean Lauand e Marcio Fernandes da Silva*)

O Opus Dei é a instituição da Igreja sobre a qual recaem mais críticas e suspeitas, além de ser a mais intrigante e polêmica. Baseados em sua própria vivência e nos testemunhos e depoimentos de muitos ex-membros da Obra, os autores trazem a polêmica até o grande público, no esforço de esclarecer, oferecer dados para sérias reflexões, denunciar atitudes abusivas, preconceituosas, castradoras, oportunistas, a partir das quais se conclui naturalmente que a história que o Opus Dei conta de si mesmo absolutamente não coincide com a que os ex-membros relatam sobre ele.